초등
역사 수업의
길잡이

초등
역사 수업의
길잡이

권의신 · 김동국 · 김철민
문재경 · 손언희 · 이수진
지음

—

양정현 감수

cum libro
책과함께

머리말

　초등학교 사회과 교육과정은 "학생들이 주변의 사회적인 사실과 현상에 관심과 흥미를 가지며, 생활과 관련된 기본 지식과 능력을 습득하고, 창의적인 자세로 일상생활을 할 수 있도록 한다"는 맥락으로 구성된다.

　사회과 역사 학습도 역시 생활 세계나 개개인의 경험을 근거 삼아 역사 학습에 대한 동기를 유발하고, 이를 바탕으로 역사를 학습하는 데 필요한 초보적인 지식과 학습 방법을 익히고, 최종적으로 우리 역사 전개에 대한 인과관계 및 발전 과정에 대한 초보적인 이해에 주안점을 두고 있다. 그렇기 때문에 초등은 중등과 구별되게 생활사 및 인물사 중심의 내용 구성을 강조하고 있다.

　7차 교육과정 초등 역사교육은 한국사 전체를 6학년 1학기에 이수하도록 편성하여, 한 학기 동안 학습할 내용이 너무 많고, 정치사 중심의 교과서 서술 또한 통사적인 내용을 압축적으로 제시하여 학생들이 배우기에 딱딱하고 이해하기 어려운 체제였다는 문제점이 있었다. 또한 초등에서 강조하는 생활사 관련 내용의 수록도 충분치 않았고, 교과서에 제시된 학생 학습 활동도 초등학생의 수준을 넘어서는 것이 많다는 지적이 있었다.

　그런데 2007 교육과정에서는 '학년 집중제' 편성 원리를 내세워 5학년 1년 과정에 한국사를 집중 편성하였다. 5학년 사회과 (역사)교과서는 초·중·고 계열화 속에서 초등의 특수성을 살리며, 생활사적 접근으로 내용을 구성한다는 방향을 설정하였다. 또한 학생들의 학습 부담을 줄이며, 쉽고 재미있는 교과서를 지향하였다.

2007 교육과정에서는 성취 기준에서부터 생활사가 강조되어 각 단원 목표 6가지 중에서 절반 가까이가 생활사와 관련된 것으로 나타나 있다. 이러한 교육과정을 바탕으로 집필한 교과서는 삼국, 고려, 조선 사람들의 생활 모습과 여성의 삶에 대해서도 소개하고 있다.

2007 교육과정에 따른 5학년 교과서는 이전 교과서에 비하여 여러 면에서 개선된 점을 발견할 수 있다. 먼저, 학생들이 교과서를 읽고 이해하기가 쉬워졌다. 이전 교과서가 안고 있는 사실 나열이라는 문제점을 어느 정도 개선했다고 할 수 있다. 개정교과서는 시간의 흐름에 따른 서술과 사건들 사이의 인과관계에서도 좀 더 응집력 있는 서술이 이루어진 것으로 평가된다.

또한 7차 교육과정에 비하여 학습 부담도 줄어들었다고 할 수 있다. 우리나라 역사를 1년에 걸쳐 학습하게 되었고, 『사회과 탐구』의 형식도 교과서 내용을 정리하고 탐구 문제를 해결하는 데 활용되는 학습지 형식이어서 학습 부담을 증가시키기보다는 학습 보조 자료로 활용할 수 있도록 하였다.

그러나 미비점도 발견되고 있다. 먼저 초등 교과서는 민족과 국가 중심의 국가사라는 기존의 틀을 유지하고 있다는 점이다. 이와 같은 역사 서술과 교과서 구성은 우리나라의 역사를 선사시대부터 현대까지 '민족과 국가의 성장과 발전'이라는 관점에서 살피면서 각 시대별 중요 내용과 인물들의 활동에 대해 개괄적으로 이해할 수 있다는 장점이 있다. 그러나 교과서의 민족과 국가 중심의 역사 서술은, 한민족 공동체는 강조하면서 주변국들에게는 배타적이기 때문에 주변 국가와의 관계를 침략과 저항, 지배와 피지배라는 차별과 배제로 파악하기 쉽다. 대외관계나 문화에 대해 서술할 때 '우리 민족'의 자랑스러운 모습은 강조하지만 불리한 모습은 축소하거나 생략하여 서술하는 경향이 그러한 예라 할 수 있다.

민족 중심의 역사 서술은 결국 정치사를 중심으로 서술하게 되어, 이전 교과서의 어려운 용어 등이 개선되지 않아 글이 전체적으로 어렵고 이해가 잘 안 된다.

민족과 국가라는 거대 담론 중심의 역사 서술은 학생들이 구체적인 역사 인식을 갖는 일을 어렵게 만든다. 초등학교 역사 서술의 중심이 되어야 하는 생활사나 문화사는 소홀하게 다루어진다. 이렇게 중등 역사교과서를 요약해 놓은 듯한 초등 역사교과서는 학생들의 관심과 흥미 중심의 역사 서술이라고 보기 어렵다. 정해진 교육과정을 자세하게 나열해놓은 듯한 교과서 서술에서 역사가 인간의 삶과 관련이 있다는 점을 인식하기는 쉽지 않다.

또한 7차 교육과정에서 4~5학년에 편성되었던 내용들이 배제되어 통사 학습에 대한 준비 과정을 거칠 수 없게 되었다는 점도 문제다. 2007 교육과정 교과서를 배우는 5학년 학생들의 역사 배경 지식은 7차 교육과정 교과서로 공부한 6학년과 비교하면 많이 부족한 형편이다. 7차 교육과정에서는 4학년에서 〈옛 도읍지와 문화재〉, 5학년에서 〈우리 겨레의 생활 문화〉를 학습하였다. 4~5학년에서 배운 개인사, 가족사, 지역사 등 역사 이해에 대한 배경 지식을 가지고 6학년에서 우리나라 역사를 학습한 것이다. 그러나 개정 교육과정에서는 4학년에 역사와 관련하여 배운 것 없이 5학년에서 우리나라 역사를 학습하게 되었다.

또 교육과정이 바뀌어 2009 교육과정에서는 역사 학습 시기를 한 학기 늦추어 5학년 2학기부터 6학년 1학기까지 학습하도록 하였다. 차시 대비 학습량을 줄이고 교과서 내용도 쉽게 했다고 한다. 그러나 조금 더 근본적인 문제는 역사 교육과정을 1학년부터 6학년까지 단계적으로 구성하지 못하고 있다는 것이다. 학생들의 역사 인식 수준에 비추어 보면 불합리한 편성이다. 여전히 5학년 학생들은 역사 이해에 대한 배경 지식을 갖지 못하고 우리나라 역사를 학습하게 되었다. 2009 교과서는 『사회과 탐구』가 없어지고 그 내용이 『사회』교과서에 통합되면서 더욱 두꺼워졌다. 학생들은 여전히 양에 대한 부담이 있고, 이해하는 데도 어려움을 느낀다.

여기에 교과서에는 역사 지도, 연표, 문화재 학습에 대한 안내 및 사례를 충분히 담지 못해, 교사가 특별한 관심을 가지지 않고 교과서의 틀에 따라 수업하면 단조로워질 수밖에 없는 문제점도 있다. 교과서에서는 연표에 대한 아무런 설명도 없이 단원이 시작되는 지점에 연표를 제시하고 있다. 연표와 역사 지도, 문화재를 제시할 때에는 학습의 난이도나 계열성을 고려해야 할 것이다. 그런데 이전 학년에서 사전학습도 없었고, 단계적 학습도 아닌 방법으로 학생들에게 제시되고 있는 것이다.

학생들의 의식 수준보다 어려운 역사 학습 내용뿐만 아니라, 교사의 낮은 역사 교수 내용 지식, 평균 7개가 넘는 교과를 가르치기 위해 교재를 연구해야 하는 초등 교사들의 부족한 역사 수업 연구 시간, 교수·학습 자료의 부족, 교사들의 공동 연구를 통한 수업 사례의 공유 부족 등의 조건이 초등 역사교육을 더욱 어렵게 한다.

초등 (역사)교사는 대체로 사회 과목을 부담스러워한다. 그러나 이러한 한계를 극복하고 수업의 질을 향상시키는 것은 결국 초등 교사의 몫이다. 우리 현실에서 많은 어려움을 안고 있는 초등 (역사)교사들에게 실질적인 도움을 줄 수 있는 참고서가 드물다. 이 책은 초등 역사 교육이 안고 있는 문제점들에 대한 고민을 바탕으로 하고 있다. 초등 교사들이 역사를 가르치면서 확인한 문제점들을 해결하려고 노력하는 과정에서 구상한 수업 방안이라고 할 수 있다. 아이들의 지루해하는 얼굴을 보면서 자책감을 느꼈던 초등 역사 교사들이 좀 더 생동감 있는 역사 수업을 해보려는 고민 속에서 나온 이 책은 초등 역사 교사들의 자기반성이며 자기고백이라고 할 수 있다.

이 책의 특징은 첫째, 연대기를 따라 시대별로 서술하면서 주제별로 구성하고 있다는 것이다. 선사시대는 선사 유물로, 고조선과 삼국의 건국은 건국 신화로, 삼국의 성장과 발전은 주요 인물사로, 고려시대는 문화재로, 조선시대는 신분제도로, 조선 후기는 실학 등 개혁사상으로, 근대는 100년 동안의 생활 모습 변화로, 일제 강점기는 아이들의 생활로, 현대사는 민주화 여행으로 학습할 수 있도록 안내하고 있다.

> 역사학습 준비: 1장 역사의 출발―나의 역사, 우리의 역사 / 2장 가족이 살아
> 온 과정과 역사 / 3장 시간의 길이―연표로 표시해본 역사

선사시대: 4장 말없는 과거와의 대화—선사시대 유물 탐구

고대국가시대: 5장 신화를 통한 역사 수업 / 6장 인물사 학습—삼국 항쟁기를
　　　　　　　중심으로

고려시대: 7장 그릇들아, 놀자!—소중한 우리 문화유산(도자기)

조선시대: 8장 신분제도로 접근하는 조선시대 생활상 / 9장 조선 후기 개혁 사
　　　　　 상—꼬마 실학자가 되어보자

근대: 10장 근대 100년의 생활 모습 변화 / 11장 일제 강점기 아이들은 어떻게
　　　　살았을까?

현대: 12장 대한민국에는 어떤 일이 있었을까?—민주주의를 향한 긴 여행

　주제를 학습하다 보면 그 시대의 중요한 내용들을 이해할 수 있고, 시대의
흐름도 학습할 수 있게 된다. 각 시대별로 중요한 주제를 선정하여 그것을
어떻게 가르칠 것인가를 안내하고, 교재 연구와 자료 수집을 통해 참고자료
와 수업안, 학습지까지 제시하였다.

　둘째, 역사 학습과 관련된 내용 요소들을 낮은 단계에서부터 높은 단계까
지 학습할 수 있도록 단계별로 이끌어가도록 하였다. 개정 교과서에서는 통
사를 중심으로 학습하느라 초등학교 역사 학습에서 기초가 되는 개인사, 가
족사, 연표, 문화재 같은 영역들은 소홀히 하고 있는데, 이 책에서는 이러한
영역들까지도 시대별 주제 속에서 구체적으로 학습할 수 있도록 안내하고
있다. 개인사와 가족사 학습을 통하여 역사와 내가 어떻게 연관이 되는가 하
는 인식을 갖게 하고, 연표와 문화재 학습을 통하여 역사 학습의 기초를 다
져 더 높은 단계로 나아갈 수 있도록 한다.

　셋째, 학생들의 시간의식을 기르고 참여의식을 높이며, 사회 구조까지 파
악할 수 있는 내용 구성을 하고 있다. 전체를 시대순으로 학습하고, 주제 안
에서도 시간순으로 배치하여 시간의식이 자연스럽게 형성되도록 하였다. 역
사 인물 되어보기 활동을 통하여 역사에 참여하는 의식을 높이며, 일제 강점
기 아동 생활사나 민주화 과정을 학습하며 초등학교 수준에서 사회 구조에

대해서도 파악해보도록 하였다.

　그러나 이 책의 저자들도 초등 교사들이 사회과 교실에서 안고 있는 문제점을 완전히 해소한 것은 아니다. 기본적인 역사 지식의 부족, 역사적 탐구 방법에 대한 낯설음 등은 여전히 극복되었다고 보기 어렵다. 책의 곳곳에서 그러한 한계들을 발견할 수 있을 것이다. 또한 대부분의 수업 사례가 7차 교육과정 하의 6학년을 대상으로 하고 있다는 점도 감안해야 한다. 그러나 이 책이 초등 역사 교육의 문제를 해결하기 위해 함께 노력하고 그 결과들을 공유하는 데 조금이나마 노둣돌 역할을 할 수 있기를 바란다.

차례

1장

역사의 출발

- 나의 역사, 우리의 역사

1. 개인사 수업은 왜 중요할까

내가 성장해온 시간도 역사라고 할 수 있을까?

초등학생의 개인사 쓰기 사례

지금은 2008년 3월 14일이다. 이 글을 통해서 13년 동안에 있었던 나의 이야기를 들려주려 한다.

내가 태어난 때는 1996년 12월 13일 겨울이다. 어머니는 갓 태어난 나를 보고 "조금 드럽네"라고 생각했다고 한다. 나는 이 말을 듣고 한동안 우울했다. 내가 태어난 지 1년이 되자 온 가족이 나의 돌을 축하해주었다. 돌잔치의 하이라이트인 실, 연필, 돈, 과일 가운데 하나를 잡는 시간이 왔다. 나는 할아버지의 품에서 나와 사과를 집었다고 한다.

2004년 새로운 식구가 태어났다. 나와 꼭 닮은 동생 '박수혁'이 태어난 것이다. 수혁이는 활발하고 건강하게 자랐지만 가끔 나를 속태우기도 하였다.

열두 살 때 나는 합창부에서 합창대회를 나갔다. 나와 친한 수민과 미애도 대회에 나갔다. 떨리는 마음으로 노래를 불렀다. 그때는 잘했다고 생각했는데. 지금 생각하니 조금 어설펐던 것 같다.

열두 살 2학기 말에 손가락을 못 쓸 뻔한 일이 있었다. 하굣길 친구들과 떡볶이를 먹으며 가고 있는데, 그중 한 명이 나를 밀치는 바람에 내 손가락에 이쑤시개가 박혔다. 나는 소리를 지르며 울었다. 그 친구도 미안해서 울먹였다. 친구집에 가서 어머니에게 전화를 걸었다. 어머니와 나는 택시를 타고 병원에 갔다. 의사 선생님은 내가 소리를 지르는데도 세게 쑥 빼버리셨다. 엑스레이를 찍어보니 조금만 더 들어갔으면 손가락을 못 썼을 것이라고 했다. 나는 그렇게 해서 영광의 상처를 내 손가락에 남겼다.

이렇게 아프고 기쁜 일들이 죽는 날까지 이어질 텐데 뭐든지 긍정적으로 생각해야겠다.

· · ·

1) 역사란 무엇인가

7차 교육과정까지는 3학년에 가족사, 4학년에 지역사, 박물관 학습, 5학년에 생활사 등의 역사 학습 내용이 배치되었다. 그러나 2007 교육과정에서는 '학년 집중제'의 방침에 따라 5학년에 집중 배치되었다. 그렇다면 초등학교에서 본격적인 역사 수업의 첫 번째 문을 어떻게 열까?

중학교, 고등학교에서는 '역사란 무엇인가'로 시작하곤 한다. 그리고 역사를 '일어난 사건'으로서의 역사, '기록'으로서의 역사로 구분하여 설명한다. 그러나 이러한 설명의 맥락은 중고등학생들에게 별로 도움이 되지 못한다. 하물며 초등학생에게 이렇게 접근하는 것은 더욱 의미가 없을 것이다. 과연 초등학생은 역사를 무엇이라고 생각할까?

초등학교 6학년 학생들에게 '역사는 (   )이다'라는 문장을 제시하고 (   )를 채워보게 했다. 학생들은 '과거의 시간들', '지나간 일', '옛날의 것', '기록', '지나간 큰 사건', '조상들의 지혜' 등이라고 썼다. 이 같은 대답은 고등학교 국사 교과서의 첫머리에 정의된 '과거에 있었던 사실', '조사되어 기록된 사실'과 본질적으로 다르지 않다. 초등학교 6학년 학생들은 역사의 의미를 어렴풋하게나마 이해하고 있는 것이다.

Q 역사의 의미는 무엇일까요? 다음 (   )에 들어갈 말을 자유롭게 만들어봅시다.

"역사는 (   )이다."

학생들의 대답

과거의 시간들, 옛날의 사건들, 과거의 중요했던 일, 현재 이전의 일, 조상들의 지혜, 조상들이 만들어낸 일, 신기한 일, 이상한 일, 발전, 시간, 하늘, 땅, 흐른다, 기록된 일, 박물관, 책, 가까운 곳에 있는 것.

그런데 대부분의 학생은 자신의 일이나 사건들이 역사의 일부라는 생각에는 미치지 못하고 있다. 역사를 자기와 관련 있는 것으로 인식하지 못하는 것이다.

2) 역사란 '나'에게 어떤 의미인가?

초등학생들이 학교에서 접하는 역사는 국가의 흥망성쇠 등을 다룬 인물사와 왕조사를 중심으로 한 통사다. 2007 교육과정 초등학교 5학년 사회과는 '우리나라의 역사'를 선사시대부터 현대까지 모두 다루면서 시대별로 역사적인 의미를 갖는 생활사, 인물사, 문화사 중심으로 편성하고 있다. 하지만 교과서는 대체로 왕이나 영웅 혹은 위인 중심으로 서술되며, 보통 사람들의 구체적인 삶, 개인의 역사는 설 자리가 없다. 학생들은 자신의 삶과 무관한 옛 사실들을 가지고 공부하게 된다. 과거 사실과 현재의 자기 삶을 연결하여 생각하지는 못한다. 그리하여 교과서로 배우는 역사는 학생들의 관심이나 흥미를 자극하지 못하고, 역사를 배우는 시간이 늘어남에 따라 오히려 역사에 대한 관심과 흥미가 줄어드는 경우를 볼 수 있다.

따라서 초등학생들에게 역사가 자신과는 상관없는 과거 위인들의 일이라는 통념을 넘어서 자기 문제의 일부로 생각할 수 있는 계기를 만들어줄 필요가 있다. 학생들이 '역사'를 본격적으로 접하는 초등학교 5학년 역사 수업에서는 우선 역사가 학생들 자신의 삶과도 직접적인 관련이 있다는 생각을 심어주는 것이 중요하다. 역사란 자기와 관련이 없는 먼 이야기이고, 역사적 인물이나 사건들의 집합이라고 생각한다면, 보통 사람인 우리에게 역사는 어떤 의미가 있을까? 보통 사람들은 아무런 역사적 의미도 가지지 못하는 존재로 살아가는 것일까?

역사는 수많은 사건과 일들의 연속이다. 그 흐름 속에 우리가 살고 있으며, 그 뒤를 다음 세대들이 이어간다. 우리는 역사의 큰 흐름 속의 어느 한 지점을 살고 있는 것이다. 이런 의미에서 초등학교 역사 수업은 학생 개개인에게 역사는 어떤 의미를 지니는가에 대해 초등학생의 눈높이로 생각해볼 수 있는 기회를 제공해줄 필요가 있다.

그러나 초등학생 수준에서 역사를 자신의 삶과 관련짓는 것은 쉬운 일이 아니다. 역사에서 배우는 내용이 자신과 동떨어진 과거 사실들이기 때문이다. 따라서 초등학생들에게 과거의 사실과 자신의 삶이 연결되는 경험이 필요하다.

이 점에서 초등학교 역사 수업을 개인사 수업으로 출발해볼 수 있다. 개인사는 한 개인이 태어나서 지금까지 살아오는 과정에서 경험한 일이라고 말할 수 있다. 이러한 개인사는 역사를 자신과 직접 관련이 있거나 현재 자신의 삶에 직간접적으로 영향을 미치는 것으로 파악해보는 것이라고 할 수 있다. 학생들은 자신이 살아온 과정에 관심을 가질 것이므로 더 적극적인 학습 활동을 전개할 수 있다. 또한 개인사 관련 자료를 쉽게 구할 수 있으며, 다른 자료보다는 더 친근감 있는 기록이기 때문에 학생들의 적극적인 반응을 이끌어낼 수 있다.

초등학생들이 자신에 대한 이야기, 즉 이미 알고 있거나 친숙한 이야기를 통해 자연스럽게 역사에 다가갈 수 있도록 해야 한다. 이러한 과정에서 학생들의 역사에 대한 흥미와 관심은 높아질 것이며 수업에도 적극적으로 참여하게 될 것이다.

개인사 쓰기는 '우리 자신이 역사적 존재인가?' 라는 질문을 통해 우리 개개인도 역사를 가지고 있으며 서로 영향을 주고받으며, 현재의 역사를 만들어가는 주체임을 인식할 수 있도록 하기 위함이다.

3) 기존 교과서와 수업은?

7차 교육과정이나 2007 교육과정에는 개인사 수업에 대한 내용이 포함되어 있지 않다. 따라서 초등학교에서 개인사와 관련된 수업 연구나 자료는 찾아보기 힘들다. 2011년부터 초등학교 역사교육의 전부인 5학년 1년 동안 교사는 학생들에게 우리나라 전체의 역사를 가르쳐야 한다는 압박감을 갖는다. 초등학교 역사 수업의 처음이자 마지막인 5학년에서 역사 학습을 시작하면서 '역사의 의미는 무엇인지', 그리고 '나의 경험은 역사라는 큰 물결과 어떤 관련이 있는지'에 대한 계기를 마련해주는 것이 바람직하다.

2. 개인사 수업, 이렇게 하자

1) 내가 살아오면서 겪었던 중요한 사건은?

개인사 수업을 통해 자신의 삶과 자신에게 일어난 일이 역사의 일부라는 인식을 갖도록 하는 것이 이 수업 주제의 1차 목표다. 우선 학생들에게 지금까지 살아오면서 가장 중요하다고 생각되거나 기억나는 일을 써보도록 한다. 학생들은 쉽게 답을 쓰지 못할지도 모른다. 무엇을 써야 할지, 어떻게 써야 할지 고민한다. 이때 교사가 자신의 인생에서 중요하다고 생각하는 일들을 칠판에 써서 간단하게 설명해줌으로써 참고하게 할 수 있다. 다른 아이들이 만든 '인생 이야기'를 보여주는 것도 생각을 이끌어내는 데 도움이 된다. 학생들은 그러한 사례를 보고 나면 이해가 된다는 표정을 짓는다. 이제 학생들에게 시간을 충분히 주어 되도록 많은 일이나 사건들을 기록하게 한다.

이어서 그중 가장 중요하다고 판단하는 것을 5가지 정도 선택하여, 그 이유를 생각하도록 한다. 다음은 학생들이 자신의 인생에서 가장 중요하다고 판단한 것이다.

자기 인생에서 가장 중요했던 일

어릴 때 길을 잃어버린 것, ○○초등학교에 전학 온 것, 학교 입학, 사촌들과 함께 폭죽 터뜨린 것, 제주도 여행, 자전거 타기 연습, 컴퓨터 산 것, 체육관(태권도장) 처음 간 것, 강아지 키운 것, 휴대전화 산 것, 트럭 밑에서 놀다 다친 것(교통사고), 시합에서 메달 딴 것, 맹장 수술한 것, 계단에서 넘어져 이가 부러진 것, 자전거 타다가 바다에 빠진 것, 유치원 때 화장실을 몰라 오줌 싼 것, 병원에 간 것, 동생과 싸우다 코피가 난 것, 크리스마스 선물을 받은 것, 바닷가에서 눈사람 만든 것, 외국에 처음 간 것, 동네 오빠한테 맞은 것, 수학 경시대회에서 상을 받은 것, 안경을 처음 낀 것, 이사, 할아버지가 돌아가신 것, 자전거 타다가 교통사고 난 것, 썰매 탄 것.

그중 5가지를 선택하게 한 후 다시 질문을 던진다.

"왜 그것이 여러분의 인생에서 중요하다고 생각했나요?"

대부분의 학생들은 쉽게 대답하지 못한다. 질문을 바꾸어 던져본다.

"그 사건이 여러분의 인생에 어떤 영향을 주었나요? 만약 그 사건이 일어나지 않았다면 여러분의 인생은 어떻게 바뀌었을까요?"

학생들이 선택한 중요한 일들 중에는 질문에 알맞은 답도 있지만 단지 충격이 컸거나 기억이 생생해서 선택한 것들도 있다. 하지만 그 일들이 자신의 인생에 큰 영향을 주었다고 대답하는 학생은 많지 않다.

Q 자기 인생에서 가장 중요했던 일 5가지는 무엇이고, 왜 그것이 중요한가요?

자전거 연습을 잘해서: 지금은 손을 놓고 탈 수 있다.

이사를 해서: 내가 살던 환경이 완전히 바뀌었기 때문에.

내가 처음으로 상을 타서.

몰래 애완동물을 키우다가 들켜 혼났기 때문에.

처음으로 서울도 가보고 놀이공원에도 가보아서.

친한 친구가 전학을 가서.

초등학교에 입학하면서 많은 선물을 받아서.

새로운 친구들과 선생님을 만나서.

썰매를 타다가 넘어져 심하게 다쳐서.

모르는 곳에 가면 제일 먼저 화장실을 가게 된다.

병원에 입원하는 사람이 부러웠는데 아프고 나서는 입원하는 것이 싫어졌다.

2) 흐린 기억 속 사실들을 어떻게 바로 알 수 있는가 – 기억과 증거 수집

위와 같이 학생들이 살아온 과정을 되새겨보게 하였다. 그런데 학생들은 의외로 자기가 살아온 과정을 자세하게 기억하지 못한다. 아주 어렸을 때의 기억은 아예 남아 있지 않다. 자기가 살아왔던 과정 중 기억하지 못하는 부분을 찾아가는 것은 역사가들이 역사 사실을 탐구하는 과정과 본질적으로 다르지 않다. 이제 기억나지 않거나 정확하지 않은 기억을 바탕으로 자기가 살아왔던 과거를 복원해가는 과정을 거쳐보도록 하자.

이 수업에서는 수업 목표를 어떻게 설정하느냐에 따라 질문이 달라지며, 질문을 어떻게 하느냐에 따라 학생의 답변도 다를 것이다. 다음 두 질문을 예로 들어보자.

- 자신이 살아오면서 가장 기억에 남는 일을 5개 골라보시오.
- 자신의 인생에서 가장 중요하다고 생각하는 사실을 5개 써보시오.

첫 번째 질문은 학생들의 기억에 남아 있는 일들에 국한될 것이다. 그러나 정확히 언제, 어떻게 일이 진행되었는지를 생각해보게 하면, 자신의 기억이 매우 모호하고 부정확하다는 것을 깨닫게 된다.

그렇다면 그 사건이나 일이 구체적으로 언제, 어떻게 일어났는지를 정확하게 조사해보는 것이 그다음 순서다. 이 경우 과제를 부여해줄 수도 있다. 자신과 관련된 일을 증명해줄 수 있는 증거들을 찾아보게 하는 것이다. 일기를 꾸준히 써온 학생이라면 가장 먼저 일기장을 찾아볼 것이다. 그 외에도 사진, 비디오, 예전에 쓰던 물건 등을 생각해볼 수 있다. 부모님 등 가족의 증언도 중요한 증거가 된다. 가족의 증언은 일종의 구술사인 셈이다. 이러한 탐색 과정에서 학생들은 자연스럽게 증거에 대해서 생각해보게 된다. 과거에 관한 일을 말해주는 사료 수집 과정을 자연스럽게 체득할 수 있다.

두 번째 질문은 첫 번째와는 다른 방향의 활동을 유도한다. 특히 학생의 부모님에게 "자녀의 인생에서 가장 중요한 사건은 무엇이라고 생각하십니까?"라는 질문을 던지고, 학생 자신이 선택한 사실과 부모님이 선택한 사실을 비교해보도록 하면 더욱 흥미로울 것이다. 중요한 것으로 간주되는 일 중에는 너무 어릴 때의 경험이어서 학생들이 기억하지 못하는 일도 있을 것이기 때문이다.

이어 학생들의 기억과 부모나 친척들의 기억의 공통점과 차이점을 알아보도록 한다. 이러한 과정을 거치면서 학생들은 한 가지 자료보다는 여러 자료를 통해 어떤 사건이나 일을 바라보는 것이 좀 더 타당하고 정확하다는 인식을 가지게 된다.

자신이 가지고 있는 기억에 부모님이나 친척들의 기억이 더해져 그 일이 좀 더 구체화될 수도 있고, 또는 자신의 기억과 그들의 기억이 서로 상반되는 경우도 생긴다. 결국 이러한 작업을 거치면서 아이들은 여러 자료들을 가지고 그 사실을 더욱 정교화, 구체화할 수 있다는 것을 배우게 된다.

3) 우리의 역사: '개인의 역사'들의 공통 요소 찾아보기

학생들이 작성한 개인의 중요한 사건을 발표하고, 그것이 왜 중요한지에 대한 이유도 설명하게 한다. 진지하고 경청할 만한 얘기도 나오지만 이유를 명확하게 설명하지 못하는 학생도 있다. 발표가 끝나면, 학생들이 기억하는 중요한 사건들을 모두 칠판에 쓰게 한다. 그런 다음 비슷한 내용끼리 묶거나 가장 빈도수(중복)가 높은 것을 골라보도록 한다.

각자 다른 인생을 살아왔지만 인생의 중요한 사건으로 선택한 것들 중에는 비슷한 항목이 많이 들어 있음을 확인할 수 있다. 초등학교 입학을 중요한 사건으로 기억하는 학생들이 많은데, 이것은 현재 초등학교에 다니고 있고 5년간 학교생활을 하고 있기 때문일 것이다. 대부분의 시간을 보내는 초등학교에 대한 기억이 가장 큰 부분을 차지하게 된 것이며, 기억할 수 있는 추억들이 많다는 점, 시간적으로도 현재에서 가장 가깝기 때문일 것이다.

> 학생들이 선정한 중요한 사건 중 빈도수(중복)가 높은 것
> 초등학교 입학, 애완견 키우기, 다쳐서 수술한 것, 썰매를 탄 것, 자전거 타기 배운 것, 교통사고, 컴퓨터 구입한 것, 태권도장에 간 것

애완견 키우기는 요즘의 세태가 반영된 결과다. 많은 가정에서 애완동물을 기르기 때문이다. 자전거 타기는 부모님이나 형제들의 도움으로 자신이 직접 기계를 움직였다는 성취감이 기억에 강하게 남게 되었을 것이다.

이제 학생들에게 이러한 공통 항목이 나온 이유는 무엇일까를 생각해보게 한다. 학생들은 다음과 같은 답변을 내놓았다.

> 같은 학년으로서 생각하는 일과 겪은 일이 비슷하기 때문이다.
> 다른 친구들과 지내온 환경, 나이 등이 같기 때문이다.

학생들은 각자 다른 환경과 생활방식 속에서 살아왔지만 삶의 큰 틀은 사회라는 구조 속에서 비슷한 모습으로 하나의 흐름 속에 존재한다는 것을 느끼고 있는 것이다.

4) 개인사 연대표와 자서전 — 사실의 기록과 정리

다음은 학생들이 자신의 일생에 대해 기억과 조사 활동으로 얻은 사실을 정리하는 단계이다. 이때 두 가지 활동을 생각해볼 수 있다. 첫째, 학생 자신의 일생에서 있었던 중요한 일을 연대순으로 정리하게 하는 방법이다. 개인 연대기라고 할 수 있다. 중요한 사건을 단순히 떠올리는 것을 넘어서 시간 순서에 따라 배열해보게 하는 것이다. 이러한 연대표 작성은 역사적 사건들의 초보적인 조직화 형식이라고 할 수 있다. 연표를 작성해봄으로써 자신의 역사적 사건들을 구체적으로 조직화하는 과정을 경험할 수 있다.

그다음으로 해볼 수 있는 과제가 자서전 쓰기다. 자서전 쓰기는 이 주제 수업의 마지막 과제로 부여하는 것이 적절하다. 학생 스스로 자기가 살아온 과정을 써보는 것이다. 거창하고 완벽한 전기문이 아니라 아주 작은 전기문을 만들어볼 수 있다. 누군가의 전기문을 만들려면 그 인물에 대한 자료 수집과 조사가 필요하고, 그 인물의 인생에서 중요한 일을 추출해야 하며, 그것을 글로 써야 한다. 종종 학생들은 당황해한다. 그러나 앞에서 했던 작업을 바탕으로 이야기를 연결해보게 하면 그리 어렵게 생각하지 않는다. 앞에서 자신의 인생에서 중요한 일을 친구들에게 발표한 경험이 도움이 되었는지 자서전 쓰는 것을 그렇게 어려워하지 않았다. 다음은 자서전의 사례다.

나는 1996년 10월 24일 마산에서 태어났다. 네 살 때 길을 잃어버린 적이 있다. 그때 어떤 아주머니를 따라갈 뻔했는데 다행히 가족을 찾았다. 1학년 2학기에 ○○초등학교로 전학을 왔다. 그래서 좋은 친구들을 만났다. 5학년 겨울방학 때는 진주 할머니 집에 가서 사촌들과 함께 폭죽을 터뜨리며 신나게 놀았던 일

개인 연대기표 사례

지현이의 개인사 연표	
1996	울산에서 태어남.
1998	기장군 일광면으로 이사를 옴.
2000	어린이집을 다님.
2001	새싹유치원에 입학.
2003	일광초등학교에 입학.
2004	애완견을 키움.
2005	아버지에게 처음 자전거 타기를 배움.
2006	가장 친한 친구가 전학을 가서 많이 울었음.
2008	친구들과 서울로 수학여행을 감.

이 기억난다. 또 스카우트에서 제주도에 갔을 때 눈만 올 줄 알았는데 비만 와서 '괜히 왔다'라는 생각이 들었다. 하지만 서커스 같은 것도 보고 자동차가 시동을 꺼도 앞으로 가는 도로를 보면서 그런 생각을 잊었다. 3학년 때 이모랑 사촌동생들끼리 썰매장에 간 것이 좋았다. 이런 것들이 내 기억에 남는 이유는 그것이 내 기억 속에서 잊지 못할 추억이 되었기 때문이다.

이러한 활동에 더하여 다음과 같은 추가적인 활동을 해볼 수도 있다.

한 반에서 한 인물에 대해 각자 전기를 써보기

한 반에서 한 인물에 대해 각자 전기를 써보면 수십 가지 전기가 탄생할 것이다. 어떤 학생은 성장 배경에, 어떤 학생은 그 사람의 본받을 점에, 어떤 학생은 그 인물의 능력이나 업적에 초점을 맞춰 쓰게 된다. 결국 각 학생들의 견해에 따라 전기문의 방향과 내용이 다르게 나올 수 있다. 학생들이 직접 작가가 되어보는 과정도 흥미로운 경험이 될 것이다.

주위의 사람이나 쉽게 자료를 구할 수 있는 사람의 전기를 써보기

학생들은 위인 전기를 자주 접한다. 대개의 경우 위대한 인물의 일대기다. 그런 사람들이 아니라 우리의 아버지, 형제, 이웃에 대한 전기문을 써보면 어떨까? 학생이 직접 조사와 인터뷰 등을 실시함으로써 살아 있는 전기문을 써볼 수 있다. 직접 찾아 조사하는 과정 자체가 역사의 시작이 될 수 있다.

5) 학생 평가하기

개인사 쓰기 수업과 관련하여 학생들을 평가하기란 무척 어렵다. 정확한 답이 있는 것도 아니고 그렇다고 평가를 안 할 수도 없다. 이 수업에서 학생들을 가장 합리적으로 평가하는 방법은 '일화 기록'을 활용하는 것이다. 일화 기록은 개인사 기록지, 자료 수집, 발표의 3가지로 구성된다.

개인사 기록지에 대한 평가는 자기 인생에서 중요한 일 5가지를 선택하고,

평가	개인사 기록지	자료 수집	발표
상	연관성을 가지고 아주 자세하게 기록지를 서술함	사진, 인터뷰, 문서 등 여러 가지 자료 중 3가지 이상을 수집, 활용함	자료를 보여주며 똑똑하고 자세하게 발표함
중	현재의 자신과 연결성이 있어 보임	여러 자료 중 2가지를 수집, 활용함	자료를 보여주며 발표하나 보통임/자료는 없지만 똑똑하고 자세하게 발표함
하	영향이라는 말이 보이나 현재 자신과의 연결성은 부족해 보임	여러 가지 자료 중 1가지 이하를 수집, 활용함	아주 자세하게 발표하고, 친구들도 진지하게 받아들임
강○○	◎	○	○
이○○	△	◎	○
최○○	○	△	◎

(◎ 아주 잘함, ○ 잘함, △ 보통)

왜 중요한지를 적은 기록, '그 일은 현재의 나에게 이런 영향을 미치고 있다'의 근거가 충분한지 아닌지를 검토한다.

　자료 수집에 대한 평가는 개인사 쓰기 활동의 전반적인 부분에서 자신의 옛 사진이나 일기장 또는 부모님과의 인터뷰 등을 적극적으로 준비하고 성실하게 자료를 수집했는지를 살펴본다. 발표 평가는 개인사에 관해 스스로 준비한 자료를 친구들에게 다양한 방법으로 발표하는지를 평가한다.

　학생들은 작업을 할 때 또는 수업을 마치고 기록지를 볼 때 위와 같은 기준으로 그때그때 일화 기록을 할 수 있고, 수업을 마치고 할 수도 있다. 하지만 위와 같은 3가지 분류가 전체 평가를 다 나타낸다고는 할 수 없다.

3. 수업 후 학생의 반응

개인사 수업을 하고 나서 초등학생들이 자기 역사 찾기에서 보이는 특성을 정리해보면 다음과 같다.

① 주체적 역사 인식이 보였다

수업의 마지막 부분에서 다시 한 번 역사의 의미를 학생들에게 물어보았다. 처음에는 역사란 '과거의 시간들, 옛날의 사건들, 과거의 중요했던 일, 현재 이전의 일' 등과 같이 과거의 사건이나 중요한 일들의 집합이라고 생각하였으나 수업이 끝나갈 무렵에는 이런 생각과 함께 '나 자신, 인생'이라는 단어를 사용하면서 주체적 역사 인식을 드러냈다. 물론 초보적인 단계이기는 하나 긍정적인 변화라고 할 수 있다.

　Q 역사의 의미는 무엇일까요?
　경험했던 일과 기분 좋았던 일, 나의 기억에 오래 남는 일, 과거에 있었던 특별한 일, 자신이 경험했던 일, 위대한 사람의 업적, 사람이 살아가면서 중요한 일, 인상적인 일, 자신의 일생에서 중요한 일, 인생 전부가 역사다.

② 자기 인생에서 중요한 일을 선택하고, 그것이 왜 중요한지를 설명할 수 있었다

자신에게 일어난 일을 모두 말한다는 것은 불가능한 작업이다. 학생들이 자신이 경험한 사건이나 일들 중에 중요한 것 5가지를 선택하기 위해서는 지금의 자신에게 그 사건들이 어떤 영향을 미치고 있는지를 충분히 고민하고 생각해야 한다. 그 많은 일들 중에 하나하나씩 현재의 자기 모습에서 중요성을 따져보면서 선택을 했고, 그 결과를 설명했다.

③ 역사적 기억이나 기록이 항상 일치하는 것은 아니라는 사실을 알게 되었다

학생들이 자신의 개인사에 관해 부모님이나 친척들과 인터뷰를 하면서 하나의 사건에 대해 완전히 다르게 기억할 수 있고, 어떤 사람은 유독 더 자세히 기억하고 있다는 것을 알 수 있다. 따라서 역사적인 기억이나 기록이 항상 일치하는 것은 아님을 학생들이 배울 수 있다.

초등 사회과 교육과정은 지역을 확대하는 동심원 확대법을 고려하여 구성되지만, 이와는 별도로 역사 교육과정은 정치사와 시대순으로 구성되어 있다. 이러한 구조 속에서 학생들이 역사를 접할 때 자신과는 거리가 먼 역사, 위대한 인물을 중심으로 한 역사를 만난다. 하지만 역사는 나와 멀리 떨어져 있는 것이 아니라 나 자신도 그 일부이며 과거로부터 현재의 나에게 이어져 왔다는 전제에서 이 장은 출발한다. 자신의 역사를 생각하고 글로 써보면서 생동감 있고 살아 있는 역사 수업이 될 수 있다.

학생들에게 역사의 의미를 물어보면 대부분 역사적 사건, 지나간 일 중 중요한 것이라는 대답을 하였다. 자신에 대한 언급은 거의 없었는데, 개인사 쓰기 수업을 통해 나 자신도 역사의 한 부분이라는 인식을 심어줄 수 있다.

개인사 쓰기 수업과 비슷한 경험을 가진 학생들도 이것을 역사와 관련짓

지 못하는 경우가 많다. 개인사 쓰기에서 먼저 학생들이 '자기 인생에서 중요한 것 5가지'를 찾아본 다음, 각 가정에서 사진이나 부모님, 친척의 도움으로 더 구체적인 사실을 기록해보는 것이 중요하다. 자신이 기억하는 사실과 부모님이나 친척들이 기억하는 사실이 다를 수 있기 때문이다. 이런 경우 자신의 기억을 뒷받침해줄 중요한 증거가 될 수 있다.

학교 교육과정에 포함되어 있지 않기 때문에 개인사 수업을 하기 위해서는 교사의 충분한 검토와 재구성이 필요하다. 동학년 간의 협의도 필요하다. 하지만 단순히 학생들에게 교과서 내용을 통해 고조선은 누가 세웠으며 세종대왕이 어떤 업적을 남겼는지와 같은 사실 확인에만 그치는 수업이 아니라 우리 자신들이 역사를 가지고 있고, 역사 속에 살아 있다는 감각을 느끼게 하는 것이 중요하다. 그렇게 함으로써 역사의 의미를 어렴풋이나마 이해할 수 있다.

4. 수업 자료 – 학습지

Q 여러분의 인생에서 중요했던 일은 무엇이었나요?

```
1. _____
   _____
2. _____
   _____
3. _____
   _____
4. _____
   _____
5. _____
   _____
6. _____
   _____
7. _____
   _____
8. _____
   _____
```

이 중에서 가장 중요했던 일 5가지를 골라 ○표 합니다.

Q 친구들의 발표를 듣고 공통 요소를 찾아보세요.

Q 공통 요소들의 이유는 무엇이라고 생각합니까?

역사의 의미

Q 역사의 의미는 무엇일까요? 다음 (   )에 들어갈 말을 자유롭게 채워봅시다.

"역사는 (   )이다."

1. _____

2. _____

3. _____

4. _____

5. _____

5. 교수 학습 과정안

수업 방향	• 개인의 삶도 역사의 일부임을 알 수 있도록 한다. • 위인의 역사뿐만 아니라 동시대에 활약했던 이름없는 일반인의 삶 또한 역사의 일부분이라는 사실을 이해하도록 한다. • 역사 속에서 개인에게 가장 중요한 의미를 지니는 것은 자신의 삶이라는 것을 알고, 자신의 존재에 대해 자존감을 기를 수 있도록 한다. • 다양한 방법(자신의 기억과 기록, 타인의 기억과 기록)을 통해 잊힌 과거를 탐색해 들어가는 방법을 알 수 있도록 한다. • 다른 사람의 기억과 자신의 기억을 비교함으로써 개인이 지닌 역사의 중요성을 객관적으로 숙고할 수 있도록 한다. • 가치관과 관점의 차이로 인해 역사의 기록이 전승자에 따라 다르게 전해질 수 있음을 알 수 있도록 한다.
수업 목표	• 개인의 역사가 모여 전체의 역사를 이룬다는 사실을 안다. • 기록자의 관점에 따라 역사 기록이 달라질 수 있다는 사실을 안다.
수업 지도 순서 및 유의점	① 내 인생의 중요한 일을 쓰고, 5가지 고르기 • 출생 전, 출생 후 현재까지의 일을 연도별로 나누어 즐거웠던 일, 슬펐던 일 등을 구분하여 인생 곡선을 그린다. • 그중에서도 특별히 중요했던 일 5가지를 꼽는다. 　→ 현재의 자신(현재의 모습, 미래의 계획 설계 등)에게 가장 큰 영향을 미친 사건순으로 꼽는다. • 어느 시기에 사건의 빈도가 가장 높은가를 파악한다. • 모든 사건들이 오로지 자신만의 기억으로 이루어져 있는가를 생각하게 한다. • 주변 인물들에게 전해들은 일은 기록 중에서 어느 정도 비중을 차지하는가. • 남아 있는 기록 자료에 관한 기억을 바탕으로 중요한 사건을 골라보도록 한다. • 출생 전의 기록은 오로지 주변 인물들의 이야기로만 파악할 수 있다. ② 모둠 공통 사건 고르기 모둠원들 각자가 뽑은 5가지 사건을 비교하여 그중 공통되는 사건 5가지를 추출한다.

- 시간 순서에 상관없이 무작위로 추출한 후 시간 순서에 따라 배열한다.
- 같은 사건이라도 그에 대한 모둠원들의 설명과 사용 언어가 다르다는 사실에 주목하도록 한다.
  → 같은 사건일지라도 기록자의 관점에 따라 기록이 달라질 수 있다는 사실을 안다.

③ 학급의 공통 사건 추출하기
- 여러 모둠이 뽑은 중요 사건을 발표한 후 그중에서 공통되는 사건을 5가지 골라낸다.
- 시대 순서에 따라 사건을 배열한 후 같은 사건을 두고 다른 모둠원들이 어떻게 설명했는지 파악한다.
- 공통 사건이 뽑힌 이유를 교사와 함께 파악해본다.
  → 역사 기록으로 남는 중요한 사건들이 어떤 이유로 선택되는지 그 이유를 함께 추측해볼 수 있도록 한다.

2장

가족이 살아온 과정과 역사

1. 가족사 수업은 왜 중요할까

나라에 큰 일이 일어났을 때 우리 아버지는 뭘 하고 계셨을까?
지난 시간에 공부한 우리 삶의 역사는 아주 짧아서 교과서에 나오는 사건들을 발견할 수 없었다. 하지만 부모님들의 역사를 공부했을 때는 나라에서 일어난 많은 일들을 발견할 수 있었다. 부모님의 역사를 알아보면서 나도 그때 있었으면 좋겠다는 생각도 들었다. 왜냐하면 그때 사람들은 어떤 모습이며, 왜 그런 행동을 했는지 정확하게 알고 싶었기 때문이다. 우리와 마찬가지로 부모님 세대에도 많은 사건들이 있어서 역사가 되었다는 사실을 알았다.

• • •

학생들에게 역사를 가르치는 데 있어서 가장 효과적인 방법은 새로운 경험을 그 학생들이 알고 있는 사전 지식과 결부시키는 것이다. 이 점에서 개인사 쓰기를 자연스럽게 가족사 탐구로 연결시킬 수 있다. 자신의 역사가 소중하다는 생각을 하게 된 학생들은 자연스럽게 가족의 역사에 대해서도 관심을 갖게 될 것이다. 이러한 맥락에서 가족사 수업은 아주 친근하고 익숙한 주제이며 학생들의 이해의 폭을 넓힐 수 있는 수업 방안이다. 또한 역사를 쉽고, 재미있게, 직접 느낄 수 있는 수업이 될 수 있다.

가족사 수업은 어떻게 접근할 것인가. 부모, 조부모들은 손녀손자, 딸아들에게 자신이 살아왔던 경험을 자연스럽게 이야기해주곤 한다. 아버지가 아들에게 "아빠가 네 나이에는 이렇게 했었지"라고 하고, 할머니는 "그 당시 먹고 살기 힘들어서 꼭두새벽에 일을 나가 밤늦도록 일을 했단다"라고 말하는 것은 가정에서 쉽게 볼 수 있는 풍경이다.

가족의 삶은 해당 시대의 흐름 속에서 이루어졌기 때문에 그들의 삶이 곧 현대사의 전개 과정과 직접 관련되어 있다는 사실을 생각해볼 수 있다. 가족사 수업 환경은 문화나 역사 내력에 따라 다르다. 예를 들어 미국의 가족사 공부는 이민 혹은 이주가 화두가 될 것이다. 미국의 역사 자체가 이민 혹은 이주의 역사이기 때문이다. 우리나라는 이민보다는 이사 경험, 산업화 과정에서의 이촌 향도, 전쟁, 민주화 운동 등과 관계된 일이 많을 것이다.

우리나라의 가족 구성은 대가족에서 산업화를 거치면서 핵가족이 되었고, 이제는 자녀가 없는 가정이나 노인들만 사는 가정, 재혼에 따른 이성(異姓) 가족, 국제 결혼으로 인한 다문화 가정 등이 다양하게 존재하고 있다.

가족사 수업은 가족 간의 대화와 이해의 과정이기도 하다. 가족에 대한 사랑과 이해라는 소득도 얻을 수 있다. 가족사의 대상은 학생에게서 너무 멀리 떨어진 증조부모보다는 실제로 면담이 가능한 할아버지와 할머니 세대로 한정하는 것이 좋다.

또한 가족 이야기를 통해서 학생이 조부모의 삶과 부모의 삶, 그리고 자신의 삶을 비교해보는 경험도 가능하다. 현재 자신의 삶과 부모나 조부모가 살아온 삶의 형태나 방식은 많은 차이가 있을 것이다. 가깝고 친근한 가족의 이야기를 통해 어떻게 생활 모습이 변화해왔는지 알아볼 수 있다.

개인사 수업과 마찬가지로 가족사 수업 역시 초등 교과서에서는 찾을 수 없다. 개인사가 역사의 시작을 위한 기초적인 단계인 것처럼 가족사 수업은 개인 자신과 가장 가깝고 친근하며 자신의 경험을 함께 공유하고 있는 최소 단위의 사회형태인 가족을 통해서 역사 학습의 시작에서 초보적인 단계를 다지는 수업이다. 개인사 수업과 더불어 본격적인 역사 수업을 하기 전에 첫 출발로서 가족의 역사를 통해 역사가 이루어지는 과정을 이해할 수 있다.

2. 가족사, 이렇게 수업하자

학생들은 자신의 가족사에 관한 학습에 흥미를 가지고 있다. 조부모님이나 부모님과의 인터뷰를 통해서 과거의 구체적인 경험(일자리 구하기, 이사, 가정 환경 등)을 들으면서 또는 당시 사진이나 물건들을 보면서 학생들은 그것을 자신의 경험과 관련지어 사회와 경제의 변화에 대한 이해의 폭을 넓힐 수 있다. 학생들의 이해를 높이기 위해 교사는 사진이나 다양한 자료를 통해 학생들이 지금의 모습과 비교해볼 수 있도록 안내해야 한다.

1) 가족사 정보 수집하기: 인터뷰, 기타 자료 찾기

① 인터뷰

가족에 관련되는 정보를 수집하는 방법은 가장 먼저 부모님이나 조부모님과의 인터뷰를 꼽을 수 있다. 인터뷰는 일정한 형식에 따라 진행할 수 있도록 교사가 가이드 라인을 제시하는 게 필요하다. 아래와 같은 가족사 인터뷰 목록을 만들어 각 가정에서 학생들이 인터뷰를 해오도록 하였다.

부모님이나 조부모님의 인생에서 가장 중요했던 일 5가지는 무엇입니까?		
	주요 사건	이유
예	한국전쟁 때 피난갔던 일	부모님과 헤어져 고생을 많이 했기 때문에
1	엄마, 아빠가 결혼한 것	소중한 가족이 생겼기 때문에
2	고등학교 때 교대 입학 시험을 친 것	선생님이 되는 게 꿈이라서
3	할머니가 독하게 시집살이 시킨 것	빨래를 하면 다시 화장실에 넣었다
4	어릴 때 처음으로 라면을 먹은 것	라면이 처음으로 나와서
5	집 장만했을 때	나의 집을 갖게 되어서

대부분의 학생들은 부여받은 과제를 충실히 수행한다. 조부모님이나 부모님이 살아온 경험을 듣는 것 자체가 흥미롭기 때문이다. 옛 이야기를 들으면

서 학생들은 가족을 더 잘 이해할 수 있게 된다. 학생들에게 인터뷰를 하면서 느낀 점을 물어보았더니 다음과 같은 답이 나왔다.

"재미있었어요."
"엄마의 이야기를 들으니 눈물이 나왔어요."
"옛날에는 살기가 참 어려웠던 것 같아요."
"아버지가 젊었을 때 술을 많이 드셨다고 해요."

 평소에 들어보지 못했거나 알지 못했던 것을 새롭게 알게 되고, 가족의 역사에 대한 새로운 지식으로 인해 가족에 대해 더 관심을 갖게 된다.

② 집안에 내려오는 자료 찾기
인터뷰와 함께 집안의 내력이나 가족의 경험을 말해주는 사진, 고문서 등의 중요한 자료를 수집하는 것도 가족사 학습에서 매우 의미 있는 활동이다.

2) 정보 해석하기: 공통 요소 찾기

가족들에 대한 인터뷰 내용을 비교해보면 같은 세대인 경우 중요하게 기억하는 사건들이 중복되는 것을 확인할 수 있다. 이 같은 비교를 통하여 개인의 역사를 전체의 역사로 확대해갈 수 있다. 인터뷰한 결과를 가지고 부모님과 조부모님들이 겪은 주요 사건들을 모아보면 다음과 같은 공통 요소를 찾을 수 있다.

 IMF, 실직, 퇴직, 한국전쟁과 가난, 건강, 금연, 결혼, 칠순, 자가용 구입, 이사

 조부모님 세대에서는 주로 한국전쟁, 건강 등 우리 민족의 아픈 역사와 함께 힘들었던 시기의 생활, 건강하게 오래 살고 싶은 마음 등의 답변이 나왔

다. 부모 세대에서는 IMF로 인한 실직, 퇴직, 자기 소유의 자동차 구입 등이 나왔다. 그 밖에도 직장 등의 문제로 인한 이사도 있었다.

이러한 공통 요소들이 나타나는 이유는 무엇일까를 질문해본다. 개인사를 써본 학생들은 좀 더 쉽게 그 이유를 말한다. 다음은 학생들이 답한 내용의 일부다.

> 살아온 환경, 시대가 같아서
> 공통의 경험을 가지고 있어서
> 나이가 비슷하기 때문에
> 친구들과 우리의 경험이 비슷하듯이 어른들도 비슷해서
> 경험과 생각이 비슷해서

학생들은 각각의 가정에서 인터뷰한 내용들 중에 중복되는 것이 많은 것을 알고 신기해한다. 다음은 수업이 끝난 후 한 학생이 보인 반응이다.

> 우리 가족의 역사와 다른 친구들의 가족 역사를 비교해보니 비슷한 것이 많았다. "우리 가족만 이런 일을 당하다니, 너무 이상하다"라는 말을 많이 하는데, 그런 일이 자신에게만 일어나는 것이 아니라고 생각하면 좋을 것 같다. 나도 혼자 좌절할 때도 있지만, 나와 비슷한 일을 겪은 아이들도 있고, 더 심한 일을 겪은 아이도 있으니 좌절하지 말아야겠다는 생각이 든다. 그리고 부모님께 중요했던 일을 보면 정말 무서운 일도 많았다. 지금 생각해도 '내가 당하면 어떻게 하지?'라는 두려움이 있는데, 그 시절 사람들은 얼마나 무서웠을까? 앞으로는 제발 나쁜 일이 일어나지 않았으면 좋겠다.

학습 대상 학생들이 특정 지역에 비교적 안정적으로 정착 생활을 해왔기 때문에 거주지 이전 등과 같은 사안은 소수의 예에 불과하였다. 이것도 지역적인 특색이 반영된 것이라고 할 수 있다. 대단위 아파트 단지 주변의 학교

에 다니는 학생의 인터뷰라면 이사와 관련된 이야기가 많이 나올 것이다.

다른 학급에서 진행된 가족사 수업 결과를 살펴보면, 부모님과 조부모님들이 가장 중요하다고 생각했던 사건들은 아래와 같다.

> 한국전쟁, 박정희 암살, 5·18 민주화 운동, 88 서울 올림픽, 성수대교 붕괴, 삼풍백화점 붕괴, IMF, 2002 한일 월드컵, 대구 지하철 참사, 숭례문 방화

조부모님을 대상으로 한 설문조사에서는 한국전쟁이 가장 중요한 역사적 사건으로 기억되었고, 박정희 암살과 5·18 민주화 운동 등 현대사의 굵직한 역사적 사건이 부모님들의 개인적인 삶에서도 가장 큰 의미를 지니는 것으로 확인된다. 나머지 사건들은 정치적으로 중요한 사건이라기보다는 사회·문화적으로 중요한 행사나 사건·사고가 대부분이어서 현대사를 바라보는 부모님의 관점이 어느 부분에 치중해 있는지 알 수 있다. 부모님들이 경험한 한국전쟁, 박정희 암살, 5·18 민주화 운동, 88 서울 올림픽, IMF와 같은 사건들을 교과서에서 직접 찾아 확인하면서, 나와 가까운 가족이 체험한 사건이 모여 교과서에 기록되는 역사가 된다는 사실을 학생들과 함께 공유할 수 있다.

3) 가족사 쓰기

개인사 쓰기에서 익힌 역사 감각을 가족사 쓰기를 통해 통사적으로 서술하는 표현력을 기를 수 있는 기회를 가질 필요가 있다. 이를 위해 학생들에게 다양한 방법을 통해 잊힌 과거를 그 사실에 맞추어 서술해야 한다는 것과 나라의 역사와 이름 없는 가족의 역사가 기본적으로 동일한 맥락(전체 역사 속에 존재하는 부분의 역사)을 지닌다는 사실을 생각해보도록 한다. 가족사 쓰기를 통해 학생들이 개별적인 사건들이 모여 하나의 역사를 이룬다는 사실과 가족의 역사가 곧 나라의 역사라는 사실을 느낄 수 있는 기회를 갖도록 한다.

가족의 역사에 기록한 사건들을 모아 가족사를 쓰도록 합니다.

나의 기억, 타인의 기억을 구분하여 서술하도록 합니다.

가족사 쓰기의 절차 및 유의점에 대해서는 다음과 같이 안내한다.

- 가족의 인생 곡선에서 표시한 사건들을 바탕으로 가족사를 쓰도록 한다.
- 어떤 방법으로 쓸 수 있는지 기준을 정하도록 도와준다.
  - 시간 순서로 쓸 것인지, 중요한 사건의 순서로 쓸 것인지
- 자료의 조사와 선택은 어떻게 할 것인가
- 가족이나 주변 인물을 인터뷰하여 기록하고, 증거 자료로 활용한다.
- 자신의 생활과 가족들, 친척들의 생활이 어떻게 연관되어 있는지 파악한다.
  → 조부모님의 생활 변화나 가까운 친척들과의 왕래 등을 조사하여, 자신이 그들에게 영향을 끼쳤거나, 그들로부터 자신이 영향을 받은 일이 있는지 구체적으로 파악하여 기록한다. 상호 관계를 파악할 수 있다.
  → 친척뿐만 아니라 친한 이웃들과의 관계도 파악하여 함께 설명하도록 한다.
    ▶ 전체 기록 가운데 주변 인물들에게 전해들은 일은 어느 정도의 비중을 차지하는지 확인하도록 한다.
  → 가족사를 기록할 때, 당사자의 설명인지, 다른 사람으로부터 들은 내용을 인용한 것인지 분명하게 구분하여 적을 수 있도록 지도한다.
- 동일 사건(사고나 기념일 등) 몇 가지를 선택하여 여러 사람에게 그 당시의 이야기를 묻는다.
  → 이야기가 동일하지 않을 경우 어떤 점이 다른지를 조사하도록 한다.

→ 설명의 차이점을 파악하고 그 이유를 이해하도록 한다.

→ 어떤 사람의 이야기를 가장 신뢰할 수 있을까?

→ 기록 자료가 있다면 그 기록물을 조사하여 이야기의 신뢰성과 진실성을 파악할 수 있다.

  ▶기록 자료는 어떤 것들이 남아 있는지 미리 조사하도록 한다.

  – 일기, 사진, 비디오 영상물 등이 있을 경우, 그중에서도 객관적으로 신뢰할 수 있는 자료는 무엇인지 생각하도록 한다.

• 출생 전의 기록은 주변 인물들의 이야기를 통해서만 파악할 수 있다.
이 경우 '내가 태어나기 이전'의 가족들의 생활을 발견하고, 역사에서의 기원전의 개념을 알 수 있도록 도와준다.

3. 가족사 쓰기 활동을 한 후 학생들의 반응

가족사를 주로 시대순으로 서술하였고, 거의 모든 아동들이 가족들의 출생을 최초의 기록으로, 현재 5학년이 된 것을 최근의 사실로 기록하여 서술하였다. 일부 학생은 현재의 시점을 먼저 제시한 후, 과거를 돌아보는 방법으로 서술하여 다양한 역사 쓰기의 방법을 보여주었다. 대부분 자신의 기억을 바탕으로 서술하였으나, 출생과 유아기의 기록은 다른 사람에게 전해들은 사실을 바탕으로 간접화법으로 기록하였다. 간접 기억의 사실을 설명할 때는 짧고 단순하게 서술하였으나, 어떤 자료를 통해 알고 있는 사실은 근거를 분명하게 밝히는 방식을 선택했다. 간접적으로 기억하는 사실들의 기록은 전체에서 아주 일부분만을 차지하여 자신이 직접 기억하는 근래의 사건을 더 중요하게 여긴다는 사실을 알 수 있었다.

가족사 쓰기를 시작하기 전에 좀 더 다양한 형태의 전기문을 제시하여 아동들이 다양한 방식의 글을 쓸 수 있도록 배려했으면 더 좋았을 것으로 보인다. 자신의 기억과 기록, 타인의 기억을 서술하는 방식을 좀 더 분명하게 제시하여 전기라는 역사 기록물에 나타날 수 있는 기록의 형태를 다양하게 표현할 수 있도록 지도하는 것이다.

학생들은 가족사 쓰기를 통해 자신도 역사를 가지고 있다는 것을 이해할 수 있었다. 역사는 학생들 자신의 삶보다 더 넓은 내러티브에서 참여자로서 자신들을 보도록 연결할 때 더 큰 의미를 가진다. 가족사에서 가족들이 말하는 과거의 이야기들을 더 큰 내러티브에 연결시키는 것이 중요하다.

가족사를 공부하면서 학생들은 역사 탐구의 기초를 다지게 된다. 유물이나 사진들을 수집하여 그것을 해석해내는 연습도 거친다. 여기에서 가족의 옛 사진이나 유물에 관한 자세한 관찰과 그것의 의미를 해석하기 위한 2차적인 자료 조사가 필요하다. 이를 위해서는 사전에 충분한 시간을 확보해야 하며 학생들이 관찰 가능한 자료를 제시해야 한다. 학생들은 자신의 가족에 관한 자료이기 때문에 흥미를 가지고 활동에 참여한다.

과거를 추상적이고 아주 먼 이야기로만 인식하는 학생들로 하여금 자신과 가장 가까운 존재인 가족을 통해 자신들의 삶을 더 큰 세계의 내러티브로 자연스럽게 연결하도록 하는 작업이 가족사 수업이다. 가족들이 살아가는 모습이 과거와 현재에 어떻게 다르고 비슷한지를 탐구하면서, 가족이 서로 다른 삶을 살아간다는 것과 서로의 삶을 이해하는 것이 중요함을 학생들에게 안내해줄 필요가 있다.

부모님에게 중요한 사건을 설문조사할 때, 개인적으로 의미 있는 생활 사건을 기록해달라고 할지 아니면 사회적으로 의미 있는 역사적인 사건을 기록해달라고 할지 분명하게 밝혀야 한다. 역사적으로 의미 있는 사건을 중심으로 부모님들의 역사를 교과서의 기록과 접목시켜 아동들이 '부모님의 역사＝우리나라의 역사'라는 사실을 이해할 수 있도록 해야 한다.

교과서에 나오는 현대사는 주로 정치 사건에 한정되어 있다. 따라서 현대사의 주요 사건들을 좀 더 쉽게 바라볼 수 있는 연표나 교재를 미리 준비하여 교과서 외의 다양한 교재를 통해 역사를 바라볼 수 있는 기회를 제공해야 한다.

4. 수업 자료

Q 부모님이나 조부모님의 인생에서 가장 중요했던 일 5가지와 그 이유는 무엇입니까?

	주요 사건	이유
예	한국전쟁 때 피난 갔던 일	부모님과 헤어져 고생을 많이 했기 때문에
1		
2		
3		
4		
5		

Q 친구들의 발표를 듣고, 가족 이야기 속에 나오는 공통된 내용을 찾아봅시다.

Q 다른 가족의 이야기에 공통된 내용이 나오는 이유는 무엇일까요?

가족과 인터뷰하기

가족사 인터뷰 예시

안녕하세요? 저는 ○○초등학교 5학년 ○반에서 공부하는 (   )입니다. 우리 반은 사회 시간에 지난 12년간의 '자기 역사 쓰기'를 공부하였습니다. 각자의 자서전을 써본 우리들은 지난 12년 동안 각자 다르게 살아왔지만, 비슷한 경험과 기억을 갖고 있는 것을 알게 되었습니다. 그 기억들은 현재의 우리를 이해할 수 있게 해주는 중요한 자료가 될 것입니다. 각자의 자서전을 써본 후 우리가 태어나기 전에는 어떤 삶이 펼쳐졌을까 궁금해졌습니다. 그래서 부모님에게 지금까지 살아온 삶에 대해 몇 가지 질문을 드리려고 합니다. 우리가 부모님의 시대를 잘 이해하고 나아가 부모님을 더 잘 알 수 있는 기회를 가질 수 있도록 도와주시면 감사하겠습니다.

○○초등학교 5학년 ○반 학생들 드림

Q 부모님이 지금까지 살아오시면서 겪었던 일 중에서 가장 기억에 남는 일 5가지는 무엇입니까? 또 그것을 중요하게 생각하시는 이유는 무엇입니까?

		경험한 사건이나 일	이유(구체적으로)
아버지	①		
	②		
	③		
	④		
	⑤		
어머니	①		
	②		
	③		
	④		
	⑤		

Q 할아버지, 할머니께서 지금까지 살아오시면서 겪었던 일 중에서 가장 기억에 남는
일 5가지는 무엇입니까? 또 그것을 중요하게 생각하시는 이유는 무엇입니까?

		경험한 사건이나 일	이유(구체적으로)
할아버지	①		
	②		
	③		
	④		
	⑤		
할머니	①		
	②		
	③		
	④		
	⑤		

5. 교수 학습 과정안

수업 방향	• 개인사 쓰기를 통해 갖게 된 개인의 역사가 모여 전체의 역사가 된다는 인식을 발전시켜, 보다 긴 시간인 부모님들 삶의 시공간으로 역사의 의미를 확장할 수 있도록 한다. • 부모님들의 공통 역사를 추출하고 그 사건을 교과서나 현대사 교재에서 직접 찾아내어, 개인의 삶의 흔적이 현재 기록으로 남아 있는 역사의 일부가 된다는 사실을 알 수 있도록 한다. • 학부모 설문지의 예시로 현대사의 중요한 사건들을 제시하여 현대사의 사건들과 접목시킬 수 있는 결과 자료를 얻을 수 있도록 한다.
수업 목표	• 장기간에 걸친 개인의 역사가 모여 역사의 흔적으로 남아 있는 사건의 기록이 된다는 사실을 알 수 있다. • 개인의 역사를 중심으로 했을 때, 부모님들의 역사가 기원전의 의미를 지닌다는 사실을 알 수 있다.
수업 지도 순서 및 유의점	• 설문지를 통해 부모님의 역사 알아보기 • 모둠원들 간에 서로 비교하여 공통 사건 추출하기 • 모둠 내에서 교과서에 나오는 현대사의 사건과 부모님들의 역사에 나오는 사건 비교하기 • 학급에서 공통으로 부모님들의 역사 자료 추출하기 • 사건을 시대순으로 배열한 다음 학급 전체가 함께 교과서에서 해당 사건을 찾아보기 • 교과서에 나오지 않는 사건은 자료와 교사의 설명으로 제시

3장

시간의 길이

－ 연표로 표시해본 역사

1. 역사교육에서 연표 학습이 왜 중요할까

시간을 길이로 나타낸다면 어떻게 될까?

연표를 만들면서 기원전 2333년부터 오늘날까지를 축약해서 적어보았는데 기원전부터 500년까지는 별 내용이 없었다. 하지만 1800년부터는 남아 있는 내용이 아주 많았다. 그때 일어난 일들이 사람들의 기억에 많이 남았던 것 같다. 연표를 만들면서 언제 어려운 일을 겪었고 언제 좋은 일이 일어났는지 알 수 있어서 좋았다. (정○○)

학생이 직접 만든 연표

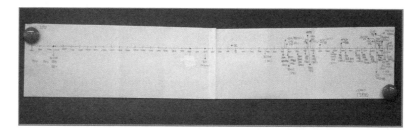

• • •

역사의식 발달 단계에 대한 기존 연구에 따르면, 초등학교 5~6학년은 인과개념이 발달하고 인과관계를 직접적 원인에 의해 파악할 수 있다. 또한 초보적인 시대의식이 생성되는 시기이므로 이들에게는 기원전(BC)과 기원후

(AD), 세기 등에 대한 개념을 이해시켜 연표상에서 읽고 이해할 수 있는 지도가 가능하다.

역사교육에서 연표 제작 학습은 학생들의 역사적 사고력을 증진시켜준다는 점에서 의미가 크다. 역사적 사고력이란 과거의 역사적 사실을 객관적, 비판적으로 인식할 수 있는 능력을 말한다. 학습자의 역사적 사고력을 향상시키며 역사 학습에 대한 흥미와 욕구를 자극할 수 있는 다양한 역사 교재를 학습의 장에 투입해야 하는데, 그중에서도 교사와 학생이 함께 제작하여 사용할 수 있는 역사 연표야말로 더없이 훌륭한 학습 자료이자 학습 내용이 된다. (조계훈, 2006, 8쪽)

역사 연표는 인간이 남겨놓은 과거의 흔적인 역사 사실을 시간적인 공간 위에 위치시키는 것이다. 역사 사실을 시간 흐름에 따라 연대순으로 체계화한 표라고 할 수 있다. 사실의 전후 관계와 상호 관련성을 파악할 수 있도록 고안한 이 제작물은 역사교육에서 빼놓을 수 없는 가장 기본적 자료다. 역사 연표는 역사적 사실의 시간적 연속성, 사실과 사실의 시간적 거리감(간격), 사실의 전후 관계를 종적·횡적으로 파악하고 비교할 수 있는 역사 수업 자료다. 특히 교사가 학생들과 함께 직접 연표를 제작하는 시간을 가짐으로써 학생들의 역사적 이해를 높이고 학습 내용을 주지시키며 역사적 사고력과 연표 제작 능력 등을 향상시킬 수 있는 다방면의 수업 성과를 거둘 수 있다.

초등학교 교과서에는 대단원의 첫 페이지에 해당 시대의 대표적인 역사적 사건을 다룬 대략적인 연표만 나와 있을 뿐, 학생들의 역사 이해에 도움을 주고 흥미를 끌 만한 연표 자료가 없는 실정이다. 그 결과 교사들도 연표를 잘 활용하지 않고, 바쁜 수업 전개에 쫓겨 연표에 대한 관심을 갖고 수업 자료로 활용하지 못하고 있다.

역사 연표를 역사 수업에서 활용함으로써 얻을 수 있는 교육적 기능은 다음과 같다.

첫째, 역사적 사실의 시간적 위치를 파악할 수 있다.

둘째, 역사적 사실과 사실 간의 시간적 거리감과 사실의 계통성을 체계적으로 파악할 수 있다.

셋째, 역사적 사실의 종적·횡적 관계와 상호 관련성을 종합적으로 이해하는 데 효과적이다.

넷째, 각 시대의 특징과 그 시대가 전체 역사에서 차지하는 위치와 의미를 이해할 수 있다.

다섯째, 자국사와 세계사의 사상을 비교하여 자국사의 특수성과 보편성을 파악할 수 있다.

여섯째, 연표를 읽고 해석할 수 있는 독사 능력과 연표 제작 능력을 길러 학습 내용을 체계적으로 정리할 수 있다.

일곱째, 역사적 사고력과 탐구력 등 자료 처리 능력과 태도를 길러 자주적 학습에 도움을 줄 수 있다. (송춘영, 2001, 358쪽)

역사교육에서 연표 학습의 교육 효과를 극대화하기 위해서는 몇 가지 사항에 주의해서 학습하는 것이 중요하다. 이 유의점들은 위의 교육적 기능과도 연관되므로 동일한 맥락에서 이해하고 학습을 지도할 때 참고하면 된다.

첫째, 시간 대상의 위치지음 문제다. 학습 대상이 되는 역사적 사실의 연대 확인과 연표상의 시간적 위치를 확인해야 한다. 기록하는 역사적 사실의 앞뒤에 벌어진 사건을 동시에 확인하도록 해야 한다.

둘째, 관련성의 문제다. 그 역사적 사실이 어떤 사건과 어떻게 연관되는가에 관심을 기울여야 한다. 역사적 사건 간의 시대적 연관, 연속성과 사건의 인과관계 등을 이해해야 한다.

셋째, 세계성의 문제다. 자국사의 이해와 함께 동시대 세계사의 파악을 유도한다. 그리하여 세계 속의 우리 역사, 우리 역사와 관련되는 세계사의 인식을 습성화하여 세계사 의식을 키워나가도록 한다.

넷째, 유형성의 발견 문제다. 동시대·횡적 연관성의 관찰을 토대로 역사적 사실을 유형화시켜 학생들이 역사 이해를 구조적으로 할 수 있도록 도와

야 한다. (설명숙, 2008, 20~21쪽)

위와 같은 이론적인 배경에서 교사는 학습 과정 전반에 걸쳐 연표 학습을
이용한 역사 수업을 진행할 수 있다. 초등학교 5학년을 대상으로 한 이번 수
업에서는 역사 수업의 입문 단계로 연표 제작을 통해 시간 감각을 익히고 우
리 역사의 전체적인 흐름을 파악하는 데 주 목적을 두었다. 하지만 우리 역
사 전반을 파악하는 수업 진행 과정에서 교사와 학생이 필요할 때마다 주제
와 특징이 있는 연표 제작을 한다면 수업에 많은 도움이 될 것이다. 예를 들
어 역사 수업의 분류사적 내용으로 농업 · 공업 · 상업 · 광업 · 화폐 · 교
통 · 통신 · 학문 · 종교 · 예술 문화재의 변천 모습을 연표로 만들어 학습함
으로써 사상의 시간 거리감과 시간대상의 위치, 사상의 상호 관련성, 인과관
계 등을 이해할 수 있다. 통사 학습을 통해 민족사 흐름을 종합 연표나 인물
연표, 시대 연표, 단원 연표를 만들어 학생이 필요시간 개념과 시대의 흐름
을 파악할 수도 있다. 또 백연표 위에 학습 내용을 정리하고 기입하도록 하
여 독사 능력과 연표 제작 능력을 향상시킬 수 있다.

2. 어떤 연표를 만들 수 있을까?

수업에서 가장 많이 사용하는 방법으로 사회과 교과서나 사회과 부도에 있
는 연표를 활용하여 학생들의 역사의식을 고취하는 학습 방법이 있다. 하지
만 이 경우에는 교과서에 제시된 연표에만 의지해 주어진 대로 반복 학습을
하기 쉬워 학생들의 참여도가 낮다. 연표 학습에 있어서는 학생들 스스로 연
표를 제작하는 활동이 매우 중요하다. 학생들은 각 요소에 맞는 자료를 찾고
정리하는 과정을 통해 탐구 기능까지 기를 수 있다.

교과서 속의 역사 사실을 연표로 제작하는 활동 이전에 우선 다양한 연표
제작 활동으로 학생들이 선호하는 연표의 틀을 제시하고 호기심을 자극하는

것이 필요하다. 이어 역사 학습에서 효율적으로 연표 제작을 활용할 수 있도록 기본 토대를 마련하는 학습이 많이 이루어지면 좋을 것이다.

연표에 친근하게 접근하기 위한 기초 단계로 먼저 개인 연표와 가족 연표를 만들고, 학생들이 살아가는 고장의 역사를 다룬 고장 연표 만들기를 하는 학습 방법이 있다. 학생 개인의 출생에서 현재까지 생활해온 자신의 역사를 담은 개인 연표 만들기 활동을 통해 학생들은 개인의 중요성과 앞으로의 활동에 대한 탐색과 함께 기초적인 시간 개념을 형성할 수 있다. 이어서 조상과 가족의 뿌리를 찾는 가족 연표 만들기를 한 다음에는 고장의 역사적 인물, 사건, 문화재를 연표로 제작하는 고장 연표 만들기 활동을 한다. 이러한 활동으로 고장의 역사를 되돌아보게 되어 나와 가족의 뿌리가 고장에 있음을 알고 고장의 소중함을 깨닫는 동시에 공간적·시간적 확대로 역사의식의 폭을 넓힐 수 있다.

생활 중심의 연표를 제작한 다음에는 교과서 속의 요소들을 분석한 후 역사 연표를 만드는 활동으로 이어간다. 시대별로 등장하는 역사 인물들을 분류하고 그들의 활동 영역을 분석한 후 가로 연표로 역사 인물 연표를 만든다. 이와 유사한 방법으로 교과서 속의 역사적 사건과 문화재를 시대별로 분석하여 가로 연표를 만든다. 세 단계에 걸쳐 연표를 만든 후에는 가로를 긴 축으로 하여 시대별로 인물과 사건, 문화재를 구분하여 배열하는 수평적 통합 연표를 만들고, 모둠 활동을 통해 전체적으로 연표 학습을 마무리하는 시간을 가진다.

일련의 연표를 제작한 후에는 연표를 활용하여 학습한 인물, 역사적 사건, 문화재를 비교하며 유사점과 차이점 찾기 등의 활동을 하며 각 시대를 이해하는 역사 학습이 가능하다. 또 학생들이 제작한 연표 속의 특정 인물에게 편지를 쓰거나 이메일을 보내는 활동을 통해 학생들 자신이 역사적 인물과 같은 시대를 공유하며 호흡한다는 느낌과 함께 역사 속 인물에 가까이 다가선다는 느낌을 가질 수 있다. 이와 함께 연표 속의 인물, 사건, 문화재 등의 단어를 낱말잇기로 적용하여 학생들이 흥미를 가지고 역사 용어에 친숙해지도록 유도할 수 있다. 주제 정리나 단원 정리 학습 시간에 역사 인물, 사건, 문화재의 내용을 바탕으로 역사 퍼즐을 만들고 풀이하는 학습을 할 수도 있다. 이러한 활동을 함으로써 학생들은 제작한 연표를 활용할 수 있고, 퍼즐을 푸는 과정에서 연표의 각 요소들의 시대적 위치와 전후 관계를 직접 확인하여 역사 속으로 한걸음 더 다가설 수 있다. 마지막으로 마인드맵 만들기를 통해 각 시대별 정리 학습을 하는 시간을 가질 수도 있다. (유영삼, 2005, 18~56쪽)

3. 이렇게 수업하자

1) '하루 중 밤 11시 59분 30초 지나는 중'

지구의 나이는 대략 45억 년으로 추정된다. 만일 이 45억 년을 1년의 길이로 압축한다면 이 지구상에 인류가 등장한 것은 하루 중 어느 때일까? 현생 인류의 등장을 35만 년 전이라고 한다면 밤 11시 55분쯤이라고 할 수 있다. 지구상에 국가가 등장한 것은 자정을 30초쯤 남겨둔 시간이었다. 우리가 공부하는 인류의 과거 역사는 한없이 길게 느껴지지만, 지구의 나이와 비교해보면 찰나에 지나지 않는다.

초등학생들은 과연 몇 억 년, 몇 만 년이라는 절대시간의 길이를 이해할 수 있을까? 이 땅에 사람이 살기 시작하고 나라가 세워진 오랜 옛날을 어느 정도 오래된 시기로 인식하고 있을까? 시간의 길이를 학생들이 직접 체감하여 순차적인 시대의 변화를 이해할 수 있는 방법에는 어떤 것이 있을까? 단순하게 주어진 그림 자료와 이야기, 좀 더 실감나는 동영상 자료들을 통해 몇 만 년 전, 혹은 몇 천 년 전의 어느 과거에 한 나라가 존재했고 다양한 사람들이 생활하였다는 설명을 하며 단편적으로 한 나라, 한 시대를 설명하고 받아들이게 할 수는 있을 것이다. 지금도 학교에서는 미디어 자료와 다양한 보충 자료를 통해 학생들의 시대 이해를 돕고 있다. 그러나 단순하게 한 시대와 나라를 이해하고, 또 다른 나라의 이름을 외우고 특색을 정리하는 과정을 통해 아이들이 역사에 대해서 어떤 생각을 가질 수 있을까? 단편적인 암기와 비교를 통해 각 나라를 설명할 수 있다면 그 학생은 역사를 잘 알고 있는 것인가? 각 나라들 사이의 상호 관련성을 이해하거나 전후 사건의 흐름을 파악하지 못하고, 무조건적인 암기에 그치는 역사 학습은 진정한 의미의 역사 이해라고 할 수 없다.

우선 초등학생이 시간의 경과, 역사의 흐름에 대해서 생각해볼 수 있도록 하기 위해서 도입할 수 있는 방안 중 하나가 연표의 이용이다. 연표 학습을 통해 학생들은 무엇보다도 물리적인 시간 감각을 익힐 수 있다. 학습하게 될 시간을 길이로 표시해보는 것이다. 한 줄로 길게 늘여진 전체 시간의 길이 중에서 역사 기록을 남기기 시작한 것이 언제인지, 나라가 세워진 것은 언제인지 등을 직접 시간의 길이 위에 표시해봄으로써 자연스럽게 시간 감각을 터득할 수 있다.

먼저 오늘날 우리가 살아가고 있는 이 지구상에 인류가 등장한 시점, 한반도에 우리 조상들이 살기 시작한 시점을 조사해보고 이를 숫자로 파악하여 시간의 띠 위에 기록한다. 이어 나라가 세워지고 중요한 사건이 일어난 시간을 표기한다. 학생들은 앞으로 학습하게 될 역사를 대단히 오랜 시간이라고 생각할 것이다. 그러나 학생들이 학습해야 하는 역사는 지구의 나이에 비하면, 혹은 지구상에 인류가 살기 시작한 때와 비교하면 지극히 짧은 시간이라는 사실을 깨달을 것이다. 연표를 만들어가는 과정은 이렇게 절대시간의 길이와, 학습해야 할 시간의 길이를 시각적으로 확인할 수 있는 방안으로 매우 유익하다.

둘째로 인류의 등장에서부터 시작하는 절대 연대의 극히 일부분인 5000년 우리의 역사를 확대해보는 활동을 할 수 있다. 5000년을 확대해보면, 그 시간도 인간의 수명에 비하면 매우 긴 시간이라는 것을 느낄 수 있다. 학생들은 국가의 성립에서 현대에 이르기까지, 5000년의 시간 속에 자리한 왕조의 흥망성쇠와 주요 사건을 이해하면서 시대 간의 상호 관련성과 그 역사적 의미를 함께 알아볼 수 있다.

학생들이 학습하게 될 역사는 지구의 나이, 인류의 등장에 비해서는 대단히 짧아 보인다. 그러나 우리 인간의 수명에 비하여 대단히 긴 시간이다.

두 종류의 연표를 만드는 과정에서 학생들은 이전 수업의 개인사와 가족사 쓰기를 떠올리며 역사 사건의 기록에 관한 일반적인 사실을 발견할 수 있다. 절대시간 속에 기록된 우리 역사 사건뿐만 아니라 우리 역사 연표에서도 주요 사건들의 분포가 현대에 집중된다는 사실을 연표 작업을 통해 발견할 수 있다. 이를 통해 역사 기록은 현대에 근접할수록 더 많다는 사실을 직접 확인할 수 있게 된다.

2) 시간의 흐름 속으로 들어가기

시간 감각을 익히기 위해 연표를 만드는 활동은 크게 두 단계로 나누어 진행할 수 있다. 위에서 언급한 바와 같이 첫 번째는 인류의 등장에서 오늘날까지 전체 시간의 흐름을 표시하는 것이다. 절대시간 감각을 익히는 과정이다. 길고 긴 역사의 흐름 속에서 우리가 인지하는 역사의 길이가 극히 짧은 일부분에 지나지 않는다는 사실을 시각적으로 확인하는 일이다.

두 번째는 그 긴 시간의 흐름 중에서 우리가 공부하게 될 5000여 년의 역사를 좀 더 자세히 살펴보는 연표 작성 활동이다. 전체 인류 역사에서 아주 짧은 그 시기가 그 자체로는 얼마나 긴 시간이며, 얼마나 많은 역사를 담고 있는지 살펴본다. 이 활동은 최종적으로 지금 우리가 서 있는 현대는 어디쯤에 있는지를 같이 생각해보는 기회가 된다. 2개의 연표에서 현재에 가까울수록 많은 기록이 존재한다는 사실을 확인하면서 학생들은 시간의 흐름에 대한 감각을 익혀나갈 것이다.

(1) 인류 역사의 물리적 시간 길이 감지하기

① 시간의 길이를 어떻게 나누어볼까

이 단계에서 학생들이 달성해야 하는 목표는 인류 역사 전체의 '시간의 길이', 물리적 시간에 대한 감각이다. 인류 역사 전체의 시간을 분할하고, 그 위에 인류 역사의 중요한 계기들을 채워 넣는 과정이다. 비어 있는 넓은 공간에 선을 긋고, 인류 역사를 시간의 흐름에 따라 표시해 나간다. 이 활동을 통해 학생들은 현재 우리가 살아가는 시대의 역사가 전체 인류의 역사에서 얼마나 짧은 순간에 불과한지를 깨닫게 될 것이다. 교사가 단 몇 줄의 설명만으로 제시해주는 암기식 이해가 아니라 학생들이 스스로 연표를 그려가면서 의미를 찾는 과정을 통해 물리적 시간 감각을 익힐 수 있다.

교사는 학생들에게 연표를 만드는 과정에서도 모든 것을 일일이 설명해주며 전체 수업을 주도해서는 안 된다. 학생들로 하여금 다음 단계에서 할 수 있는 작업이 무엇인지 유추하도록 이끌고, 이 전체 과정에서 얻고자 하는 결과물이 무엇인지 스스로 발견할 수 있도록 도와야 한다. 교사는 학습의 주도자가 되기보다는 보조자이며 안내자로서 학생들이 역사 학습의 기반이 되는 시간 감각을 스스로 익힐 수 있도록 도와주는 역할을 하는 것으로 충분하다.

첫 시간에 "오늘은 시간을 길이로 나타내는 방법을 생각해봅시다"라는 소개와 함께 학습지를 제공한다. 학생들은 학습지를 보며 이번 시간에 하게 될 활동을 대강 짐작할 수 있다. 우리가 배우게 될 역사 시간을 인류 전체의 역사 시간의 길이와 비교해보자는 설명을 읽고, 학생들은 '이번 시간에는 긴 연표를 만들겠구나' 생각한다. A4 종이에 가로로 적힌 글을 보고, 무작정 거기에 연표를 표시하려는 학생도 있다.

학생들은 구석기 시대 시작인 70만 년 전과 지금의 자리를 표시할 수는 있어도 그다음 단계로 가기 위해서 뭘 해야 할지 몰라 머뭇거린다.

이때 우리의 역사는 5000년 전부터 시작되지만, 한반도의 구석기 역사가 시작된 것은 70만 년 전이라는 사실을 알려주면 연표를 작성하는 데 도움이 된다. 구석기 시대의 역사를 아직 배우지 않은 학생들은 그 시대의 구체적인 모습을 이해하지는 못한다. 그러나 학생들에게 중국의 베이징 원인에서 시작된 구석기인의 모습과 함께 우리나라의 구석기 역사도 그때부터 시작되었다는 설명을 해줄 수 있다. 70만 년 전 한반도에 인류가 출현하고 오랜 시간이 흐른 후 우리가 알고 있는 5000년의 역사가 시간 속에서 모습을 나타낼 수 있도록 학생들은 교사의 설명과 교과서의 도움으로 긴 종이 위에 자신만의 연표로 표현하는 것이다.

교사는 학생들이 학습지를 받고 어떻게 연표를 만들어야 할지 고민할 시간을 충분히 준 후에 B4 크기의 종이 한 장을 학생들에게 다시 나누어준다. 종이를 길게 반으로 접어 잘라 가로로 이어붙이도록 한 후, 왜 이렇게 긴 종이를 만들었을지 생각해보도록 한다. 그 답이 나오는 데는 긴 시간이 필요하지 않다. 학생들은 종이를 이어붙이고 나서 그 용도를 파악하여 서로 이야기를 나눈다. 그러면서 70만 년이라는 긴 시간을 될 수 있는 한 정확하게 표시하려면 어떤 방법으로 그리면 좋을지 고민하고 답을 생각한다. 이때 몇몇 학생들은 처음부터 자로 칸을 표시하며 10만 단위나 만 단위로 구역을 표시하기도 하고, 어떤 학생들은 더 작은 단위로 영역을 잘라 자기 나름으로 연표를 만들 준비를 한다. 어찌할 줄을 몰라 주위를 두리번거리는 학생들도 있다.

학생 스스로 70만 년을 단위로 하는 연표를 만드는 방법을 생각하도록 시간을 준다. 교사는 학생들과 함께 길게 이어진 종이 위에 시간을 표시하는 연표를 함께 만드는 과정을 본격적으로 시작한다. 교사는 문답을 통해 학생들이 내놓는 답변에 기초하여 학생들의 생각에 따라 연표를 만들게 한다. 교사는 학생들이 70만 년의 시간을 쪼개어 좀 더 정확하게 우리의 역사가 자리하는 5000년의 시간을 표시하는 과정을 돕는 보조자가 되어 학생들이 수월하게 연표를 만들 수 있도록 거든다. 다음은 교사와 학생이 주고받는 문답이다.

교사: 학습지에 연표 만들기 설명이 있는데, 왜 학습지에 바로 하지 않고 종이를 새로 받아서 하는 걸까요?

학생: 학습지 종이는 칸이 작아서 긴 시간을 다 적을 수가 없어요.

교사: B4 크기의 종이를 잘라서 길게 붙인 이유는 뭘까요?

학생: 종이를 길게 접으면 70만 년이라는 긴 시간을 적기가 쉽기 때문입니다.

교사: 70만 년이라는 시간을 그 긴 종이에 표시하려면 시간을 어떻게 나눠야 할까요?

학생 1: 10만 년씩 7칸으로 나눠서 적으면 좋을 것 같습니다.

학생 2: 10만 년은 칸이 너무 커요. 1만 년으로 해서 70칸으로 나누면 좋겠어요.

교사: 70칸을 다 세어서 나누려면 너무 힘들지 않을까요?

학생 3: 70만 년이니까 종이를 반으로 접어서 40만 년을 표시하면 될 것 같아요.

학생 4: 나머지도 그 반을 계속 접어주면 10만 년씩 금방 될 것 같습니다.

교사: 모두 잘 생각했어요. 그러면 70만 년의 시간을 쉽게 표시하기 위해 일단 80만 년을 전체 길이로 하고 친구들이 이야기한 방식대로 시간을 나눠 적어보세요.

 이러한 문답 과정을 거쳐 학생들 스스로 시간을 나누어 기록하는 방식을 알 수 있도록 한다. 종이를 계속 반으로 접어가며 40만 년, 20만 년, 10만 년, 5만 년까지 하고 나머지 칸을 1만 년씩 나누도록 한다. 학생들은 마지막으로 1만 년으로 표시된 칸에서 5000년 부분을 표시하며 그 지점에서 역사 시대가 시작된다는 사실을 확인한다. 마지막 남은 1만 년은 그 크기가 아주 작아 표시의 어려움이 있지만, 전체 속에 자리하는 부분의 시간을 파악하는 데 의의가 있기 때문에 학생들이 지나치게 세밀한 부분에 집중하지 않도록 안내할 필요가 있다.

② 시각적으로 확인하는 시간의 길이
학생들은 처음에는 '연표 만들기'라고 하면 숫자가 가득 나열된 길고 복잡

한 종이에 역사 사건이 잔뜩 적힌 표를 떠올리며 별 흥미를 보이지 않는다. 하지만 학습지를 본 후에 나눠 받은 백지를 자르고 오려 붙이는 과정에서 흥미를 느끼기 시작한다. 학생들의 관심과 흥미는 70만 년이라는 긴 시간의 숫자를 단순하면서도 정확한 방법으로 잘라서 시간을 나누고 우리의 역사 시대를 표시하는 단계까지 그대로 이어진다. 학생들은 지루해하거나 어려워하는 모습 없이 긴 시간의 연표를 쉽고 재미있게 그려낼 수 있다. (〔자료 ①〕 시간 감각 익히기 학습지)

학생들은 연표를 만들기 전에는 5000년의 우리 역사 시대가 매우 긴 시간이라고 대답한다. 시대의 흐름을 정확하게 파악하지는 못해도 단군왕검으로부터 시작된 우리의 역사 시대는 반만년에 이르는 길고 긴 역사라고 말한다. 한반도에 인류가 살기 시작한 70만 년 전부터 시간을 헤아려 5000년이라는 시간까지 머릿속으로 거슬러 올라가면서도 우리 역사는 그래도 그 정도면 길다는 의견을 보인다.

하지만 직접 종이를 잘라 연표의 틀을 만들고 그 속에 70만 년 전부터 현재까지 이어져 내려오는 시간을 표시하고, 연표의 끝자락에 5000년 역사를 직접 표시한 후에는 그런 생각이 자연스럽게 바뀐다. 우리 역사의 시간을 가볍게 보거나 무시하는 것이 아니라 길고 긴 전체 인류의 역사에서 우리 역사가 차지하는 기간이 극히 일부에 지나지 않는다는 사실을 직접 확인하게 되는 것이다.

이러한 이해 과정을 거친 다음 교사는 학생들에게 긴 시간의 역사 속에 변하지 않는 시간 개념으로 존재하는 것이 바로 물리적 시간이라는 설명을 해 주면 좋다.

(2) 5000년 역사를 역사 연표에 채워보기

① 70만 년 중 5000년 동안에 무슨 일이 있었을까

인류 전체 역사의 긴 연표를 만드는 과정을 통해 시간의 길이에 대한 감각을 익힌 학생들은 70만 년이라는 긴 시간 속에 짧은 간격으로 표시되었던 우리 역사에 관심을 보이기 시작한다. 연대표 길이 중 10분의 1이 채 안 되는 5000년의 시간을 따로 떼어와 하나의 연표를 만든다면 어떤 모습일지 기대하는 것이다.

학습지를 받은 학생들은 연표 만들기의 경험을 떠올려 학습지에 그대로 5000년의 연표를 그리려는 시도는 하지 않는다. 이전처럼 새로운 종이를 받아 그 종이 위에 새로 그릴 것이라는 예상을 하면서 어떻게 하면 5000년의 시간을 한 직선 위에 제대로 그려낼 수 있을지 고심하는 모습을 보인다.

앞의 연표를 그릴 때처럼 왼쪽 끝 부분에 5000을 적고 무작정 칸을 나누어 표를 만들기에는 지금 우리가 살고 있는 시대가 2011년이라는 부분에서 막히기 때문이다. 몇몇 학생들이 기원전이라는 용어를 알고 있기는 하지만, 그 용어를 실제로 적용하여 연표의 연도를 계산하는 데는 어려움이 있다. 하지만 기원전과 기원후를 나누기 위해서는 중간에 0이라는 절대 기점이 있어야 한다는 간단한 설명과 함께 단군이 고조선을 세운 연대가 기원전 2333년이라는 사실을 다시 일깨워주자 0을 전후로 하여 2300년과 2000년의 시간을 배치한 후 그 사이 시간을 계산하여 칸을 만들면 된다는 생각에 이르렀다. 다음은 교사와 학생이 주고받는 문답이다.

교사: 우리 역사를 5000년이라고 하는데, 그 시간 계산은 어떻게 해야 할까요?

학생: 고조선이 기원전 2333년이고, 지금이 2011년이니까 합하면 4345년이 됩니다.

교사: 그렇다면 4345년을 그대로 연표에 다 적어주는 게 좋을까요?

학생 1: 뒷부분의 45년을 떼고 4300년으로 칸을 나누면 좋겠습니다.

학생 2: 전체를 43칸으로 나누어서 표를 만들면 좋겠습니다.

교사: 43칸으로 하면 앞뒤로 남는 숫자는 어떻게 하지요?

학생 1: 그렇다면 계산하기 쉽게 45칸을 만들면 좋을 것 같습니다.

학생 2: 한 칸에 1.5센티미터씩 나누어 칸을 만들면 좋겠습니다.

교사: 긴 종이에 칸을 나누고 왼쪽 맨끝에 기원전 2600년을 표시합니다. 100년 단위로 줄이면서 계속 칸을 표시하세요.

학생: 0이 나오면 어떻게 하나요?

교사: 0을 기준으로 기원전, 기원후를 나누게 됩니다. 0 이후로는 다시 100년씩 더하면서 2000년까지 표시하면 되겠지요?

어떻게 시간 표시를 하는 게 좋을지 학생들끼리 의논할 시간을 조금 더 준 후에 B4 용지를 나눠주고 가로로 잘라 두 장을 길게 붙이도록 한다. 그런 다음 학생들과 문답 과정을 거치며 0을 기준으로 전후의 칸을 나누어 표를 만드는 방법을 학생들이 스스로 찾아 표시할 수 있도록 안내한다(〔자료 ②〕 우리 역사 연표 만들기 학습지).

문답 과정을 거치며 학생들은 스스로 시간을 나누고 그 시간 속에 중요한 역사적 사건들을 순서대로 기록한다. 굵직한 사건 중심으로 채우도록 하는 것이기 때문에 다른 교재를 추가로 제공할 필요는 없다. 교과서를 참고하여 대단원 시작 페이지에 있는 연표들을 중심으로 큰 사건들을 기록하는데, 주로 왕조의 흥망이 많다. 더 자세한 내용은 교과서의 설명을 학생들 각자가 찾아서 정리한다. 대단원에 명시된 주요 사건들을 제외하고 학생들이 찾은 내용은 조금씩 다르고 정리하는 방식 또한 학생 개개인의 특성이 드러난다. 이 과정은 학생들이 한 학기 동안 배울 역사 교과서를 전체적으로 훑어보는 계기가 되기도 한다.

연표를 정리하는 데 필요한 시간은 처음 단계부터 대략 2시간 정도로 정하면 충분하다. 연표 위의 시간 배분 표시 작업은 모든 학생들이 자를 이용하여 정확하게 나누기 위해 애쓰는 모습을 볼 수 있다. 대단원의 중요 사건을 연표로 옮겨 적는 과정까지 모두 최선을 다한다. 다만 세부적인 내용을 교과서에서 찾아 적는 과정에서는 평소 학습 성과가 뛰어난 학생들은 쉽게 정리를 하는 반면, 몇몇 학생들은 도움이 필요하다. 이런 경우에도 교사가 직접 교과서를 찾아주며 정리할 곳을 말해주기보다는 대단원의 사건을 중심으로 해당 페이지 부분을 탐색하도록 조언해주고 나서 적은 내용이라도 학생 스스로 찾아서 기록할 수 있도록 안내하는 것이 좋다.

② 5000년 역사: 듬성듬성하게 혹은 촘촘하게

절대시간 연대표를 만들 때에 우리의 5000년 역사는 전체의 시간 속에서는 짧은 역사라고 생각하는 학생들도 있다. 하지만 중요한 사건들을 찾아 5000년의 시간 속에 하나하나 역사 사건을 기록하면서 학생들의 생각이 바뀐다. 전체 속에서 바라보는 우리 역사는 그리 길게 느껴지지 않으나, 그 자체만

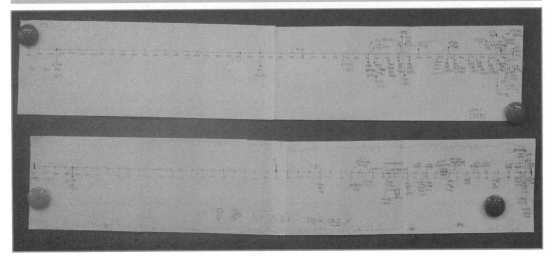

따로 떼어 연표를 만들어본 후에는 5000년의 역사가 길고 대단하다고 생각하는 학생이 많다. 먼저 전체를 바라보고 그 큰 틀 속에서 부분을 들여다보고, 다시 그 부분만을 따로 떼어 더 자세하게 바라보는 과정을 두 단계의 연표 만들기를 통해 자연스럽게 경험하게 된다. 전체와 부분의 관계를 이해하게 된 것이다([자료 ③] 역사 연표를 만들며 학습지).

앞의 인류 역사 시간 연표 만들기에서도 느꼈던 것처럼 학생들은 오래전 과거보다는 현대에 이를수록 더 많은 사건들이 기록으로 전해져 연표에 담기게 된다는 사실을 연표 작업을 통해 깨닫게 된다. 기원전부터 삼국시대 초기까지는 연표에 기록되는 사건이 많지 않고, 1800년대 이전까지도 국가의 흥망과 전쟁, 문화사적으로 중요한 사건 외에는 학생들이 찾아서 적을 수 있는 기록이 적은 편이다. 하지만 1800년대를 넘어서면서 다양한 사건들이 밀집하기 시작하고, 현대에 가까울수록 더 많은 사건이 연표에 기록되어 칸이 부족할 정도다. 이런 과정을 통해 학생들은 과거의 역사는 기록을 통해 전해지는데, 그 기록은 현재에 가까울수록 더 많이 전해진다는 사실을 깨닫게 되며, 사소한 기록이라도 잘 보전해서 전달해야겠다는 다짐을 하는 모습을 보인다. 다음은 학생들의 감상이 잘 나타난 예시문이다.

기원전에는 쓸 게 없어서 너무 허전하고, 뒤에는 쓸 게 너무 많았다. 자리가 부족해서 다 못 쓴 점이 아쉬웠다. 연표 만들기를 예전에 한 번 했는데, 그때는 간단하게 만드는 거라 이번의 5000년 역사 연표 만들기가 좀 어려웠다. 그래도 다 만들고 보니까 깔끔하지는 못해도 기분이 흐뭇했다. 좀 예쁘게 꾸미고 기원전 내용을 더 찾아 적었다면 좋았을 텐데…… 그래도 역사를 더 잘 알게 된 것 같고 역사 공부에 한 발짝 더 나아간 것 같다. (정○○)

나는 처음에 '5000년의 역사가 뭐 그리 대단하다고' 라고 생각했지만 5000년 역사를 연표로 간추려서 만들어보니 정말 우리 역사가 대단하다는 생각이 들었다. 내가 지금까지 살아온 12년은 5000년에 비하면 100분의 1도 안 되는 역사다. 그래서인지 우리 5000년 역사가 정말 크게 느껴진다. (신○○)

연표를 만들면서 교과서에 적힌 연표를 참고하여 기록을 옮겨 적었지만 세부적인 사건들은 학생들이 직접 교과서를 찾아 개별적으로 기록한다. 대단원의 첫 페이지에 실린 연표 또한 시대별로 기록하였기 때문에 고조선부터 대한민국까지의 역사 흐름을 순차적으로 큰 틀 속에서 이해한다. 그 세부적인 내용 또한 교과서 앞부분의 내용부터 찾아 정리하기 때문에 전체 역사의 흐름을 학생들이 자율적으로 선수학습을 하는 시간이다. 1년 전체에 걸친 교과 과정에서 연표를 만들며 기록한 내용을 학생들이 기억하지는 못한다고 해도 전체적인 틀 속에서 왕조의 흥망과 역사적인 주요 사건들을 일부분이라도 이해할 수 있는 학습의 과정이라고 할 수 있다.

4. 연표 밖으로 나와서
— 생활 속에서 역사의 자리 찾기

이 연표 수업은 물리적 시간 길이에 대한 감각을 익히기 위해 인류 전체의 역사 시간을 표시하는 연표를 만들어보고, 이어서 5000년의 우리 역사 연표를 만드는 3차시로 구성되었다. 개인사와 가족사에 이어 본격적인 역사 학습을 시작하기 전의 단계로 연표 만들기를 해봄으로써 학생들이 시간 개념을 익히고 더불어 우리 역사의 주요 사건의 흐름을 파악하는 기회를 갖도록 했다. 이 두 가지 목표는 수업 과정 중에 대부분의 학생들이 별 어려움 없이 자연스럽게 달성하였다.

학생들은 연표 만들기 자체에는 큰 어려움을 느끼지 않았으나 후반부에 몰려 있는 사건을 작은 칸에 표시해서 정리하는 것을 조금 어려워하였다. 하지만 연표를 통해 알게 된 새로운 사실들에는 재미있다는 반응이었으며, 교과서를 활용해서 앞으로 공부할 내용을 미리 정리한다는 사실도 새롭게 받아들였다. 긴 역사를 관통하는 연표를 만들고 중요한 역사적 사실들을 기록하면서 학생들은 그동안 생각해보지 않았던 우리 역사에 관심을 갖고 자부심을 가지는 계기가 되었다.

연표 수업을 하면서 좀 더 고려해야 할 점은 수업의 편리와 학생들의 작업을 수월하게 하기 위해 사용하는 용지다. 보통 B4 크기의 종이를 가로로 반 잘라 길게 이어붙여 전체 시간을 표시하게 된다. 이 경우 종이 길이가 충분하지 않아 학생들이 칸을 계산해서 구분하는 것은 용이하나 우리 역사를 기록하는 데 지면의 제약을 받게 된다. 비록 짧게라도 우리 역사의 시작과 중요한 내용을 몇 가지라도 적어서 전체적인 흐름 속에서 역사를 함께 기록하여 이해할 수 있다면 더 많은 학습 효과를 거둘 수 있을 것이다.

또한 우리 역사 연표에서 교과서의 대단원을 참고한 후 교과서 안에서 역사 내용을 찾아 기록할 때, 왕조의 흥망 이외에 어떤 기준에서 어떤 방식으로 사건들을 찾아 정리하면 좋을지 안내할 필요가 있다. 이것은 '중요한 사건' 의 선정 기준이 무엇인가의 문제이기도 하다. 교과서에 연도 표시와 함께 기록된 사건이 많지 않기 때문에 학생들은 전쟁 등의 사건을 우선적으로 찾아 기록하는 경향이 있다. 현대에 가까운 후반부에서는 다양한 문화사적인 사건들이 정치적인 사건들과 함께 주를 이루기도 하는데, 이때 모든 사건들을 다 기록하려고 하면 좁은 칸에 많은 사건들을 적어야 하는 어려움이 있다. 때문에 자료를 찾는 과정에서 이미 현대에 이를수록 기록된 사건이 많다는 사실을 인식한 후에는 몇 가지 기준을 제시하여 수많은 사건들 중 중요한 것만 추려서 정리할 수 있도록 안내하면 학생들의 연표 정리에 도움이 될 것이다.

수업을 마친 후에는 학생들 스스로 만든 연표 결과물을 그냥 방치하기보다는 수업 현장에서 지속적으로 활용할 수 있는 방안을 마련해보았다. 우리 역사 연표를 이등분하여 학생들 책상에 손코팅하여 붙이고 언제든 필요한 부분을 찾아볼 수 있도록 하였다. 학생들이 자리를 이동할 경우에는 자신이 만든 연표를 떼어가기보다는 그대로 두어 친구의 연표와 자신의 연표를 비교할 수 있도록 했다. 같은 교재를 보고, 같은 시간에 만든 연표라 할지라도 중요 사건을 찾아 기록하는 관점이 기록자에 따라 다를 수 있다는 사실을 학생들 스스로 익히는 계기가 될 수 있기 때문이다.

두 단계에 걸친 연표 만들기 학습을 마친 후에는 교과서를 중심으로 하는

〔자료 ③〕 역사 연표 – 책상에 붙이기	〔자료 ④〕 역사 연표 – 책상에 붙이기

〔자료⑤〕학급 게시판 연표 – 전체 시대

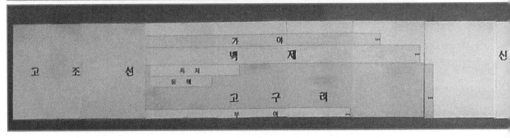

위 사진은 교실 뒤편의 게시판 두 칸을 비우고 역사 연표를 준비하여 게시한 것이다. 처음 한동안은 단순하게 시대만 순차적으로 이어진 연표를 백지 상태로 이어붙여 학생들이 시대 흐름에 익숙해질 수 있는 시간을 주었다. 그러고 나서 수업 진행에 맞추어 주요 사건과 문화재 등을 그 위에 채워갔다.

본격적인 역사 수업에 들어가게 된다. 이때 교실 벽면을 이용하여 언제든지 우리 역사를 연표 형식으로 접할 수 있는 환경을 만들어주면 좋을 것이다. 언제나 역사의 소리가 들리는 교실 환경이 무엇보다 학생들의 역사 학습에 도움이 될 것이다.

〔자료⑥〕게시판 연표 – 시대, 문화재

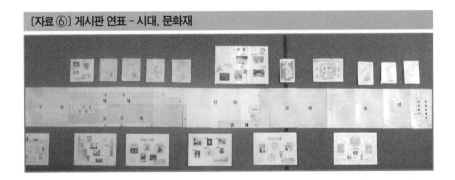

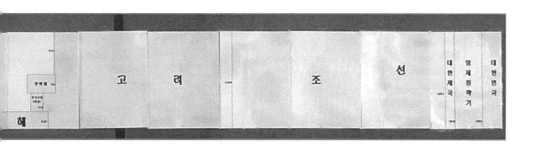

〔자료 ⑦〕 게시판 연표 - 역사 인물

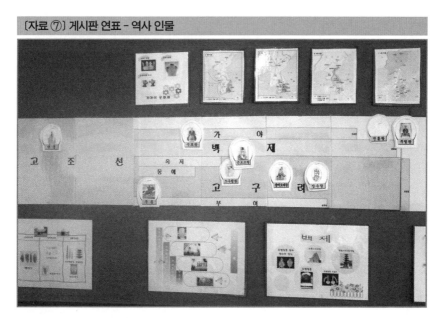

주요 역사 인물들 또한 시대에 맞게 정리하여 제자리를 찾아줌으로써 학생들이 교실 뒤편의 게시판을 바라보며 한눈에 역사 학습을 할 수 있는 환경을 정비하였다.

〔자료 ⑧〕 게시판 연표 - 근현대 사건

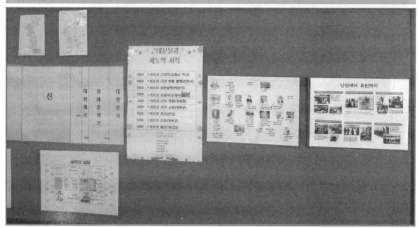

근현대에 이르면 사건들이 너무 많기 때문에 작은 칸 안에 모두 표시할 수 없다. 이 경우 근현대 사건들은 따로 정리하고 사진 자료들을 별도로 정리하여 게시판 한 칸에 따로 붙일 수도 있다. 한 학기 동안 게시판이 그다지 변하지 않아 학생들이 지루해할 수도 있지만 처음의 빈 연표에서 점차 칸을 채워가며 새로운 사실을 더해가다 보면 학생들은 흥미를 느끼게 된다.

〔자료 ⑨〕 게시판 연표 - 문화재 신문

역사 수업 시간에 시대가 바뀔 때마다 역사 문화재 신문 만들기를 하여 게시판의 다른 칸에 배치할 수도 있다. 역사 연표와 문화재가 함께하는 교실 환경 속에서 학생들은 역사를 좀 더 친숙하게 느끼고 학습에 흥미를 보일 것이다.

5. 수업 자료

[자료 ①] 시간 감각 익히기

- 우리가 역사 기록을 하며 살아온 시간은 5000년밖에 안 됩니다.
- 우리 인류가 살아온 시간은 70만 년 전부터라고 하지요.
- 그 긴 70만 년의 시간 속에서 우리 역사의 시간이 차지하는 부분은 얼마나 될까요?
- 긴 선 위에 함께 표시해봅시다.

[자료 ②] 우리 역사 연표 만들기

- 70만 년의 시간 속에서 차지하는 우리 역사 시간을 알아보았습니다.
- 길다면 길고, 짧다면 짧은 5000년의 우리 역사.
- 그 속에서 일어난 역사 사건을 긴 선 위에 하나의 연표로 만들어봅시다.

- 70만 년이라는 긴 시간 속에 5000년을 차지하는 역사 연표를 만들었습니다.
- 역사 연표를 만들면서 어떤 생각을 했는지 적어봅시다.

6. 교수 학습 과정안

수업 방향	• 학생들이 절대시간 개념을 익힐 수 있도록 한다. • 우리가 공부하는 과거 역사 시간이 아주 길게 느껴지지만 전체 인류의 역사에서 봤을 때는 극히 일부에 지나지 않는다는 사실을 알 수 있도록 한다. • 선사시대부터 현대(2000)에 이르기까지 시대 구분을 하고 왕조의 흥망과 주요 사건을 이해하도록 한다. • 연표에 기록되는 주요 사건들의 분포가 어느 시대에 치중되는지 파악하여 개인사·가족사 쓰기와 연계하여 현대와 근접한 시간에 더 많은 역사 기록이 남아 있게 된다는 사실을 이해하도록 한다.
수업 목표	• 절대시간의 개념을 알 수 있다. • 역사시대 내에서 왕조의 흥망성쇠와 시대별 주요 사건을 정리할 수 있다.
교사 발문	• 인류가 생겨난 이후 현재에 이르는 긴 시간 동안 인류의 역사가 기록으로 남아 있는 역사 시간의 길이는 어느 정도인지 알아봅시다. • 전체의 시간 중에서 역사시대를 따로 연표로 정리해봅시다. • 선사시대부터 현재에 이르기까지, 시대 구분을 하고 왕조의 변화, 주요 사건을 연표에 기록해봅시다. • 연표에 기록된 주요 사건의 분포가 어떤 식으로 이루어졌는지 살펴보고, 그 특징을 말해봅시다.
수업 지도 순서 및 유의점	① 절대시간 감각 익히기 • 교사는 칠판에 가로로 긴 선을 긋고 학생들과 함께 시간을 표시한다. • 학생들은 가로로 자른 B4 용지 반 장에 가로로 긴 선을 긋는다. • 인류의 전체 시간을 70만 년 전으로 잡고, 왼쪽 끝부분에 70만 년 전이라고 기록한다. • 계속 반으로 접어 40만 년, 20만 년, 10만 년, 5만 년까지 하고 나머지 칸을 1만 년씩 나누도록 한다. • 1만 년 전에서 5000년 전 부분을 찾아 표시한다. • 전체 인류의 시간에서 우리의 5000년 역사가 차지하는 비중을 확인한다. → 우리가 길게 느끼고 있는 역사 시간이 인류 역사에서는 극히 일부분에 지나지 않는다는 사실을 학생들이 이해할 수 있도록 한다.

② 역사 연표 만들기
- B4 용지를 가로로 잘라 길게 이어붙인다.
- 가로로 긴 선을 긋고 일정한 간격으로 45칸 이상을 표시하도록 한다.
- 1칸을 100년 단위로 잡는다.
- 오른쪽 현대의 기점을 2000년으로 표기하고, 왼쪽으로 시간을 거슬러 0년까지 표시한다.
- 0년을 기점으로 기원전(BC)을 기록하여 기원전 2300년까지 선 위에 표시한다.
- 기원전 2300년을 조금 더 넘긴 지점에 기원전 2333년을 표시하고 고조선이라고 적는다.
- 대단원의 시작 페이지의 연표에 나타나 있는 큰 사건들을 기록한 다음, 세부적인 작은 사건들을 찾아 기록하도록 한다.
- 교과서를 참고하여 왕조의 흥망과 중요한 역사 사건을 연표에 기록한다.

4장

말없는 과거와의 대화

— 선사시대 유물 탐구

1. 선사시대 유물이 우리에게 말하는 것은 무엇인가

아주 옛날에도 사람들이 살았을까? 무엇을 먹고, 어떤 옷을 입고 살았을까? 그리고 무엇을 하며 살았을까? 역사를 공부한다는 생각 이전에 어른 아이 할 것 없이 누구나 한 번씩 해보는 질문이다. 문자를 발명하고 인류가 지나온 흔적을 기록으로 남겨놓기 이전에도 사람들은 존재하였고, 그들만의 생활을 영위하였다. 그들 삶의 모습이 정확한 기록으로 전해지지 않을 뿐, 그 흔적은 우리 눈길이 닿는 곳곳에 흩어져 있다.

• • •

말없이 우리에게 과거의 모습을 보여주는 물건, 즉 유물을 학생들은 지겨울 정도로 많이 보았다. 박물관을 방문하면 제일 먼저 학생들을 맞이하는 것이 선사시대 전시실이다. 그 속에 오밀조밀 자리하고 있는 각종 유물들을 보며 학생들은 아무 생각 없이 스쳐 지나갈 뿐이다. 어떤 사람들이 물건을 사용하고, 어떤 용도로 이용했는지는 전혀 생각하지 않는다. 아니, 학생들은 '생각해볼 수 있다'는 것도 전혀 고려하지 않은 채 과거의 시간과 그 시대의 사람들을 무심히 스쳐 지나간다.

그런데 학생들의 궁금증을 자극하며 더 많은 의문과 흥미를 일으킬 수 있는 존재가 바로 말없는 유물들이 아닐까. 과거의 흔적들을 마주하고 이야기를 나눌 수 있는 시간을 마련하여 학생들의 무관심을 과거에 대한 흥미와 호기심으로 바꿀 수 있는 계기를 마련하는 것이 유물을 매개로 한 역사 학습의 요점이라고 할 수 있을 것이다. 각 시대별 유물의 그림 자료를 접한 후, 사전 설명 없이 어디에 쓰던 물건인지 학생들이 먼저 생각할 기회를 갖도록 한 후, 그런 물건들을 사용했던 과거 사람들의 생활에 대해 의문점을 가지고 그 해답을 스스로 찾아낼 수 있도록 하는 것이다.

학생들은 별다른 생각 없이 지나쳤던 유물을 바라보며 과거의 생활 모습에 대해 구체적으로 생각할 수 있는 기회를 가진다. 개인의 사고 과정을 거쳐 모둠별로, 그리고 학급 전체가 함께 탐구하는 시간을 거치면서 과거의 모습을 다각도로 생각해볼 수 있다. 또한 상상을 통해 과거 사람들의 생활 모습을 추체험하는 것도 가능하다.

2. 유물을 매개로 역사에 다가가기

학생들이 역사에 흥미를 가지고 능동적으로 참여하여 역사 지식을 구성하고 역사적 사고력을 향상시킬 수 있도록 돕기 위해서는 무엇보다 학생들이 스스로 사고하는 과정을 거치며 수업에 적극적으로 참여할 수 있는 계기를 마련해야 한다. 그렇게 함으로써 학생들은 기존의 지식과 경험을 활용하여 주어진 과제를 해결하고 능동적으로 지식을 구성하며 수업 목표에 도달할 수 있다.

역사적 사고력은 궁극적으로 '역사 자체를 사고' 함으로써 길러질 수 있다. 역사 자체를 사고하기 위해서는 이해 대상에 관한 직접적인 정보와 그 정보를 처리하고 이해하는 능력이 필요하다. 하지만 역사 학습을 처음 시작하는 초등학교 단계에서는 이러한 조건을 충족시키기가 어렵기 때문에 역사 사실을 매개로 사고하는 훈련을 쌓으면서 점진적으로 역사 사실에 관하여 직접 사고하는 방향으로 학습 단계를 넓혀갈 수 있다. 때문에 초등학교 단계에서는 '역사를 매개로 사고한다' 는 점에 중점을 두는 것이 바람직하다. 학생들의 역사에 대한 배경 지식이 부족할 뿐만 아니라 역사를 이해하는 데에 필요한 사회에 대한 이해 수준도 매우 낮기 때문이다. (오인택, 2003, 115쪽)

따라서 학습자의 경험과 수준에 적합한 유형의 '구체적 매개물'을 제시하면 학습자는 과거를 좀 더 구체적으로 사고하고 이해할 수 있다. 이때 학습자의 연령이 낮을수록 구체적 매개물이 더욱 중요해진다. 이 징검다리의 역할을 바로 사료가 할 수 있다.

사료는 크게 문자 사료와 비문자 사료로 나눌 수 있다. 문자 사료란 말 그대로 글자로 기록된 사료를 말하며, 비문자 사료란 문자 이외의 건물, 그릇, 도구 등의 유물·유적을 말한다. 사료 학습이라고 하면 문자로 된 자료를 떠올리기 쉽지만 문자 사료 외에도 이용할 수 있는 사료가 다양하다. 특히 대부분 한자나 고어로 이루어진 문자 사료는 초등학생들이 이해하기에 어려움이 있다. 반면에 비문자 사료인 옛날 그릇, 도구 등은 유형의 구체물로서 학생들을 과거로 연결해주는 징검다리 역할을 충실히 할 수 있다. 특히 문자가 사용되기 이전의 선사시대를 학습하기 위해서는 비문자 사료를 이용한 학습이 가장 유용하다.

실제로 유물을 학습 자료로 이용하는 문화재 학습의 경우, 학생들은 구체적 형태의 역사적 증거물, 그리고 그러한 역사적 증거물의 발굴 과정을 통해 어린 역사가로서의 간접 체험을 할 수 있다. 유물 등의 실물과 그와 유사한 모형 또는 모사품은 학생들에게 과거 사람들의 삶과 역사의 변화를 더 구체적으로 이해하게 해준다. 생활 유물의 경우에는 손으로 만져보고 직접 사용해보는 활동을 할 수 있어 초등학생들에게 아주 유용한 학습 자료가 될 수 있다.

유물을 관찰하고 토론하는 과정을 거치고, 또 직접 모형을 만들어 사용해보는 체험까지 한다면 학생들은 자연스럽게 궁금한 것에 대해 특별한 질문을 생각해낼 수 있다. 특별한 질문을 생각해내는 과정을 통해 학생들은 역사적 사고력을 기를 수 있다. 이 수업에서는 모형 자료보다는 그림 자료를 활용하였기 때문에 학생들이 직접 실물을 만지는 경험은 부족하였으나 교과서 속의 작은 그림을 보는 것과는 다른 느낌으로 구체물을 대하듯이 자료를 탐색하며 그 쓰임에 대한 질문을 이끌어내는 과정을 거쳤다. 이런 일련의 과정을 통해 학생들은 역사가의 연구 방법을 체득하게 되고, 말없는 과거의 역사를 판단하는 능력을 기를 수 있었다. 이런 점에서 선사시대의 도구를 학습하는 유물 학습은 초등학생이 역사를 이해하는 데 유용한 학습 방법이다. (문윤금, 2008, 8~10쪽)

3. 이렇게 수업하자
– 유물의 말에 귀를 기울여보자

유물 자료를 통해 과거의 생활 모습을 알아보는 과정은 전체적으로 어떠한 맥락으로 구성될 수 있을까. 구석기, 신석기, 청동기 시대의 대표적인 유물을 보면서 각각의 유물들이 어느 시대의 것인지 학생들 스스로 찾아낸 후, 그런 물건의 쓰임새가 무엇이었는지 의문을 제기하고 해답을 찾는 과정으로 구성해볼 수 있을 것이다. 이 과정에서 학생들은 각 시대의 생활상을 떠올리면서 그 유물을 사용했던 과거인들의 발자취를 더듬어보게 된다. 이와 함께 각각의 특징이 확연하게 드러나는 유물들을 비교하면서 사용 도구의 발달에 따라 구석기에서 신석기, 그리고 청동기 시대를 거치며 발전해온 시대의 변화상을 파악할 수 있다.

1) 무엇에 쓰던 물건일까?

이 수업의 목표는 학생들이 과거의 유물을 통해 그 시대의 생활상을 알아보고 각 시대별 유물을 비교하여 시대의 발전상을 파악하는 것이다. 교과서에 제시된 그림과 설명만 듣고 '옛날에는 이러한 도구를 이용해서 채집생활을 했다' 라고 생각하고 다음 시대로 넘어가는 것은 바람직하지 않다. 이런 수업 형식에서는 박물관에 진열된 수많은 그릇들은 학생들에게 여전히 별 재미없는 단순한 흙그릇에 지나지 않는다.

선사시대 유물 유적은 무한한 흥미와 호기심을 자극하여 학생들의 상상력을 이끌어낼 수 있다. 당시의 도구를 들고 어떤 생활을 했을지 스스로 의문을 제기하고 해답을 찾는 동안 학생들은 저 멀리 떨어져 있던 재미없던 과거의 시간을 가까이 끌어당겨 하나의 흥미진진한 이야기로 구성할 수 있다. 하나의 대상을 뚫어져라 쳐다보며 과연 저것이 '무엇에 쓰던 물건일까?' 라는, 꼬리에 꼬리를 무는 질문을 던지며 하나의 시대를 파헤칠 수 있다.

(1) 선사시대 전체를 함께 알아보기

돌도끼, 빗살무늬토기, 청동검의 유물 자료를 큰 그림으로 칠판에 제시한 후 학생들에게 언제, 어떻게 쓰던 물건인지 생각해보도록 한다. 이때 그림 자료는 실물 크기에 가까울수록 좋고, 만약 실물 자료가 있다면 직접 제시하는 것이 효과적이다. 교사는 그림을 제시하면서 처음부터 시대순으로 보여주지는 않는다. 3개의 그림을 무작위로 하나씩 펼치면서 각기 언제, 어떻게, 무엇에 사용했던 물건인지, 가벼운 질문으로 수업을 시작하는 것이 좋다.

각각의 도구에 대한 전체 의견을 들으면서 뗀석기, 빗살무늬토기, 청동검 등의 명칭이 어떻게 생겨났는지 생각할 시간을 가지는 것도 좋은 방법이다. 도구의 변천과 함께 그 시대 사람들의 생활도 변해갔다는 사실과 그 도구와 함께 시대가 발전했다는 사실 등을 도구에 대한 문답을 통해 함께 파악할 수 있는 이점이 있다.

뗀석기	빗살무늬토기	청동무기
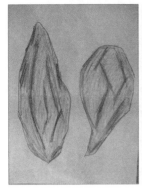		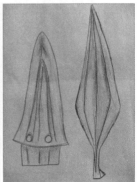

위의 그림을 보며 각 도구의 명칭과 시대를 알아보기 위해 학생들과 함께 문답 과정을 거친다.

뗀석기를 보며

교사: 이 도구의 재료는 무엇일까요?

학생: 돌입니다.

교사: 돌로 만든 도구를 뭐라고 부를 수 있지요?

학생 1: 돌기구요.

학생 2: 석기요.

교사: 석기라는 이름이 적당하겠지요.

　　　이 석기는 어떤 방법으로 만들어졌을까요?

학생 1: 잘라낸 것 같아요.

학생 2: 쪼아냈을 거예요.

학생 3: 그냥 떼어낸 것 같아요.

교사: 떼어낸 조각이니까 줄여서 뭐라고 부르면 좋을까요?

학생: 뗀석기요!

교사: 맞아요. 이 시대의 도구는 뗀석기라고 부릅니다.

  뗀석기에 이어 빗살무늬토기, 청동검에 대해서도 학생들과 함께 짧은 문답 과정을 거치도록 한다. 이런 문답 과정을 거치며 학생들은 이미 선행학습 등으로 알고 있을지도 모르는 각 도구들의 명칭과 그 의미를 조금 더 자세하게 알 수 있다. 전체 문답 시간 후에 개별적으로 생각하고 답을 찾는 과정을 가져야 하기 때문에 도구를 만드는 과정 등을 길고 자세하게 물어보지 않는 것이 좋다.

각 도구별 시대를 파악하기 위해

교사: 각기 뗀석기, 빗살무늬토기, 청동검을 살펴보고 그 이름을 알아봤습니다.
      이 도구들을 모두 한 시대의 사람들이 함께 정답게 사용했을까요?

학생: 옛날 시간이 아주 길었기 때문에 시대별로 다르게 사용했을 것 같아요.

교사: 옛날 시간이 길었다는 건 어떻게 알아요?

학생: 지난 시간에 연표를 만들면서 보니 0년 이전의 기원전은 아주 긴 시간이었습니다.

교사: 맞습니다. 그렇다면 그 긴 시간 동안 어떻게 다른 사람들이 이 도구를 사용했을까요?

학생 1: 뗀석기가 제일 오래되었을 것 같아요.

학생 2: 그냥 돌에서 떼어내서 쓰기만 했을 테니까, 만들기도 가장 쉬웠을 거예요.

학생 3: 사용하던 사람들도 그냥 원시인 같았을 거예요.
        고인돌 가족에 나오는 원시인처럼요.

교사: 그렇군요. 그렇다면 나머지 두 도구는 어떤 도구가 먼저일까요?

학생 1: 빗살무늬토기요.

학생 2: 청동기는 만들기가 어렵기 때문에 제일 뒤에 나왔을 거예요.

교사: 토기도 어렵기는 하지만, 청동검을 이용한 사람들이 더 힘들게 무기를

만들었겠네요. 도구를 만들고 사용하면서 사람들의 생활도 많이 변했을 겁니다. 도구 하나하나에 대한 의문을 제기하고 그 답을 찾아가면서 각 시대의 사람들이 어떻게 생활하고, 어떻게 시대가 변화했는지 함께 알아보도록 합시다.

각 시대의 도구들에 이름을 붙이고, 그 도구를 만들기까지의 과정과 사용했던 사람들에 대해 전체적으로 함께 생각하면서 각 시대가 발전해온 순서를 생각해보도록 하였다. 이 과정은 전체 과정이 끝난 후에 수업 정리를 하면서 도구와 함께 변화한 시대 발전의 의미를 다시 파악하는 시간으로 대체하거나 복습·정리할 수도 있다. 개별 문답을 함께하면서 각 시대의 생활을 실감나게 느껴본 후에 시대별 발전 정도를 파악한다면 어떻게 변화·발전했는지 더 쉽고 자연스럽게 이해하고 정리할 수 있기 때문이다.

그렇지만 개인별로 구체적인 의문 제기를 하는 시간을 갖기 전에 전체적으로 시대별 확인을 함으로써 선사시대에 대한 시대별 접근을 조금 쉽게 만들어줄 수 있다. 따라서 이 단계에서는 지나치게 깊고 자세한 질문을 하기보다는 위의 문답과 같이 대표적인 특징에 대한 언급 등을 통해 전체적인 시대 변화의 흐름을 파악하는 데 초점을 맞추는 것이 좋다. 전체 시대의 이해 또한 교사가 한 번에 세 시대의 이름을 던져주고 이런 시대에 이런 도구를 썼다는 식의 설명이 아니라, 문답 과정을 통해 학생들이 스스로 알아가도록 한다. 그런 다음 각 시대별 도구와 그 시대 사람들의 생활 모습의 변화에 대해 생각할 시간을 주고 모둠별로 학급 전체가 어울려 답을 찾는 과정을 거치도록 한다.

(2) 혼자 궁리하기

학급 전체가 주어진 자료에 대해 고찰하는 시간을 가진 후에는 학생들 개개인이 각 시대의 도구에 대해 느끼는 의문에 대한 답을 찾는 시간을 마련한다. 이미 전체 문답을 거쳤기 때문에 각 시대의 도구에 대한 일반적인 개념은 이해하고 있는 상태다. 학생들은 좀 더 구체적이고 생생한 의문을 궁리하면서 그 시대의 모습을 떠올리고 사람들의 생활에 대해 알고 싶은 점들을 생각할 수 있다(〔자료 ①〕 선사시대와 이야기 나누기 학습지).

각 유물들의 시대를 파악한 후 개별적으로 질문하는 시간이기 때문에 학습지에는 유물의 순서를 시대순으로 기록해서 나누어주도록 한다. 그런 다음에 각 시대의 유물 그림을 고찰한 후, 그 시대의 사람들이 이 물건을 어떤 용도에 사용했을지 떠올려보도록 한다. 학생들이 가지는 사소한 의문점을 하나도 놓치지 않고 기록하도록 격려하면서 충분한 시간을 준다.

교사가 제시한 유물 한 가지만 생각할 것이 아니라, 그 외의 어떤 물건들을 생활에 사용하였을지 상상하면서 그에 따르는 질문들도 함께 떠올려보도록 한다. 각 시대에 사용한 도구들을 어떻게 만들었는지, 어떤 종류의 도구들이 있었을지 생각해보도록 교사는 끊임없이 의문을 제기하는 것이 좋다. 도입부에서는 특별한 그림 자료나 구체적인 설명 없이 학생들이 과거의 시대를 상상하고 머릿속으로 그림을 그리며 질문을 떠올리는 것이 중요하다. 처음 제시된 자료 외에 지나치게 구체적인 자료나 설명은 학생들의 창의적인 사고를 방해하는 요소로 작용할 수도 있기 때문이다.

(3) 모둠원끼리 생각을 모아서

학생들이 개별적으로 각각의 유물에 대한 질문을 10가지 정도 적었을 때, 모둠원들끼리 모여 공통되는 질문이나 특이한 질문들을 모아 10여 가지의 의문점을 정리하도록 한다. 모둠원들이 머리를 맞대고 의논하는 과정에서 혼자서는 생각하지도 못했던 새로운 의문이 떠오를 수도 있기 때문에 교사는 학생들이 의논하는 과정에서 새롭게 나온 질문도 함께 적을 수 있도록 지도한다(〔자료 ②〕 모둠별 이야기 모으기 학습지).

이 단계에서는 5~6명의 모둠원들이 골고루 의견을 내고, 서로의 생각을 받아들여서 새로운 의문점들을 다양하게 기록할 수 있도록 지도하는 것이 중요하다. 각 시대를 바라보는 시각이 학생들마다 다를 수 있기 때문에, 모둠원들이 서로에게 부족한 생각을 보충해서 도와줄 수 있는 시간이 되도록 지도한다. 새롭게 제기되는 의문점들은 모둠원들이 함께 생각한 후에 기존의 것들과 구별되는 질문일 경우, 추가하여 정리하도록 한다.

충분한 시간을 거친 후에 모둠별 질문을 모아서 공통되는 질문과 특징적인 질문들을 정리하여 학급 전체의 시대별 질문을 10가지씩 정리하도록 한다. 이 과정은 실물화상기 등을 이용하여 학급 전체가 모든 모둠의 결과를 비교하면서 정리하는 것이 좋다. 그런 이후에 교사가 한 장의 종이에 시대별 의문점을 정리하여 나눠주고, 모둠별로 각 질문들에 대한 해답을 생각해볼 시간을 준다. 이때에도 앞의 경우처럼 각자 해답을 궁리하도록 하고 그 답을 다시 모둠원끼리 모여 정리하는 두 단계의 과정을 거쳐도 좋다. 하지만 모둠원들이 함께 답을 찾는 과정이 더 효과적이라는 판단에 따라 개별 단계는 생략하고 바로 모둠에서 해답을 찾는 식으로 수업을 진행할 수도 있다.

새로이 받아든 학습지의 정리된 질문들은 해당 모둠원들이 정리한 것들도 있고, 다른 모둠원의 의문점이 추가된 내용도 있다. 학생들은 지루하게 같은 문제를 계속 생각하기보다는 새롭게 등장한 의문점에 호기심을 가지고 함께 그 해답을 찾기 위해 노력한다.

모둠원들이 서로 의논을 하며 해답을 찾는 과정에서 교사는 참고 도서와 자료들을 알려주며 학생들이 구체적으로 생각하고 정확한 답을 찾아낼 수 있도록 지도하는 것이 좋다. 참고 도서를 미리 준비하여 제시하거나 학생들의 흥미를 끌 수 있는 자료를 스캔하여 대형 화면으로 보여주면 호기심을 충족시킬 수 있다.

이러한 자료들을 함께 접하며 학생들은 모두가 생각해낸 질문에 대한 해답을 다양하게 찾아낸다. 각각의 질문에 대해서는 창의적인 답변이 나오는 경우도 있고, 단순하게 생각하기에는 복잡한 문제여서 모두 모여 다시 의논하거나 자료를 찾아보거나 전문가에게 해답을 구해야 하는 경우도 생긴다.

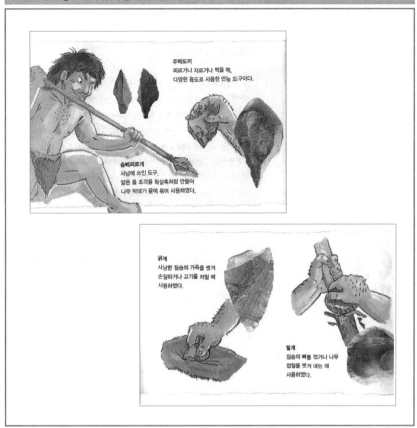

학생들의 현재 모습을 떠올리며 과거 어린이들의 생활에 관한 질문에 대해서도 참고 도서의 그림 자료를 큰 그림으로 보여주면서 모두의 호기심을 한번에 충족시켜줄 수 있다.

주먹도끼▶

손으로 쥐어 잡아 쓰는 돌도끼.
뭔가를 찍거나 자를 때 쓴다.

◀긁개

동물의 가죽이나 나무 껍질을 벗기고, 음식에 쓸
동물의 살을 저미는 데 썼다.

찍개▶

짐승의 뼈를 찍고 나무를 다듬을 때 썼다.

◀사냥돌

넝쿨이나 나무뿌리, 가죽 등으로 이 돌을 묶어
빙빙 돌리다 사냥감을 향해 던지는 데 썼다.

슴베찌르개▶

칼, 호미, 괭이처럼 자루(손잡이) 속에 들어간 곳을
슴베라 한다. 짐승을 찌르거나 가죽에 구멍을 낼 때 쓴다.

◀밀개

살을 저미고 나무 껍질을 벗겨 내고 뼈를 깎는
데 썼다.

2) 정말 이렇게 살았을까?

모둠별로 충분한 시간을 가진 후에 해답이 나오면, 여섯 모둠의 답변을 실물화상기로 띄우며 각 모둠의 의견을 학급 모두와 공유하는 시간을 가진다. 답변이 비슷하게 나오는 경우도 있고, 특이한 대답이 나오기도 하는데, 이때는 교사가 올바른 답안을 찾아서 어떤 답이 맞는지를 설명해주어야 한다. 교사는 사전에 자료를 충분히 준비하고, 학생들의 수업에 도움이 되는 인터넷 사이트나 동영상 등을 준비하여 주어진 질문에 대해 자세하게 설명할 수 있어야 한다([자료 ③] 모둠별로 유물과 이야기를 나누다 정리 학습지).

　구석기 시대의 질문 사항을 보면 학생들의 의문점과 해답이 막연하거나 일반적인 내용도 많았지만, 언어나 남녀차별, 상처 치료 등 실생활과 관련된 구체적인 질문도 많았다. 다른 시대도 마찬가지지만, 교재 내용을 읽고 설명을 통해 이해하는 것보다는 이처럼 학생들이 스스로 찾아낸 문제와 해답을 통해 한 시대를 익히고 자연스럽게 그 시대의 생활상을 이해할 수 있다.

　문자 기록이 없는 선사시대에 대해 학생들은 상상력을 바탕으로 이야기를 나눈다. 학생들은 깨어진 조각들에 숨어 있는 의미를 찾아내기 위해 서로 머리를 맞대고 고민하며 대화를 나눈다. 그런 식으로 의문에 대한 해답을 찾으며 한 시대를 이해하는 단계로 나아가는 것이다.

　선사시대의 경우 분명하게 규정하기 어려운 문제도 많고, 교사가 준비한 자료만으로 대답하기 어려운 경우도 있다. 이때는 컴퓨터 시간이나 도서관 수업 시간 등을 이용해 학생들이 힘을 모아 해답을 찾을 수 있도록 보충 시간을 가지는 것이 좋다. 역사 전문가에게 직접 질문을 하거나 인터넷 사이트에 질문을 올려 그 답변을 학생들에게 알려주는 것도 필요한 일이다([자료 ④] 선사시대에 관한 의문점과 그 해답 정리 학습지).

4. 새로운 것에 도전해볼까요?

선사시대와 이야기를 나누기 위해 유물 자료를 이용해 각 시대의 생활 모습을 간접적이지만 구체적으로 알아보는 시간을 가졌다. 실물 자료가 없다는 아쉬움은 있지만, 4절지 크기로 그려진 선사시대의 유물 자료를 보면서 학생들은 개별 의문을 떠올리고 그것을 서로 공유하면서 함께 해답을 찾아보았다. 이 과정을 통해 학생들은 과거 유물들의 특징을 파악하고, 그 유물을 사용한 시대의 사람들의 생활 모습도 함께 알 수 있다.

학습을 시작하는 단계에서 학생들은 각 시대별 특징을 뗀석기에서 빗살무늬토기, 그리고 청동검을 사용하는 시대로 전체적인 의미를 파악하였다. 그 도구의 사용과 함께 구석기에서 신석기, 그리고 청동기 시대로 선사시대가 발전한다는 사실을 함께 이해하면서 시대 발전의 변화상 또한 자연스럽게 받아들였다. 사회 발전과 함께 도구의 이용과 제작이 복잡해졌고, 역사는 그러한 도구를 사용하는 사람들에 의해 변화, 발전하는 과정이라는 사실을 이해하였다.

전체 수업을 마친 후에 설문을 통해 학생들의 수업 흥미도와 느낀 점, 아쉬운 점 등을 알아보았는데, 학생들의 수업 만족도는 대체로 높게 나타났다. 학생들은 과거 사람들의 생활에 대해 더 많은 것을 알게 되었다며 만족감을 표현했다. 기록이 전해지지 않아 잘 알지 못했던 시대에 대해 많은 것을 알게 되었고, 이 과정에서 과거 사람들에게 친근감을 느꼈다고 말했다. 주어진 것만을 그대로 익히는 수동적인 수업이 아니라 탐구하고 궁리하는 활동적인 수업을 통해 역사 학습에도 더 많은 흥미를 가질 수 있었던 것이다(〔자료 ⑤〕 과거와 이야기를 나눈 후에 학습지).

교과서에서 제시된 상황만 이해하고 암기하는 학습이 아니라, 학생들 스스로 의문점을 가지고, 또 그 해답을 찾아내는 일련의 과정을 통해 학생들은 스스로 탐구하는 역사 학습에 흥미를 보였다. 학생들은 앞으로 이와 유사한 형태의 직접 탐구하여 발견하는 수업에 적극적으로 참여하려는 의욕적인 모습도 보였다. 아직 역사 수업의 도입 단계이기는 하지만 그동안 멀게만 느껴졌던 역사 학습을 친숙하게 생각하게 되었고, 앞으로도 호기심을 갖고 공부하고자 하는 학생들이 많았다.

각 시대의 의문점에 대한 해답을 교사와 함께 구하였으나 부족함을 느끼는 학생들도 많았다. 이미 제기된 의문들에 대한 좀 더 상세하고 정확한 답변을 찾을 수 있도록 교사가 더 많은 자료를 준비하고, 이후에도 자료를 찾아 부족한 답변을 보충해주는 지속적인 노력과 학습이 필요하다고 생각한다.

5. 수업 자료

[자료 ①] 선사시대와 이야기 나누기

　다음의 물건들은 어디에 사용되었던 것일까요? 그리고 그 시대의 사람들은 어떻게 생활을 하였을까요? 떠오르는 의문점을 적어봅시다.

[자료 ②] 모둠별 이야기 모으기

개인의 의문점을 모둠원들과 함께 모아봅시다.
내가 궁금하게 여기는 것들을 다른 친구들도 궁금하게 여겼을까요?
함께 머리를 맞대고 그 답을 궁리해봅시다.

모둠별 질문	우리가 생각한 해답

[자료 ③] 모둠별로 유물과 이야기를 나누다

여러분들의 의문점을 학급 친구들과 함께 정리했습니다.
이제 모둠원들과 생각을 모아 각각의 질문에 대한 해답을 찾아봅시다.
그러한 도구를 사용한 옛날 사람들은 어떻게, 무엇을 하며 살았을까요?

	질문	우리 모둠이 생각한 해답
뗀석기	1. 자연재해는 어떻게 이겨냈을까? 2. 상처가 나면 어떻게 치료했을까? 3. 사람들은 어떤 옷을 입었을까? 4. 사람이 죽으면 어떻게 하였을까? 5. 불은 어디서 구했을까? 6. 어떤 말을 썼을까? 7. 남녀차별은 있었을까? 8. 사람의 이름은 어떻게 불렀을까? 9. 아이들도 뗀석기를 사용했을까? 10. 여자들은 무슨 일을 하였을까?	
빗살무늬 토기	1. 왜 빗살무늬 토기를 만들었을까? 2. 공부라는 것은 있었을까? 3. 빗살무늬토기의 주 재료는 무엇일까? 4. 빗살무늬토기를 만든 사람은? 5. 빗살무늬토기는 왜 뾰족할까? 6. 빗살무늬토기는 만들기 쉬웠을까? 7. 밥은 어떻게 지었을까? 8. 수영을 할 수 있었을까? 9. 토기에는 곡식만 담았을까? 10. 법이 있었을까?	
청동검	1. 청동검 말고 다른 검이 있었을까? 2. 전쟁을 하였을까? 3. 종교가 있었을까? 4. 어떻게 놀았을까?	

5. 장신구는 어떤 재료로 만들었을까?	
6. 칼이 있었다면 칼집은 있었을까?	
7. 왜 글을 만들었을까?	
8. 이동할 때 말을 탔을까?	
9. 어떤 집에서 살았을까?	
10. 옷은 어떻게 만들었을까?	

[자료 ④] 선사시대에 관한 질문과 그 해답

구석기 시대 – 뗀석기를 들고 사냥을 하며 생활한 사람들과 함께하며	
1. 자연재해는 어떻게 이겨냈을까?	죽었다. 동물에 의해 먼저 알아낸다. 동굴에서 몸을 보호했다. 막아내는 도구가 있었을 것이다. 죽거나 살아서 다시 마을을 세웠을 것이다.
2. 상처가 나면 어떻게 치료했을까?	풀을 구해 으깨어서 상처가 난 곳에 발랐다. 진흙을 바른다. 나뭇잎(약초)으로 치료했다.
3. 사람들은 어떤 옷을 입었을까?	동물을 잡아 가죽을 벗겨 옷을 만들어 입었다. 짚으로 만든 옷을 입었다. 가죽, 나뭇잎 등을 가지고 옷을 만들어 입었다.
4. 사람이 죽으면 어떻게 하였을까?	불에 태웠다. 땅에 묻었다. 물에 던졌다.
5. 불은 어디서 구했을까?	나무를 비벼서 마찰력을 이용하여 불을 피웠을 것이다. 부싯돌 사용
6. 어떤 말을 썼을까?	행동이나 그림으로 의사 소통을 하고, 언어를 사용하지 않았다.

7. 남녀차별은 있었을까?	모든 구성원들이 평등했을 것이다.
	남녀차별이 있었을 것이다.
8. 사람의 이름은 어떻게 불렀을까?	소리를 질러서 이름을 불렀다.
	몸짓으로 불렀다.
	태어났을 당시의 상황으로 이름을 불렀다.
	언어를 사용하지 않아서 없었을 것이다.
	이름을 지어서 불렀다.
9. 아이들도 뗀석기를 사용했을까?	아이들도 사용하였을 것이다.
	어른들만 사용했을 것이다.
10. 여자들은 무슨 일을 하였을까?	집안일, 아이돌보기
	잡일
	사냥(모계 사회이기 때문에)

신석기 시대 – 간석기를 들고 빗살무늬토기를 사용한 사람들과 함께하며	
1. 왜 빗살무늬의 토기를 만들었을까?	만들다 보니 빗살무늬가 나왔다.
	가장 간단하게 빗살처럼 그었다.
	멋을 내거나 미끄럼을 방지하려고
	단순한 모양과 무늬밖에 몰랐기 때문에
	구울 때 갈라지지 않게 하려고
2. 공부라는 것은 있었을까?	없었을 것이다.
	있었을 것이다.
3. 빗살무늬토기의 주 재료는 무엇일까?	흙, 진흙, 모래,
	해안이나 강가 주변의 모래흙
4. 빗살무늬토기를 만든 사람은?	마을 사람들
	신석기 시대의 선조들
5. 빗살무늬토기는 왜 뾰족할까?	토기를 반쯤 묻어두면 잘 넘어지지 않고 깨지지 않아서
6. 빗살무늬토기는 만들기 쉬웠을까?	어려웠을 것이다.
	쉬웠을 것이다.
7. 밥은 어떻게 지었을까?	빗살무늬토기에 쪄먹었을 것이다.
	밥이 없었다.
	떡을 찔듯이

8. 수영을 할 수 있었을까?	동물이 하는 것을 보고 수영을 하지 않았다. 물장구를 치며 놀았다.
9. 토기에는 곡식만 담았을까?	다른 것도 많이 담았을 것이다. 물도 담았다. 과일 등 먹을 것을 담았다. 음식을 넣고 요리도 했을 것이다. 작은 고깃덩어리들도 보관했을 것이다.
10. 법이 있었을까?	족장이 있어서 법도 있었을 것이다. 있었을 것이다. 없었을 것이다.

청동기 시대 – 청동칼을 들고 싸우며 지배자가 된 사람들과 함께하며

1. 청동검 말고 다른 검이 있었을까?	돌칼도 사용했을 것이다. 돌로 만든 검, 반달돌칼, 비파형 동검 없었을 것이다.
2. 전쟁을 하였을까?	했다. 했지만 자주는 아니었다.
3. 종교가 있었을까?	있었다. 없었다. 영혼이 있다는 걸 믿었다.
4. 어떻게 놀았을까?	싸움, 장난
5. 장신구는 어떤 재료로 만들었을까?	청동, 구리, 아연과 주석을 섞어서 만들었다. 청동, 옥, 조개 돌, 동
6. 칼이 있었다면 칼집은 있었을까?	있었다. 없었다. 있는 것도 있다.
7. 왜 글을 만들었을까?	기록을 남기기 위해서 말만 하면 잊어버리니까 글 없이는 생활이 힘들어서 편리하게 생활하려고 행동만으로 표현하기는 어려워서

8. 이동할 때 말을 탔을까?	탔을 것이다. 안 탔을 것이다. 걸어다녔다.
9. 어떤 집에서 살았을까?	나무로 만든 집 움집, 지푸라기집 구릉지대에서 움집, 지상가옥 짚으로 만들어 살았다.
10. 옷은 어떻게 만들었을까?	가죽이나 나뭇잎으로 식물섬유나 동물가죽으로 만든 옷, 바늘과 방추를 이용한 직포를 옷감으로 간단 한 옷을 만들었다. 청동, 가죽 등으로 만들었다. 뼈바늘로 옷을 만들어 입었다. 천으로 만든 옷

[자료 ⑤] 과거와 이야기를 나눈 후에

조상들이 과거에 사용하던 유물들에 질문을 던지고 그 해답을 찾아보며 과거와 이야기를 나누는 시간을 가졌습니다. 이 시간을 통해 알게 된 점, 좋았던 점, 아쉬웠던 점 등을 함께 이야기해봅시다.

알게 된 점		
즐거웠던 점		
아쉬운 점		
하고 싶은 말		

6. 교수 학습 과정안

수업 방향	• 각 시대별 유물의 그림 자료를 보고, 그런 물건들을 사용했던 과거 사람들의 생활에 대해 질문해보고 그 해답을 찾아 탐구할 수 있도록 한다. • 개인→모둠→전체의 순서로 질문을 압축한 후 모둠원이 함께 그 해답을 탐구하는 과정을 통해 그 시대 생활 모습에 대해 좀 더 구체적으로 생각할 기회를 갖고 추체험을 통해 과거 역사를 이해할 수 있도록 한다.
수업 목표	• 과거의 유물을 보고 그 시대의 생활상을 알아볼 수 있다. • 각 시대의 유물을 비교하여 시대의 발달상을 파악할 수 있다.
교사 발문	• 각각의 유물 그림을 보고 언제, 어떤 사람들이 무엇에 사용하던 물건들인지 생각해봅시다. • 이 물건을 쓰던 사람들은 어떤 생활을 했을까요? • 이 시대의 사람들이 어떻게 살았을지 궁금한 점을 적어봅시다.
수업 지도 순서 및 유의점	① 개인별 의문점 제시 • 구석기 시대의 뗀석기, 신석기 시대의 빗살무늬토기, 청동기 시대의 청동검을 그림으로 그려 칠판에 붙이고 질문한다. • 어떤 그림이 가장 앞선 시대의 물건일지 추측해보도록 한다. • 각 시대의 사람들이 그 밖에 어떤 물건을 쓰며 어떻게 살았을지 추측해보도록 한다. • 개인별 용지에 각 시대별로 궁금한 점을 10가지씩 써보도록 한다. ② 모둠별 의문점 모으기 • 모둠원끼리 개인별 의문점을 모아 서로 비교해본 다음 10가지 질문으로 압축한다. ③ 학급 의문점과 해답 찾기 • 모둠별로 모은 의문점을 함께 모아 비슷한 부분을 추려 학급 의문점으로 10가지씩 정리하도록 한다. • 각 시대별로 10가지씩 모은 의문점을 모둠에 나누어주고 모둠별로 그 답을 찾아보도록 한다. • 모둠별 해답을 모아 학급 전체의 해답을 정리한다. • 상황이 모호하거나 어려운 질문들은 책이나 인터넷 등의 참고자료를 통해 함께 해답을 찾아보도록 한다. ⇒ 해답이 모호할 경우 참고자료를 충분히 활용하여 알아낼 때까지

해결책을 찾을 수 있도록 지도한다.

• 선사시대를 다룬 책을 다방면으로 활용하며, 어려운 질문은 인터넷 등을 통해 전문가의 도움을 받을 수 있도록 지도한다.

5장

신화를 통한 역사 수업

1. 신화 수업은 왜 중요할까

아이들은 단군신화를 읽고 무슨 생각을 하게 될까?

단군신화에 대한 생각을 물어보면 초등학생들은 일반적으로 사실성 여부에 관심을 가진다. '신기하다', '믿어지지 않는다' 는 반응이 지배적이다. 반면 중학생들은 사실성을 부정하면서 새로운 신화 인식의 단초를 보여준다. '비현실적이지만 흥미롭다' 와 같은 반응을 볼 수 있다. 왜 그러한 신화가 만들어졌을까를 생각하게 된다. 사실성에 대한 관심을 넘어 역사성을 생각하는 단계다. 고등학생들이 느끼는 것은 초등학생이나 중학생에 비해 다양하고 폭이 넓다. '요소 하나하나에 상징적인 의미가 있을 것이다' 등과 같은 반응을 보이기도 한다. 신화의 상징성에 관심을 보인다고 할 수 있다. 신화에 대한 관심과 인식은 사실성→역사성→상징성의 단계라고 할 수 있다.

· · ·

단군신화를 읽으면 무슨 생각을 하게 될까?

'신기하다.' '믿어지지 않는다.'
'거짓말이다.' '비현실적이지만 흥미가 느껴진다.'
'왜 이런 이야기를 지어냈을까?'
'과장됐지만 시대상을 반영한다.'

'요소 하나하나가 상징적인 의미를 지녔을 것이다.'

1) 신화란 무엇인가?

신화(神話, Mythology)는 한 나라 혹은 한 민족에게 오래전부터 전승되어 오는 신을 둘러싼 이야기다. 비현실적이고 비과학적인 신화에 대해 현대인들은 자신의 삶과 무관하고 누군가의 필요에 의해 지어진 창작물로만 생각하고 있다.

그럼에도 그리스·로마 신화는 널리 알려져 있다. 근래에는 중국 신화를 비롯한 동양의 신화들에 대한 책들이 많이 출판되고, 세계 여러 지역의 신화들이 소개되고 있다. 이처럼 신화에 관한 책이 꾸준히 소개되는 이유는 신화가 아무리 황당무계한 이야기라고 하더라도 그 밑바탕에는 '우리는 누구이며, 어디에서 왔고, 어디로 가는가?'라는 철학적 질문을 담고 있기 때문이다. 즉 신화가 인간의 근원을 찾는 데 도움을 주기 때문이다. 또한 오래전부터 전해 내려온 신화에는 그 집단이나 민족의 삶과 문화가 반영되어 있다.

신화는 우리에게 천지창조, 인간의 역사, 세계관과 가치관, 신앙과 관습, 민족의 기원 등에 대한 실마리를 제공하기 때문에 지금까지 전해 내려오는 것이다. 또한 각 나라(민족)마다 전해지는 신화를 통해서 나라와 민족에 대한 자긍심을 가지며 삶의 지혜를 배운다.

신화는 문자 기록이 없던 시대부터 사람들의 입을 통해 전승되어왔는데, 이는 신화의 구조가 흥미진진하며 교훈적인 내용을 담고 있기 때문이다. 신화를 이해하는 것은 우리 인간을 이해하는 출발점이 될 수 있다.

2) 단군신화는 오늘을 살아가는 우리에게 어떤 의미를 가지는가?

흔히 우리 역사를 반만년, 5000년의 역사라고 한다. 이것은 단군이 고조선을 건국했던 기원전 2333년을 기준으로 한 것이다. 그러면 단군신화는 우리에

고구려 각저총의 씨름도. 나무 아래의 좌우에 곰과 호랑이가 있다.

게 어떤 의미를 가지는가? 우리나라 사람치고 유치원생부터 나이 든 어른까지 단군신화를 모르는 이는 없을 것이다. 어릴 때부터 책이나 학교 교육을 통해서 단군신화를 배워왔으며, 나아가 대한민국 국민으로서 우리의 시조인 단군의 신화를 반드시 알아야 한다는 의무감마저 느껴왔다.

그러나 실제로 단군신화의 사실성에 의문을 가지는 학생들이 많다. 단군신화는 고려의 대몽항쟁기인 충렬왕 때 일연이 쓴 『삼국유사』에 처음으로 기록되었다. 하지만 5~6세기에서 만들어진 고구려의 각저총 벽화에 곰과 호랑이가 그려진 것으로 보아 당시 일반인들도 단군신화의 내용을 알고 있었을 가능성이 높다.

신화는 실제로 있었던 일은 아니지만 그렇다고 완전히 허구도 아니다. 민족이나 나라가 세워지는 과정에서 자연스럽게 형성된 역사 이야기다. 단군신화 역시 그런 의미로 해석해야 할 것이다.

2. 기존 교과서와 수업은?

신화에 대한 기존 교과서를 분석해보면 7차 교육과정 사회과 교과서에 '최초의 국가 고조선은 어떤 나라였는지 알아보자'란 주제에서 '단군의 건국 이야기'가 소개되어 있다. 사회과탐구에서는 '단군의 건국 이야기에 담긴 뜻'이라는 제목으로 단군신화의 내용을 구체적으로 설명하고 있으며, 이와 함께 주몽, 박혁거세, 김수로의 건국 이야기도 소개하고 있다. 2007 교육과정 사회교과서에서는 '단군왕검 이야기'로 7차에 비해 더욱 구체적으로 삼국유사의 내용을 소개하고 있으며, 사회과탐구에서 단군왕검 이야기에 담긴 의미를 찾는 활동을 제시하고 있다. 또한 고구려, 신라, 가야의 건국 이야기의 공통점을 찾고, 그 속에 담긴 의미를 찾는 활동을 추가하였다.

7차에서 2007 교육과정으로 바뀌면서 신화 학습의 중요성을 강조한 교과서 구성으로 볼 수 있다. 초등학생들이 우리나라의 신화를 단순히 사실이 아닌 꾸며낸 이야기라고 믿고 있는 현실에서 올바른 신화 학습을 통해 신화는 우리나라뿐만 아니라 전 세계 모든 곳에서 존재하고 있으며, 단순히 꾸며낸 거짓된 이야기가 아니라는 것을 학생들이 생각해보게 할 필요가 있다.

3. 신화 수업은 이렇게!

단군신화를 접하고 초등학생들은 '재미있다, 신기하다'는 반응을 보이며, 이 이야기가 진짜인지 가짜인지를 알고 싶어한다. 즉 신화의 사실성 여부에 관심을 가진다. 또한 곰과 호랑이에 대한 토테미즘에도 관심을 보인다.

'단군신화'는 초 · 중 · 고 각 학교급별로 사회, 국어, 도덕 등 여러 교과에서 다루어지고 있다. 초등학교 5학년 사회에서는 단군신화의 자세한 내용과 함께 신화에 담긴 내용 요소들에 대한 해석을 싣고 있다. 그러나 실제 수업에서는 2쪽 분량의 단군신화의 내용과 해석을 전체적으로 다 함께 보고 암기하는 수준에 그친다. 또한 신화 내용 요소들에 대한 해석까지 친절하게 실려 있어 아이들이 상상력을 펼칠 여지가 거의 없다.

'신화'를 가르칠 때는 좀 더 깊이 있는 접근이 필요하다. 즉 단군신화를 기본으로 하여 여러 다른 신화들과 비교해 살펴본 후, 신화의 공통분모를 찾아보고, 그렇다면 과연 신화란 무엇인지에 대한 토의가 필요하겠다. 마지막으로 단군신화 속의 여러 가지 요소에 대한 해석을 통해 우리 문화와 민족을 더 잘 이해하고, 신화는 현재에도 우리에게 영향을 미치고 있음을 느낄 수 있도록 해야 한다.

1) 수업의 단계

신화 수업은 총 3단계로 구성해볼 수 있다.

1단계: 단군신화를 읽고, 자신의 생각 키우기
- 단군신화를 읽고 드는 생각
- 단군신화에서 인상적인 부분
- 단군신화를 만든 사람과 까닭

2단계: 다른 신화를 살펴보고 생각 나누기
- 고구려, 백제, 신라, 가야 건국신화
- 다른 신화와 단군신화의 공통점과 차이점
- 더 알고 싶은 신화와 내가 아는 다른 신화

3단계: 단군신화를 통해 신화의 의미 찾기
- 당시 사람들의 우주 · 자연에 대한 생각 헤아려보기
- 단군신화에 나오는 동물들의 의미 생각하기
- 단군신화에 나오는 숫자들의 뜻 추측하기

- 신화는 누가, 왜 만들었는지 생각하기

- 왜 신화를 공부하는가 생각하기

- 공부를 마치고 느낀 점 말하기

2) 수업의 실제

1단계: 단군신화를 읽고 자신의 생각 키우기

초등학교 5~6학년 단계에서 신화 수업은 신화에 대한 학생들의 느낌을 확인하는 데서부터 시작할 수 있다. 신화 수업에 들어가면서 첫 번째로 다음과 같은 질문을 던져보았다.

> Q 단군신화를 읽고 어떤 생각이 드나요?
>
> 조금 거짓말 같다.
>
> 사람이 하늘에서 내려올 수 없다는 생각이 든다.
>
> 곰이 사람이 된다니 말도 안 된다.
>
> 쑥과 마늘을 먹고 어떻게 인간이 될 수 있는가?
>
> 정말로 환웅이 내려왔을까?
>
> 곰과 범은 어떻게 말을 하고, 곰이 사람이 될 수 있었을까?
>
> 곰이 쑥 한 줌과 마늘 20쪽을 먹고 100일 동안 햇빛을 보지 않고 사람이 된 것이 신기하고 놀랍다.
>
> 사람이 1908살까지 살았다는 게 신기하다.
>
> 단군신화에서 곰이 쑥과 마늘만 100일 먹고 사람이 된 것이 동화 같지만 그만큼 우리 민족은 끈기 있다는 것을 알게 되었다.

초등학생들의 반응은 대체로 위와 같은 내용들이다. 사실로 인정하면서 신기하다고 반응하거나 믿을 수 없는 이야기라고 생각하는 학생이 대부분이다. 선행 연구에 따르면 대체로 초등학생 단계에서 학생들은 사실성 여부에 관심을 갖는 것으로 밝혀졌다. 반면 중학생 단계에 이르면 대부분 사실성 여부에 관심을 두지 않는다. 중학생들의 신화에 대한 평균적인 인식은 '비현실적인 이야기지만 흥미롭다'는 정도다. 이는 중학생 단계에 접어들면 사실성의 단계를 넘어 신화가 갖는 역사성에 관심을 갖게 된다는 것을 의미한다. 고등학생 단계에서는 초등학생이나 중학생에 비해 신화 인식의 폭이 넓고 다양함을 확인할 수 있다. 신화의 개별 요소의 상징성 등에 관심을 보이는 단계라고 할 수 있다. 초, 중, 고등학생 단계의 신화 인식은 사실성→역사성→상징성으로 심화되어간다. (조미경, 2006)

따라서 초등학교 신화 수업은 사실성에 대한 인식으로부터 역사적인 의미를 생각하는 방향으로 이루어질 필요가 있다. 이러한 맥락에서 두 번째 질문으로 어떤 점이 신기한지 질문을 던져본다.

Q 단군신화에서 인상적인 장면은 무엇인가요?

하늘에서 내려온 것.

곰이 사람이 된 것.

곰은 쑥 한 줌과 마늘 20쪽으로 배고파서 어떻게 100일 동안 살 수 있었을까?

곰과 신이 결혼해서 아이를 낳았다는 것 자체가 신기하다.

곰과 호랑이가 환웅에게 찾아와 사람이 되겠다고 하는 부분, 환웅이 곰과 호랑이가 하는 말을 알아들었다는 게 신기하다.

환웅이 인간 세상을 그리워한 것. 왜냐하면 인간도 아니고 인간 세상에 태어난 것도 아닌데 인간 세상을 그리워하는 게 이상하다.

학생들은 주로 곰이 사람이 되는 장면과 단군이 1500년이라는 긴 세월 동안 나라를 다스렸고 1908세까지 살았다는 것을 가장 인상적인 장면으로 꼽았다. 그 외에도 하늘에서 환웅이 내려온 것, 곰과 호랑이가 사람이 되게 해달라고 빈 것을 꼽았다. 곰이 사람으로 변신한 것, 곰이 단군왕검을 낳았다는 것, 생존 나이 등 현재의 관점에서 도저히 이해할 수 없는 부분에서 가장 강한 인상을 받는 것으로 나타났다. 결국 초등학생들은 그러한 일이 현실적으로 가능한가 하는 관점에서 신화를 동화 같은 이야기로 받아들이고, 사실이 아니라는 강한 의구심을 품고 있는 것으로 판단된다. 초등학교 신화 수업은 사실성 여부에 대해서 학생들이 좀 더 유연하게 접근할 수 있도록 하는 방향으로 이루어져야 함을 보여준다. 이 점에서 신화는 누군가에 의해 만들어진 것이라는 생각을 해보도록 하는 것이 필요하다. 다음 질문이 바로 그것이다.

Q 단군신화는 누가, 왜 만들었을까요?

우리의 조상이 단군이고 최초의 인간이 환웅이라는 걸 알리기 위해.

여러 신하들이 왕이 위대하다는 것을 과시하기 위해.

우리의 조상이 높아 보이기 위하여 쓴 것 같다.

자신의 왕이 유명해지는 것을 생각하고 지어냈을 것이다.

사람의 입에서 입을 타고 내려온 것이라서 정확하게 알 수 없다.

우리 선조가 후손들에게 우리 민족이 위대한 하늘의 후손인 것처럼 보이기 위해 거짓으로 꾸며낸 이야기.

우리 조상 누군가가 꿈을 꾸고 그 이야기를 신화로 만든 것 같다.

어떤 학자가 단군신화를 잘 이해하려고 이야기를 만들었는데 그것이 널리 퍼져서 단군신화가 되었다.

참을성 많은 사람이 참을성을 깨닫게 하기 위해 만든 것 같다.

옛날 사람들이 심심해서 만든 것 같다. 그리고 노래를 이야기로 만든 것 같다.

웅녀가 만든 것 같다. 환웅이 사람이 되게 해주고 아이를 낳게 해준 것이 고마워서 지어냈다.

미래의 자손들에게 남기려고.

단군신화는 옛날 사람들이 만든 이야기로 왕의 위대함을 과시하기 위해서 또는 우리 민족이 하늘의 자손임을 알리기 위해 만들었다는 반응이 대부분이었다. 이는 아마도 단군신화가 단군왕검이 태어나서 왕이 되고, 오랫동안 나라를 다스렸다는 '단군의 건국 이야기'가 주축이라고 판단했기 때문일 것이다. 그 밖에도 "누군가가 꿈을 꾸고 그것을 신화로 만들었다", "웅녀가 아이를 낳게 해준 환웅이 고마워서 만들었다", "곰의 끈기를 통해 참을성의 미덕을 배우게 하려고"라는 대답이 있었다. 특히 흥미로운 대답은 '우리의 조상이 단군이고 최초의 인간이 환웅이라는 걸 알리기 위해, 여러 신하들이 왕의 위대함을 과시하기 위해, 우리 조상이 높아 보이도록 하기 위하여 쓴 것 같다, 자신의 왕이 유명해지는 것을 생각하고 지어냈을 것이다, 자신의 나라를 특별하게 보이도록 하기 위해 어느 학자가 만든 이야기다, 미래의 자손들에게 남기려고'라는 것이다. 초등학생 수준에서도 신화가 만들어지는 과정에서 가미될 수 있는 의도성을 어렴풋이 파악하고 있음을 보여준다.

2단계: 다른 신화를 살펴보고 생각 나누기

Q 내가 알고 있는 다른 신화는 무엇인가요? 단군신화와 비교해봅시다.
(고구려 신화, 백제 신화, 가야 신화, 신라 신화)
비슷한 점은 동물이 사람이 되는 것이고, 다른 점은 전쟁 이야기가 거의 없는 것이다 .
고구려 신화에서 유화가 알을 낳는 게 다르고, 보통 사람이 태어나는 것보다 독특하게 태어나는 것이 같다.
많은 신화가 내용은 다르지만, 읽으면 깨닫게 되는 것이 비슷하다.
한 사람이 나라를 건국한 것이 비슷하다.
위대한 사람이 태어나는 것이 비슷하다.
비슷한 점은 다 말도 안 되는 이야기 같다는 것이고, 다른 점은 단군은 그냥 왕이 되었지만, 그리스·로마 신화에서는 많은 투쟁 끝에 왕이 된 것이다.
우리 민족의 다른 신화(고구려, 백제, 신라): 비슷한 점은 신비롭게 탄생하고 하늘과 연관이 있는 사람이 나라를 세운 점이고, 우린 웅녀와 결혼하여 인간을 낳았지만 알을 낳는 신화도 있다.

역시 건국 신화가 가장 많이 나왔고, 하늘과 관련된 신들이 나오는 점, 보통 사람과 다른 독특한 탄생 과정, 나라가 생기는 과정이 비슷하다는 것을 공통점으로 꼽았다. 반면 단군신화와 달리 다른 나라 신화들은 전쟁이나 투쟁에 대한 이야기가 많이 나오는 게 다른 점이라고 하였다.

다른 신화와 단군신화의 공통점에 대해서는 신화에 나오는 대부분의 인물들은 모두 오래 살았다는 것, 신들이 등장하여 나라와 인간을 만들었다는 것, 각자 나라의 특징을 담았지만 전체적으로 우리의 상상력을 초월하는 이야기라는 것을 꼽았다. 아이들은 신화를 각 나라의 문화의 일부로 받아들이게 되었지만, 여전히 허구적인 이야기라는 의구심을 버리지 않고 있음을 알 수 있었다.

가장 큰 차이점으로 대부분 전쟁의 유무를 꼽았다. 특히 외국 신화에는 전쟁 이야기가 많이 나오는 것에 비해 우리나라 신화는 좀 더 평화롭다고 느끼고 있었다. 또한 우리나라는 사람 중심인 데 반해 다른 나라는 신들의 업적 중심이라고 보았고, 우리나라는 하늘이 배경인데 다른 나라는 우주를 배경으로 하는 것도 있다고 답했다. 이는 단군신화가 건국신화인 데 비하여 다른 나라의 신화는 천지창조의 부분도 함께 있기 때문일 것이다. 게다가 단군신화는 끈기와 같은 교훈이 담겨 있는데, 다른 나라의 신화는 서로 배신하거나 죽이는 이야기가 많아 교훈적인 면이 적다고 대답하였다. 신화의 공통점과 차이점을 생각해보게 함으로써 인류 역사에서 신화가 갖는 보편성을 초등학교 학생 수준에서 생각해보도록 한 것이다. 학생들의 응답을 공통점과 차이점으로 나누어 열거하면 다음과 같다.

Q 다른 신화와 단군신화의 공통점은 무엇인가요?

신화 속 신들은 너무 오래 산다.

지금의 사람과는 다르게 신들이 오래 살았다.

어떤 신이 나라를 만들었다.

모두 하늘의 자손이고 위대한 사람의 후손이다.

신들이 나라를 만들었고, 신화에 나오는 사람은 오래 산다.

신들이 나라를 다스린다. 처음에는 텅 빈 나라로 시작된다.

신이 나오는 것, 인간으로선 할 수 없는 일이 많이 일어난다는 것.

신들이 세계를 만들고 나라를 만들었다는 것이 똑같다.

모두 신이 창조를 하였고 세상을 이롭게 한다는 목적도 같다.

탄생 과정이 특별하다.

Q 다른 신화와 단군신화와의 차이점은 무엇인가요?

우리나라 신화에는 전쟁 이야기가 나오지 않지만 다른 나라의 신화에는 전쟁 이야기가 많이 나온다.

우리나라에는 신들의 대결이 없는데, 다른 나라에는 신들의 대결이 있다.

우리나라는 신의 자식들의 이야기로 끝나지만, 다른 나라는 신의 이야기로 끝난다.

우리 신화에는 싸움이 별로 안 나오고 교훈도 나오는데, 다른 나라의 신화에는 배신하는 장면이 나온다.

우리는 싸우는 장면이 별로 없지만, 다른 나라 신화에는 싸우는 장면이 많이 나온다.

다른 신화는 주로 불의 신, 저승의 신, 번개의 신, 전쟁의 신 등 신들이 각자의 일을 맡고 있고, 전쟁 이야기도 나오고, 서로 죽이기도 한다.

단군왕검은 1908살까지 살았는데 다른 나라 신들은 더 오래 살았고, 유럽과 켈트 신화에는 전쟁 이야기도 많이 나온다.

Q 지금까지 살펴본 신화 외에 이미 알고 있는 신화나 더 알고 싶은 신화가 있나요?

알고 있는 신화: 그리스 · 로마 신화/이집트 신화

더 알고 싶은 신화: 인도, 호주, 미국, 그리스, 아프리카 신화

　이미 알고 있는 신화는 그리스 · 로마 신화가 단연 가장 많았고, 알고 싶은 신화로는 건국 역사가 짧아 신화가 없는 미국이 많이 나왔다. 아마도 미국이 가장 큰 나라이기 때문에 신화도 특별할 것이라고 여기는 듯하다. 그리스 · 로마 신화는 학생들이 읽어야 할 필독서처럼 된 지 오래다. 여기에 비해 우리나라의 신화들은 홀대받고 있는 것이 현실이다. 한국의 신화에 대한 관심을 고양시킬 필요가 있겠다. 이를 위해서는 한국의 신화도 나름대로 풍부한 의미를 담고 있다는 것을 생각해보게 하는 것이 좋다. 다음 질문은 바로 신화의 의미를 생각해보게 하는 것이다.

3단계: 단군신화를 통해 신화의 의미 찾기

Q 옛날 사람들은 태풍, 햇빛, 번개, 천둥 같은 자연 현상이 왜 일어난다고 생각했을까요? 그리고 누가 세상과 사람, 나라를 만들었다고 생각했을까요?(옛날 사람들의 '우주관'을 통해 천지창조에 대한 생각 파악하기)

신이 화났다고 생각했을 것 같다.

신이 세상을 만들었다고 생각했을 것이다.

태풍, 햇빛, 번개, 천둥과 같은 자연 현상은 하늘에서 내려주신다고 생각했을 것 같고, 세상과 사람과 나라는 하늘의 신들이 다스린다고 생각했을 것 같다.

하늘에 있는 신들이 벌을 내린다.

태양이 사람을 만들었다고 생각했을 것 같다. 자연 현상이 일어나는 이유는 사람들이 해를 잘 섬기지 않았기 때문이라고 생각했을 것이다.

하늘에 있는 신이 싸우거나 노하거나 기뻐서 자연 현상이 생긴다고 생각했을 것이다.

자신이 잘못하면 번개, 천둥을 내려주고, 잘하면 햇빛을 내려준다고 생각했을 것이다. 그리고 세상과 사람은 하느님이 만들었다고 생각했을 것이다.

신이 우연히 세상을 만들었다고 생각했을 것이다.

자연 현상은 하늘이 알아서 관리하고, 신들이 세상을 만들었다고 생각했을 것이다.

나쁜 짓을 하면 신이 벌을 준다고 생각했다.

대부분의 학생들이 옛날 사람들은 신들이 자연 현상을 일으킨다고 여겼을 것이라고 답했다. 신들의 기분 변화에 따라 각종 자연 현상이 일어난다고 여겼다는 것이다. 기분이 좋으면 햇빛을 내리고 잘 섬기지 않으면 천둥이나 번개 같은 재해를 내린다고 생각했다는 것이다. 그렇기 때문에 이 세상과 사람, 나라를 만든 것도 신이라고 받아들였을 것이라고 학생들은 추측하였다. 학생들은 신화에 나오는 대부분의 신들이 전지전능하기 때문에 자연 현상까지 통제할 수 있겠다고 판단한 것 같다. 그리고 그 능력은 당시 사람들의 신과 세계에 대한 생각이 반영된 것이라고 여기게 된 것 같다.

Q 단군신화에 나오는 곰과 호랑이는 무엇을 뜻할까요?(단군신화에 나오는 동물들의 의미 생각하기)

곰을 숭배하는 사람과 호랑이를 숭배하는 사람들이 나뉘어 있었을 것이다.

곰과 호랑이가 나오는 것은 사람들이 가장 잘 알고 대표적인 동물이기 때문인 것 같다.

곰과 호랑이가 다른 동물들보다 더 성스럽다고 생각해서.

곰의 온순하고 온화한 성격과 호랑이의 씩씩함을 표현했을 것이다.

곰과 호랑이가 옛날에는 가장 무서운 존재였기 때문에.

곰은 인내심이 많고 호랑이는 성격이 급하다.

곰은 참을성 있는 느긋한 동물이고, 호랑이는 성질이 급하고 사나운 동물이다.

이 질문에 대해 학생들은 다양하게 대답했다. '곰과 호랑이를 숭배하는 사람들이 나뉘어 있었기 때문에'라는 이해 수준이 높은 대답도 있었고, '곰과 호랑이로 이야기를 만들면 그 동물들이 좀 순하게 될지도 모른다는 믿음에서'라는 기발한 대답도 있었다. 그러나 대부분의 답변을 자세히 살펴보면 곰은 순하고 온화함의 상징으로, 호랑이는 난폭함과 참을성 없음의 상징으로 여겼을 것이라고 생각하였다. "곰과 호랑이가 나오는 것은 사람들이 가장 잘 알고 대표적인 동물이기 때문인 것 같다", "곰과 호랑이가 다른 동물들보다 더 성스럽다고 생각해서"라는 답변은 그 당시 사람들의 생활에서 곰과 호랑이의 대표성과 성스러움을 유추하는 분석 노력이 돋보인다. 이런 답변을 한 학생들은 신화의 의미를 찾는 작업에서 다른 학생들보다 더 빠른 이해가 가능하리라 본다. 곰과 호랑이가 당시 사람들의 삶과 밀접하게 관련되어 있을 것이라는 생각은 심도 있는 토테미즘 인식의 실마리가 될 것이다.

Q 과연 신화는 누가, 왜 만들었을까요?(신화는 누가, 왜 만들었는지 생각하기)

후대 사람들에게 교훈을 주려고.

왕을 따르는 사람이나 신을 믿는 사람이 왕과 신을 높이기 위해서.

마을 사람이 지어냈을 것이다.

신하들이 왕은 위대하다는 생각을 심어주기 위해서 만든 것 같다.

옛날 사람이 노래로 만들었는데, 그 노래에 이야기를 덧붙여서 지금의 신화가 만들어졌을 것이다.

책을 짓는 작가가 자기 이야기를 믿게 하려고 신화를 만든 것 같다.

옛날에 전해오던 이야기인데 우리나라의 전래동화와 같이 백성들에게 신뢰를 가지게 하려고.

아주 오랜 옛날 단군의 신하들이 왕을 기념하는 뜻에서.

신이 자신의 존재를 사람들에게 널리 알리기 위해서.

아주 오랜 옛날 사람이 살기 힘들 때 의지할 곳이 있어야 하는데, 그래서 신을 만들고 신화를 지은 게 지금까지 내려왔다.

사람들의 입소문으로 전해져 오는 이야기를 한 사람이 글로 만든 것 같다.

이 질문에 대한 대답에서 아이들은 조금씩 통치 권력이 정통성을 확보하기 위해서 만들어낸 것임을 이해하기 시작하는 것을 볼 수 있다. 즉 신으로부터 힘을 부여받은 왕이 백성들의 신뢰를 얻는 데 신화가 하나의 수단이 되었음을 교사와의 대화를 통하여 이해할 수 있게 되었다. 하지만 여전히 일부 학생들은 신화란 그냥 지어낸 이야기이거나 또는 진짜로 그런 일이 있었기 때문에 옮겨진 이야기라고 생각했다.

Q 신화가 오늘날에도 계속 읽히고 유지되는 이유는 무엇일까요? 과연 신화는 우리에게, 그리고 옛날 사람들에게 어떤 의미를 가질까요? (신화의 지속성에 대해 생각하기: 신화는 왜 계속 읽히고, 우리는 왜 신화를 공부하는가?)

나라마다 신화가 다르고, 입에서 입으로 전해지다 책으로 쓰이게 된 것 같다.

옛날 사람들이 섬기던 신이라서. 좋은 교훈을 주기 때문에 지금도 신화를 읽는 것 같다.

단군신화는 참으면 좋은 일이 생긴다는 교훈을 주기 때문에.

우리에게 신화는 옛날 사람들이 어떤 생각을 하는지 보여주기 때문에.

조상들의 생활을 알 수 있고 우리에게 신의 존재를 믿게 해주기 때문에.

신이 존재한다는 의미가 있다.

우리의 조상을 궁금해하는 사람이 많고, 인류 최초의 소설이고, 신비로움을 느낄 수 있기 때문에.

우리 선조들의 이야기이기 때문에.

재미나 교훈을 가르쳐주려고.

우리는 거짓이라고 생각하지만, 옛날에는 신화를 믿었을 것이기 때문에.

우리에게는 말도 안 되는 이야기지만, 옛날 사람들은 신을 믿었을 수도 있었기 때문에 이런 신화 이야기도 믿었을 것 같다.

옛날 사람들은 재미있는 상상을 바탕으로 하여 신화를 만든 것 같다.

신화가 아직까지도 읽히는 이유로 학생들이 가장 많이 꼽은 것은 '교훈'과 '재미'였다. 또한 옛날 사람들의 이야기라고 한 응답도 있었다. 신화에 대한 해석에서 신화가 그 당시 사람들의 입장을 반영하고 있다는 인식은 우리가 역사를 인식할 때 과거 당대인들의 사고방식으로 접근한다는 것을 의미한다. 이른바 추체험 혹은 감정이입이다. 신화가 단순히 꾸며지고 만들어진 이야기가 아니라 옛날 사람들이 믿었던 이야기가 신화로 만들어졌다고 인식하고 있다. "우리는 거짓말이라고 생각하지만, 옛날에는 신화들을 믿었을 것이기 때문에"라는 답변도 마찬가지다. 그리고 그 교훈과 재미는 옛날 사람들의 생각을 알 수 있는 수단이 되기도 하고 더불어 우리가 신을 믿게 되는 통로라고 보고 있다.

4. 신화 수업 후 갖게 된 생각들

Q 공부를 마치고 무엇을 느꼈나요?

좋은 교훈을 주지만 어쨌든 신화는 말이 안 된다.

많은 신화와 교훈 등을 알 수 있었다.

재미있고 흥미롭다.

일본에도 신화가 있는 줄 몰랐고 왠지 일본 신화와 그리스·로마 신화는 비슷한 것 같다고 생각했다.

옛날 사람들은 신화에서 교훈을 주고 얻고, 신화를 믿고 숭배하는 것 같다.

여러 나라 신화를 알게 되어서 좋았다.

신화에 관심이 없었는데, 신화 학습을 하니 신화에 관심도 생기고 신화에 대해 좀 알게 된 것 같다.

처음에는 무슨 말인지 몰랐는데 생각도 풍부해지고 다른 나라의 신화도 알 수 있어서 좋았다. 내가 아는 신화는 우리나라의 단군왕검, 그리스·로마 신화밖에 없었다.

신화를 재미있다고 느끼고 자주 읽었는데, 다른 나라에도 많은 신화들이 있다는 것을 알았고 그 내용도 다 재미있었다.

신이 정말 존재하는지는 모르겠지만 교훈과 재미가 있어서 보람차고 즐거웠다.

신화 학습을 마치고 신화에 대해 여러 가지를 알게 되었다. 더 많은 신화를 알고 싶어졌다. 그리고 신화들에 나온 숫자의 의미가 무엇인지도 알아볼 것이다.

신화 학습을 마치고 다른 나라의 신화에 대해서도 관심을 가지게 되었다.

아주 보람찼다. 다른 나라의 신화는 몰랐는데, 이번에 알게 되었다.

처음에는 사람을 창조하거나 만물을 창조하고 사람이 곰과 결혼해 알을 낳는 그런 신화는 사실이 아니라고 생각했다. 하지만 신화에 대해 자세히 공부하고 나니 사실일 수도 있다는 생각이 들었다. 곰을 숭배하는 사람들이 많다는 것도 알았고 옛날 사람들은 신을 믿었다는 것도 알게 되었다.

신화라는 것은 그 시대 사람들의 생활 흔적이라고 생각한다. 왜냐하면 신화에는 그 시대 사람들의 생활 모습이 나오기 때문이다. 나는 신화가 거짓이라고 생각했는데 수업을 하면서 신화는 그 나라의 역사라고 생각하게 되었다.

지금의 사람들이 종교에서 마음의 평온을 찾는 것처럼, 신화도 그 시대 사람들의 믿음, 바람 등을 나타낸 것이다.

그냥 재미있게 읽어보는 데서 그친 신화들과는 달리 이번 수업을 통해서 신화에 대해 깊이 있는 생각을 해보아서 좋았다는 의견이 많았다. 또한 그리스·로마 신화 말고도 다양한 나라의 신화를 알게 되었다고 대답했다. 그러나 여전히 신화는 믿을 수 없는 이야기라고 말한 학생도 있었다. 하지만 대부분 신화에 대해서 한걸음 더 들어갈 수 있었던 계기가 된 수업으로 받아들였다.

학생들이 신화 수업을 하면서 여러 장의 학습지를 여타 과목의 골치 아픈 학습지처럼 받아들이지 않을까? 학생들은 어떤 신화에 대해 관심과 흥미를 가질까? 신화 수업의 중요한 맥락 중의 하나는 '선사에서 역사시대로 넘어오는 시기의 건국 이야기'라는 신화의 의미를 학생들의 수준에서 이해할 수 있게 하는 것이다.

학생들은 기대 이상으로 여러 나라의 신화를 흥미롭게 받아들였고, 자신의 생각도 진지하게 정리하였다. 그리스·로마 신화를 읽은 아이들이 많다는 사실에서 보듯이, 신화는 그 자체로 매우 재미있는 이야기이기 때문에 아이들이 많은 관심을 보여주는 것이기도 하겠다. 하지만 그전에는 단순히 읽고 그친 데 비해 이번 수업에서는 신화의 요소들을 따져보고, 그에 대한 자신의 생각을 정리해보는 것은 확실히 새로운 형태의 접근이다.

다만 신화 수업을 하면서 학생들에게 미리 또는 중간에 직접 조사해보고, 자신의 생각을 찬찬히 정리할 수 있는 시간을 주지 못하고 교사가 제시한 자료만 가지고 수업을 진행하는 방식은 지양할 필요가 있겠다.

5. 수업 자료

다음의 신화를 읽어봅시다.

한국의 신화 – 우리는 모두 단군의 자손

옛날 옛적 천제(天帝:하늘의 황제)인 환인에게 환웅이라는 아들이 있었다. 환웅이 인간 세상을 그리워하며 내려가 구제하고자 하매, 환인은 천부인 3 개와 무리 3000명을 주어 세상에 내려가게 하였다. 환웅은 태백산 신단수 (신성한 나무)로 내려가 신시(神市:성스러운 도시)를 열었는데, 그가 곧 환웅 천왕이다. 그는 풍백(風伯:바람을 다스리는 신하), 우사(雨師:비를 다스리는 신하), 운사(雲師:구름을 다스리는 신하)를 거느리고, 곡식, 생명, 질병, 형벌, 선악 등 360여 가지 인간의 일을 맡아 다스렸다. 이때 곰 한 마리와 범 한 마리가 환웅에게 사람이 되기를 간청하니, 환웅은 이들에게 신성한 쑥 한 줌과 마늘 20쪽을 주며, 이것을 먹고 100일 동안 햇빛을 보지 않으면 사람이 되리라고 했다. 견디지 못한 범은 사람이 되지 못했지만, 곰은 21일 동안 잘 참아내어 여자의 몸이 되었으니, 이가 곧 웅녀이다. 웅녀는 신단수 아래에서 아기를 갖게 해달라고 기원했고, 환웅이 잠시 사람으로 변하여 혼인하여 낳은 아이가 곧 단군왕검(檀君王儉)이다. 왕검은 평양성에 도읍을 정하고 나라 이름을 '조선'이라고 하였다. 곧이어 백악산의 아사달로 옮긴 뒤, 이곳을 궁홀산 또는 금미달이라고 하였다. 단군은 1500년간 나라를 다스리고 아사달에 돌아와 숨어 산신(山神)이 되니, 그때 나이가 1908 세였다.

1단계: 단군신화 마주하기

- 다음 각 질문에 대해 자신의 생각을 자세히 써보시오.

Q1. 단군신화를 읽은 후 어떤 생각이 들었나요?

Q2. 단군신화에서 가장 인상적인 부분은 무엇인가요?

Q3. 단군신화는 누가, 왜 만들었을까요?

Q4. 내가 알고 있는 다른 나라의 신화는 무엇인가요? 이들 신화와 단군신화를 비교해봅시다. 비슷한 점과 다른 점은 무엇인가요?

2단계: 다른 나라의 신화 살펴보기

고구려의 신화

해모수는 천제의 아들로 다섯 마리의 용이 끄는 수레를 타고 신하 100명과 함께 천상에서 부여로 내려왔다. 그는 강의 신 하백의 딸인 유화에게 반하여 하백을 찾아가 청혼을 하였는데, 하백은 해모수에게 천제의 아들임을 증명해 보이라고 하였다. 해모수는 여러 가지 모습으로 변신하여 자신이 천제의 아들임을 보였고, 하백은 둘의 결혼을 허락했다. 해모수와 결혼한 유화는 거대한 알을 낳았다. 바로 이 알에서 고구려를 세운 주몽이 나왔다.

중국의 신화

아주 오랜 옛날 천지가 아직 창조되지 않았을 때, 우주는 혼돈과 어둠으로 가득한 알 모양의 덩어리였다. 그 알 속에서 거인 신(神) 반고가 오랜 세월 잠을 자고 있었다. 잠을 자는 동안에도 반고의 몸은 계속 자라났다. 이렇게 1만 8000년을 보낸 뒤, 반고는 드디어 잠에서 깨어났다. 몸이 너무 커서 우주의 알이 좁고 답답한 나머지 더 잘 수가 없었던 것이다. 잠에서 깨어난 반고는 주위를 살펴보았지만 오로지 어둠뿐 아무것도 보이지 않았다. 보이는 건 온통 시커먼 어둠뿐이라 답답했던 반고는 울부짖음과 함께 우주의 알을 깨어 산산조각 나게 하였다. 그러자 수만 년 동안 알 속에 갇혀 있던 혼돈과 암흑이 움직이기 시작했다. 알 속의 가볍고 밝은 기운은 위로 올라가 푸른 하늘이 되었고, 탁하고 무거운 것은 밑으로 가라앉아 땅이 되어 우주는 드디어 하늘과 땅으로 갈라지게 되었다. 그 와중에 반고는 땅과 하늘이 도로 붙으면 깔려 죽을까 봐 두 팔로 하늘을 받치고, 두 다리로는 땅을 굳게 디딤으로써 하늘과 땅이 서로 붙지 못하게 버티었다. 그사이에도 반고의 몸은 계속 자라 하루에 한 장씩 커졌다. 그에 따라 매일 하늘과 땅 사이도 한 장씩 높아졌고, 땅도 한 장씩 굳어져갔다. 이 과정이 반복되기를 1만 8000년, 하늘과 땅은 더 이상 붙을 수 없을 만큼 멀어져갔다. 천지가 갈라지자, 반고는 완전히 지쳐버렸다. 그의 사명도 끝나고, 그의 힘도 모두 바닥이 나서 반고는 맥없이 쓰러져 죽고 말았다. 그의 죽음과 함께 하늘과 땅뿐이던 세상에 큰 변화가 일기 시작했다. 반고가 내뿜은 마지막 숨결은 바람, 구름, 안개가 되었고, 그 소리는 천둥이 되었다. 왼쪽 눈은 태양이, 오른쪽 눈은 달이 되었으며, 머리털과 눈썹은 별이 되어 무수히 밤하늘에서 빛났다. 반고의 몸통과 손발은 산으로, 그의 피는 강물이 되어 흘렀다. 살은 논과 밭으로 변했고, 뼈와 이빨은 각종 귀한 광석과 금속이 되어 땅속에 묻혔으며, 피부에 나 있던 솜털은 나무, 풀, 꽃이 되어 자랐다. 그리고 그가 흘린 땀은 비와 이슬이 되었다.

일본의 신화

천지가 개벽한 이래 하늘에 있던 신들의 세상은 다카마노하라(높은 하늘의 들판)였다. 이 천상의 세계에 여러 신들이 나타났다 사라지곤 했다. 마지막으로 태어난 것이 오누이 신으로, 오빠 이자나기, 여동생 이자나미다. 이들 오누이는 결혼하여 바다뿐인 세상에 여러 섬들을 만드니, 이것이 오늘의 일본이다. 이자나미는 이자나기의 아이를 여럿 낳았는데 바람의 신, 바다의 신, 산의 신 등이 그들의 자식이다. 마지막으로 불의 신 가구쓰치를 낳던 이자나미는 불에 데어 죽어 황천으로 가고 말았다. 죽으면서 그녀가 쏟아낸 토사물, 배설물에서 광산의 신, 물의 신, 농업의 신이 태어났다. 아내를 잃은 이자나기는 아내가 너무도 그리운 나머지 황천으로 이자나미를 찾아가 데려오려고 했다. 이자나미는 그곳의 음식을 먹었기에 돌아갈 수 없었으나, 황천의 신의 허락으로 남편과 함께 돌아갈 수 있었다. 그러나 이자나기가 아내의 모습을 돌아보면 안 된다는 명을 어기는 바람에 이자나미는 흉측한 모습으로 변하고 만다. 이자나기는 그런 아내의 모습을 보고 혼비백산하여 도망쳐 나오고 말았다. 황천에서 돌아온 이자나기는 몸에 붙은 더러움을 물로 씻어냈는데, 이때 눈에서 아마테라스 여신이, 코에서는 스사노 신이 태어났다. 이자나기는 자식의 탄생을 무척 기뻐했다. 이자나기는 아마테라스에게는 신들의 세상을, 스사노에게는 바다를 지배하게 하였다. 신들의 세상을 지배하게 된 아마테라스 여신은 천조대신으로 일본에서 가장 숭배받는 태양의 여신이며, 일본을 지배하는 덴노(천황)의 직접적인 조상이 된다. 바다를 지배하던 스사노는 폭풍우의 신이기도 했는데, 성격이 포악하여 온갖 횡포를 저질렀다. 이에 화가 난 아마테라스는 하늘에 있는 돌로 된 방에 숨어버렸다. 태양의 신이 자취를 감추자, 하늘도 땅도 칠흑같은 어둠에 휩싸였고, 땅에서는 온갖 재앙이 번져나갔다. 이에 당황한 신들이 아마테라스가 숨은 석실 앞에서 옷을 벗고 춤을 추었다. 그 모습을 보고 웃는 신들의 소리에 궁금해진 아마테라스가 석실에서 나오니 세상은 전처럼 밝고 생기에 찬 모습을 되찾았다.

일본 민족의 시조신 아마테라스의 손자가 호노니니기다. 그는 천조대신의 자손이기 때문에 천손(하늘의 자손)이라 불린다. 아마테라스는 그를 지상으로 내려보내 일본을 다스리도록 명령했다. 아마테라스는 3종의 신기인 옥구슬, 거울, 신검을 호노니니기에게 주며 인간 여자를 아내로 맞아 그 자손으로 하여금 일본을 지배할 것을 당부했다. 호노니니기가 아마테라스로부터 받아온 3종의 신기는 지금까지도 덴노의 상징으로 소중하게 보관되고 있으며, 덴노의 즉위식에 사용된다. 호노니니기는 하늘에서 지금의 규슈에 내려왔다. 이곳에서 호노니니기는 고노하나(꽃)와 언니 이와(바위)를 만났다. 그는 미인인 동생 고노하나를 아내로 택하고 못생긴 이와는 집으로 돌려보냈다. 그가 영원한 바위가 아닌 짧은 수명의 꽃을 택함으로써, 호노니니기와 고노하나 사이에 태어난 자손은 신이면서도 영원히 살지 못하게 되었다. 이것이 신인 덴노가 영원히 살지 못하고 인간처럼 죽는 이유다. 호노니니기와 고노하나는 세 아들을 낳았다. 막내아들 야마사치히코는 바다로 가서 조수의 신의 딸 도요타마와 결혼하여 우가야 후키아에즈를 낳는데, 이는 섬나라인 일본에서 바다의 중요성이 강조되는 부분이다. 우가야는 이모인 다마요리와 함께 지상으로 돌아와서 다마요리와 결혼하여 네 아들을 낳았다. 그중 막내아들인 간야마토이와레히코노미코토가 일본의 초대 천황인 진무 덴노다.

Q1. 다른 나라의 신화와 우리 신화의 공통점은 무엇인가요?

Q2. 다른 나라의 신화와 우리 신화의 차이점은 무엇인가요?

Q3. 지금까지 살펴본 신화 외에 다른 나라의 신화를 아는 것이 있다면 말해봅시다.

3단계: 단군신화 자세히 만나기

Q1. "인간은 만물의 영장이다"라는 말이 있습니다. 이 말은 사람이 이 세상의 동식
물들의 우두머리가 될 자격이 있다는 뜻입니다. 그렇다면 과학이 지금처럼 발
달하지 않았던 먼 옛날 사람들은 태풍, 햇빛, 번개, 천둥과 같은 자연 현상이
왜 일어난다고 생각했을까요? 그리고 세상과 사람, 나라를 만드는 이가 누구라
고 생각했을까요?

Q2. 지금처럼 옛날에도 많은 동물들이 살았습니다. 많은 동물 중 단군신화에 나오는 곰과 호랑이는 무엇을 뜻할까요?

Q3. 과연 신화는 누가, 왜 만들었을까요?

Q4. 지금까지 단군신화를 중심으로 여러 나라의 신화를 알아보았습니다. 믿기지 않는 이야기, 신화가 오늘날에도 남아 계속 읽히는 이유는 무엇일까요? 과연 우리에게, 그리고 옛날 사람들에게 신화는 무슨 의미일까요?

Q5. 신화 학습을 마치고 난 후 무엇을 느꼈나요? 느낀 점을 적어보세요.

6. 교수 학습 과정안

수업 방향	신화란 무엇이며 어떤 의미가 있는지를 알고 신화가 현재를 살고 있는 우리들에게 전달하려는 메시지를 찾아본다.
수업 목표	• 단군신화가 현재의 삶을 살아가는 우리에게 어떤 의미를 가지는지 이해할 수 있다. • 다른 나라의 신화와 단군신화를 비교하여 공통점과 차이점을 찾을 수 있다.
수업 지도 순서	① 단군신화를 읽고, 자신의 생각 키우기 • 단군신화를 읽고 드는 생각 • 단군신화에서 인상적인 부분 • 단군신화를 만든 사람과 만든 까닭 ② 다른 나라의 신화를 살펴보고 생각 나누기 • 고구려 신화, 중국 신화, 일본 신화 • 다른 나라의 신화와 단군신화의 공통점과 차이점 • 내가 아는 다른 신화와 더 알고 싶은 신화 ③ 단군신화를 통해 신화의 의미 찾기 • 옛날 사람들의 '자연관' 을 통해 천지창조에 대한 생각 알아보기 • 단군신화에 나오는 동물들의 의미 생각하기 • 신화는 누가, 왜 만들었는지 생각하기 • 신화의 지속성에 대해 생각하기 • 공부를 마치고 느낀 점 말하기

6장

인물사 학습

- 삼국 항쟁기를 중심으로

1. 역사 인물과 만난다는 것

우리는 과거인들의 마음속으로 들어갈 수 있을까?

고구려, 백제, 신라가 삼국 통일을 위해 경쟁하던 시기에 중요한 역할을 했던 사람이 신라의 김춘추와 고구려의 연개소문입니다. 여러분이 만약 그 당시에 태어났다면 두 인물 중 누가 되어서 어떤 활동을 하고 싶은지, 왜 그렇게 생각하는지 그 이유를 적어보세요.

"김춘추는 당나라와 손을 잡아 고구려를 멸망시켰기 때문에 싫다. 연개소문도 아들 때문에 고구려가 멸망했다고는 하지만, 연개소문에게도 잘못이 있다."

"연개소문이 왕을 몰아낸 것은 잘못했지만 나라를 위해서였고, 김춘추는 나라를 위한다고 해도 당나라와 손을 잡은 앞잡이였다."

"솔직히 두 사람에 대해 이해는 잘 안 되지만 누가 더 좋은 일을 했는지 또는 나쁜 일을 했는지 비교할 수 없이 두 사람이 비슷한 것 같다."

• • •

역사는 사람들의 이야기다. 사람이 빠지면 역사가 아니다. 역사 연구나 역사 학습에서 사건의 결과를 확인하는 것만으로는 큰 의미가 없다. 역사 연구나 학습은 인과관계를 따지는 것이 본질이다. 역사 학습이 단순한 사건의 암기여서는 안 되는 이유다. 인과관계나 의미를 따지고 사건에 관련된 여러 인물의 마음을 고려하면서 역사를 음미할 때, 진정한 학습이 이루어진다고 할 수 있다.

역사 학습은 곧 과거 인물과의 만남이다. 왜 그러한 사건이 발생했는가? '왜'라는 질문을 던지는 순간 그 사건에 관련된 인물의 생각, 의도, 목적, 동기, 기대 등을 따져보게 된다. 왜 그런 행동을 했을까? 그런 행동의 결과는 어떠한가? 그런데 과거 인물을 어떻게 만날 수 있는가? 과거의 인물과 만나면서 무슨 생각을 하는가? 그리고 그것은 아동들의 삶에 어떤 의미를 가지는가?

역사는 객관적이어야 한다고 말한다. 섣부른 가치 판단을 해서는 안 된다고도 말한다. 역사가는 가벼운 대중용 글이 아니면 역사 인물에 대한 이러저러한 판단을 내리지 않는다. 역사 교사도 객관적, 중립적이기를 요구받는다. 그러나 대부분의 사람들은 역사 인물에 대해 나름대로의 기준에 입각하여 가치 판단을 내리고 있다.

역사가나 역사 교사도 대놓고 말하지 않을 뿐이지 나름대로의 판단을 안 하는 것은 아니다. 과거 인물에 대해 호오, 시비, 선악에 대한 판단을 한다는 것이다. 사람들은 어떤 역사 인물에 대해 좋아하거나 싫어하는 감정을 갖게 된다. 그 감정이 정확한 정보나 판단을 바탕으로 한 것일 수도 있고, 합당한 근거가 없는 감정적인 판단일 수도 있다.

인물을 통해 역사에 접근하는 것은 어떻게 가능할까? 어떤 인물을 택할 것인가? 인물을 통해 그 시기의 어떤 역사를 접하게 할 것인가? 무엇보다 가장 근본적인 물음은 '우리는 과거 인물의 마음속에 들어갈 수 있는가?' 하는 것이다. 역사교육 이론에서는 과거 역사 인물의 마음속으로 들어가보는 것을 추체험 혹은 감정이입이라고 한다.

2. 역사 인물을 통한 생동감과 감동

초등학교 역사교육에서는 1차 교육과정기 이후 인물사 학습을 강조해왔다. 3차 교육과정기에 들어서 인물사·생활사로 구성한다는 교육과정의 방향이 설정되었고, 그 틀은 크게 바뀌지 않고 오늘에 이르렀다. 교과서도 우리 역사 인물에 대해 많이 소개하고 있다. 6차 교육과정기에는 아예 대단원을 인물사 위주로 구성하였다. '역사를 빛낸 조상들', '외적을 물리쳐 나라를 지킨 조상들' 등이 그것이다.

학생들의 역사 인식과 역사적 사고는 역사에 대한 흥미와 관심에서 시작된다. 그런데 학생들이 학교에서 만나게 되는 역사 교과서는 재미가 없다. 완벽하고 교훈적이며 딱딱한 목소리로 가득하다. 역사를 만들어나간 한 사람 한 사람의 살아 있는 목소리가 역사 교과서에서는 들리지 않는다. 비인격적이고 딱딱한 사실적 서술로 채워진 역사 교과서는 옛 이야기를 생동감 있게 살려내고 그려내는 데 한계가 있다. 따라서 아이들이 역사 공부에 흥미와 관심을 잃어버리는 것을 아이들의 탓으로만 돌릴 수 없다.

역사를 만들었고 역사를 이끌어갔던 역사적 인물을 되살려내 그들의 생생한 목소리와 움직임을 보여주는 것은 아마도 우리 아이들에게 잃어버린 흥미와 관심을 되찾아줄 수 있는 방법의 하나일 것이다. 역사교육에 있어 인물 학습은 학생들로 하여금 친밀감을 갖고 역사에 접근할 수 있는 계기를 마련해주며 역사 인물을 통해 시대 상황과 역사 현상을 이해하는 데 도움을 준다. 그런데 역사 인물을 통해 역사를 흥미진진하고 생동감 있게 접근한다는 것은 말처럼 그렇게 쉽지 않다.

3. 삼국 항쟁기의 역사 인물 학습

우리나라의 역사 학습에서 삼국 항쟁기는 아이들이 무척 흥미 있어 하는 부분이다. 근래 TV 드라마나 영화로 제작된 고대사와 관련된 여러 작품들은 옛날 우리 조상들의 강인하고 훌륭한 모습을 재현해주었고, 아이들은 이야기의 전개와 주인공에 대한 생각들을 서로 주고받으며 흥분에 휩싸이곤 한다. 삼국 항쟁기 역시 그렇다. 잃어버린 만주를 생각하며 연개소문이 이끄는 고구려가 삼국을 통일했어야 했는데 하는 아이들이 있고, 황산벌 전투에서 오천의 결사대를 이끌고 장렬하게 죽어간 백제의 충신 계백 장군에게 존경을 바치는 아이들도 있다. 비록 고구려의 많은 영토를 잃었지만 삼국 통일을 완수한 신라에 높은 점수를 주는 아이들은 김유신과 김춘추를 떠올리기도 한다.

삼국 항쟁기에는 우리나라 역사의 큰 이정표를 만들어낸 영웅들도 있고, 고향에 처자식과 노모를 남겨두고 전장에 나가 죽음으로 사라져간 수많은 이름 없는 민중들도 있다. 역사는 그네들이 걸어온 삶의 발자취다. 우리는 삼국 항쟁기를 살았던 사람들의 발자취를 따라가며 그들이 살았던 시대 속으로 들어갈 수 있을 것이다.

4. 삼국 항쟁기 역사 인물 되어보기

인물을 통해 역사에 접근하는 것은 어떤 주제, 어느 시기도 가능하다. 모든 역사는 인간의 역사이기 때문이다. 그러나 학생들에게 인지도 높은 인물이 많이 등장하는 사건이나 시기를 고르는 것이 인물사 학습의 밀도를 높이는 첫 번째 조건일 것이다. 학습하기 이전의 선지식으로 친숙한 인물이 등장하는 사건이나 시기는 극적으로 역사가 전개되는 과정인 경우가 대부분이다. 일반인, 학생들의 흥미를 자극할 요소를 고루 갖춘 시기를 골라 인물 탐구 및 인물사 학습을 구성해볼 수 있다.

여기서는 그러한 요소를 비교적 고르게 갖추었다고 할 수 있는 삼국 항쟁기를 골라보았다. 우리 역사에서 대단히 중요한 시기이며, 학생들도 다양한 채널을 통해서 종종 접해보았던 시기다. 삼국 항쟁기의 치열한 전쟁 상황은 그 자체가 대단히 극적이다. 그러한 역사 상황 속에서 활동한 인물들의 삶을 생각해보는 것은 그 자체로 흥미를 촉발할 수 있는 요소를 간직하고 있다. 사건 전개가 극적인 만큼이나 그때 등장했던 인물에 대한 평가도 다양하다. 그때 그 인물들은 무슨 생각을 했을까? 오늘날 우리에게 그 당시의 역사 인물들은 어떻게 다가올까? 등등 생각해볼 거리가 많다.

인물을 통해 삼국 항쟁기를 학습할 경우 3단계 정도로 수업을 진행해볼 수 있다. 각각의 단계를 통하여 학생들은 삼국 항쟁기의 상황을 자연스럽게 파악하고, 추체험의 과정을 통해 그 시기의 역사 인물의 생각을 좀 더 생생하게 접할 수 있을 것이다. 이어 몇몇 중요한 인물들에 대한 후세 사람들의 평가를 생각해봄으로써 초보적인 수준의 가치 판단의 문제를 접할 수 있게 될 것이다.

첫 번째 단계는 삼국 항쟁기 전쟁터로 나가는 장군이나 병사가 되어 가족에게 남기는 편지를 쓰고 전쟁에 나서는 감정을 느껴보도록 한다. 두 번째 단계는 삼국 항쟁기의 대비되는 두 인물, 연개소문과 김춘추에 대하여 인물 KWL표를 만들고 그들이 어떤 인물인가를 알아본다. 세 번째 단계에서는 자신이 연개소문이나 김춘추가 되어 항쟁기의 상황에서 무엇을 하였을까 추체험하는 수업으로 마무리를 한다.

1) 삼국 항쟁기 인물 되어보기

삼국 항쟁기의 상황을 자연스럽게 파악하고 당시의 전쟁을 상상하여 과거의 인물이 되어 시대적 위기감과 임전시의 비장함을 느끼는 데 도움이 되도록 영상물을 제시하는 것이 유효한 방법이다. 영화 〈황산벌〉의 전투 장면을 본 후 삼국 항쟁기 각 나라의 익히 알고 있는 유명한 인물이나 이름 없는 병사가 되어 전쟁터로 나가는 기분을 실감하며 가족들에게 남기는 편지를 써본다. 1500여 년 전 나라 간의 전쟁은 어느 정도의 수준이었을지 상상해보는

영화 〈황산벌〉 포스터와 전쟁 장면

것은 재미있는 활동이다. 영상매체 외에도 사료나 읽기 자료 등을 통해 학생들은 당시 상황에 대해 좀 더 친숙해지고, 관련 정보를 적절하게 얻을 수 있게 된다. 이러한 과정을 거친 후 학생들로 하여금 이 시기 어떤 인물이 되어 편지쓰기 학습 활동을 하도록 한다.

이 시기는 통일 이전의 삼국 대립기다. 학생들의 학습 활동을 보면 두드러진 몇 가지 특징이 보인다. 학생들은 세 나라 중 자신이 선호하는 어느 한 나라를 선택하여 그 나라를 잠재적인 모국으로 간주하고 사고하는 경향이 있다. 5학년 한 학급에서 절반가량의 학생들이 고구려 병사가 되는 것을 선택했고(14명), 나머지는 신라(9명), 백제(6명)를 선택하였다. 이는 많은 학생들이 고구려가 삼국을 통일하여 더 큰 통일 왕국을 이루지 못한 것을 아쉬워하는 감정이 반영된 결과로 보인다.

학생들이 자신을 이 시기의 어떤 인물에 투사하는가를 살펴보면, 예상치 않은 모습을 보이는 것을 알 수 있다. 대부분의 학생들이 삼국 항쟁기의 유명한 위인이 아니라 이름 없는 병사를 선택하여 전쟁터로 떠나기 전에 가족들에게 사랑하는 마음을 담은 편지를 썼다. 아마 편지를 쓰라는 과제의 형식에서 무명의 병사라는 위치가 편지를 쓰기에 좀 더 쉬웠을 수도 있겠다.

구체적인 내용을 보면 대부분의 학생들이 적극적으로 전쟁에서 자신이 택한 조국(삼국 중의 한 나라)을 위해 목숨을 버릴 각오로 싸우겠다는 신념을 밝혔다. 특히 삼국시대의 경우 자신이 속하지 않은 다른 나라를 바라보는 시각은 지나치게 호전적이거나 적대적인 의식을 드러내지는 않았으나, 조국을 위해 적국의 병사들을 최대한 많이 무찌르겠다는 주장 또한 크게 나타나는 것을 보면, 국가에 대한 충성과 애정이 학생들의 마음속에 숨어 있음을 알 수 있다. 간혹 전쟁에 나가는 것에 의문을 품기도 하고, 그 상황을 피해 도망가고 싶다는 내용을 솔직하게 기록하는 학생도 있었다. 몇 가지 사례를 제시해본다.

고구려 장군이 되어 편지를 쓴 학생의 글

어머니, 아버지. 저는 고구려를 위해 목숨을 바쳐 새로운 나라를 세우는 데에 힘이 될 것입니다. 만약 제가 살아온다면 최고의 무장이 되도록 노력하겠습니다. 아직도 장군이지만 곧 장군 중에서 최고의 무장이 되겠습니다. 저는 단 한 사람이라도 남을 때까지 끝까지 싸워 승리를 거두겠습니다. 만약 제가 먼저 죽더라도 하늘에서 부모님과 가족을 기다리겠습니다. 저는 고구려와 고구려 백성을 위해 최선을 다해 싸우겠습니다. 그리고 이 전쟁에서 이겨 그리운 사람들을 만나겠습니다. 고구려의 최고 인물이 되어 신라와 백제를 쳐부수겠습니다. 제 아들 조영이와 함께 싸울 것이고 제 아들 조영이가 대업을 이룰 것입니다.

백제 병사가 되어 편지를 쓴 학생의 글

어무이, 시방 전쟁터에 나가야 해유. 백제가 아마 이길 것이유. 제가 살아 돌아올지는 아무도 모르지만 제가 죽어서라도 우리나라가 이길 수 있다면 괜찮아유. 어무이, 우리 가시나를 잘 봐주세유. 나에게 운이 있다면 살 수 있겠지유. 이 한 몸, 전쟁에서 큰 빛을 발하면 좋겠네유. 가족 모두에게 사랑한다는 말도 못했는디 우짜죠. 만약 지가 죽더라도 지 마음을 알아주셔요. 미안하고 사랑해유.

나라를 차지하기 위해 하는 전쟁인만큼 힘을 다하겠습니다. 열심히 하겠다는 각오를 가지고 나라를 위해서 다른 나라를 물리치도록 하겠습니다. 고구려, 백제를 물리치고 난 후에 집으로 돌아오도록 하겠습니다. 걱정이 되긴 하지만 더 좋은 나라를 만들기 위해 하는 것이므로 꼭 이기고 돌아오겠습니다.

편지 쓰기를 통해 역사 속 인물이 되어본 후의 감상을 살펴보면 학생들은 대체로 전쟁 상황을 두려워하면서 전쟁의 고통과 어려움을 실감하는 듯했다. 전쟁을 통해 나라를 지키고 통일을 한다는 사실과 죽을지도 모른다는 사실에 슬픔과 두려움을 나타내는 경우도 있었다. 또한 나라를 지키고 싶은 마음은 강하지만 가족을 떠나 죽을지도 모르는 전쟁터로 나가는 현실을 꺼리는 마음을 표현하였다.

삼국 항쟁기 인물이 되어본 후의 감상글

- 내가 정말 고구려 병사였다면 힘들고 가족도 못 볼 생각을 하니 마음이 아팠다. 그때 가족을 두고 전쟁터에 나가는 사람은 정말 슬펐을 것이다. 만약 옛날에 태어나 고구려 병사가 되었다면 어땠을까 하는 마음으로 각오를 담은 편지를 썼지만 그런 날이 옛날에도 없었으면 좋겠다.
- 잘 실감이 나지는 않았지만 과거에 사람들이 전쟁을 하면서 얼마나 힘들었을지 알 것 같기도 했다. 나라를 위해 목숨을 바쳐 전쟁을 하는 병사들과 장군들이 자랑스러웠다.
- 옛날의 장군이 되어서 글을 적어보았는데, 정말 내일 당장 전쟁터에 나가는 느낌이 들었다.

이름 없는 병사가 되어 역사 기록 속에 큰 흔적으로 남아 있지는 않으나, 앞에서 '개인사'를 공부한 것처럼 역사 전개에 한몫을 하는 평범한 인물들 역시 역사에서 중요하다는 사실을 다시 확인할 필요가 있겠다. 더불어 삼국의 항쟁에서 자신이 선택한 국가의 병사로서 전쟁에서 만나는 적국의 병사를 어떻게 바라봐야 하는지에 대해서도 생각해보게 할 필요가 있다.

2) 삼국 항쟁기 중요 역사 인물 탐구

(1) 인물 KWL표 만들기

삼국 항쟁기의 중요 인물의 업적을 이해하고 그들의 사고와 행동을 이해해 보는 활동으로는 인물 KWL표를 만들어 수업을 진행하는 것이 효과적이다. KWL표는 학생들이 이미 알고 있는 것(K), 수업을 통해 알고 싶은 것(W), 수업을 한 후 알게 된 것(L)을 정리하여 표로 나타내는 활동으로, 인물 KWL표 만들기에서는 삼국 항쟁기의 뚜렷이 대비되는 두 인물, 연개소문과 김춘추를 선택하여 진행하면 학생들의 흥미를 유발하는 데도 도움이 될 것이다. 모둠을 나누어 모둠별로 두 인물에 대한 각자의 생각을 이야기해보고, 인터넷이나 서적을 통해 자료 조사를 하고 부족한 부분은 가정에서의 조사 학습으로 보완할 수 있도록 한다.

> 인물 KWL표 만들기 활동을 위한 교사 발문
> - 우리가 알고 있는 삼국 항쟁기의 인물들 중에서도 김춘추와 연개소문은 여러 면에서 다른 인물입니다. 두 인물에 대해 알고 있는 사실을 적어봅시다. 그리고 알고 싶은 내용도 함께 적어봅시다.
> - (인물 탐구 후) 학습지로 나누어준 내용과 조사한 내용을 떠올리며 새롭게 알게 된 사실을 함께 적어봅시다.

Q 연개소문, 그는 누구인가요?

알고 있던 것	알고 싶은 것	알게 된 것

Q 김춘추, 그는 누구인가요?

알고 있던 것	알고 싶은 것	알게 된 것

① 인물 KWL표 학습지

인물 KWL표 만들기에 대한 답을 통해 보면 학생들은 연개소문에 관해서는 고구려의 대막리지였고 왕이 되지 못한 지배자였다는 점 정도를 알고 있었으며, 일상생활에서의 모습과 왕이 되지 못한 이유와 죽은 이유, 신라와 싸우는 모습은 어떠했을지 등을 궁금하게 여겼다. 김춘추와 관련해서는 대부분의 학생들이 단순하게 김유신과 친구였고, 신라의 왕이 되어 후에 통일을 이룩했다는 사실 정도를 알고 있었고, 더 알고 싶은 것은 일반적인 가족사와 언제, 어떻게 죽었는지, 그리고 왕으로서의 업적은 무엇이었는지 등이었다. 인물 탐구 후 교사가 준비한 학습지를 나누어주고 학습지 내용과 조사한 내용을 떠올리며 새로이 알게 된 사실을 인물 KWL표에 정리하도록 했다.

연개소문

- 출신: 고구려 최고의 귀족 집안에서 태어났고, 630년경 천리장성 축성 책임을 맡아 힘을 키웠고, 이후 보장왕을 내세워 정권을 잡았다.

- 대외관계: 당나라에 대한 강경책을 내세우던 연개소문은 정변을 일으켜 왕과 반대파의 귀족들을 없애고 새 왕을 세운 후 정권을 차지하였다. 반대파를 누르고 힘을 튼튼히 하기 위해 더욱 강력하게 당에 대항하는 대결 자세를 유지하였다.

② 인물 탐구를 위한 학습지

KWL표 만들기 활동에서는 표를 만들며 알고 있던 것을 기록할 때 기존에 알고 있던 것 이외에 수업시간에 별도로 추가 학습을 통해 알게 된 내용을 기록할 수 있도록 수업의 선후가 뒤바뀌지 않게 잘 조절하는 것이 필요하다. 또한 알고 싶은 것을 적을 때는 인물의 일상생활이나 개인적인 부분이 아니라 삼국 항쟁기라는 당시의 상황에 초점을 맞추어 역사 속 인물로서의 존재에 의문점을 가질 수 있도록 학생들을 이끌 필요가 있겠다.

  첫 번째 활동인 '삼국 항쟁기 인물 되어보기'에서는 전장에 나서는 불특정의 장군이나 병사를 대상으로 편지글 쓰기 활동을 하였고, 이번 활동은 연개소문, 김춘추라는 실재했던 역사적 인물에 대한 학습을 전개한다. 영화 〈황산벌〉의 도입부를 한 번 더 감상한 후, 김춘추와 연개소문 중 한 인물을 택해서 당시의 인물이 되어보는 추체험을 해보는 활동이다. 우리가 알고 있는 삼국 항쟁기의 인물들 중에서도 연개소문과 김춘추는 여러 면에서 다른 생각과 활동을 펼쳤고, 역사적 평가도 달리 받는 인물이다. 삼국 항쟁기의 서로 다른 두 인물, 연개소문과 김춘추에 대한 생각을 삼국 항쟁기의 상황을 감안하여 '나'라면 어떤 활동을, 어떤 이유에서 했을지 적고, 두 인물을 비교하면서 든 생각도 함께 이야기해보았다. 〈황산벌〉의 도입부인 국제회의 장면으로 이야기를 시작할 수 있다.

영화 〈황산벌〉에서 3국의 입장을 설명하고 있는 인물들. 왼쪽부터 연개소문, 김춘추, 의자왕

삼국 항쟁기 역사 인물 되어보기

고구려, 백제, 신라가 삼국 통일을 위해 경쟁하던 시기입니다. 신라의 김춘추와 고구려의 연개소문은 특히 대비되는 인물이지요. 만약 내가 그때 태어났다면 이 두 인물 중 누가 되어서 어떤 활동을 하고 싶은지, 왜 그렇게 생각하는지 그 이유를 적어보세요.

되고 싶은 인물	
어떤 활동을 하고 싶은가?	
왜 그런 활동을 하고 싶은가?	
두 인물을 비교하면서 어떤 생각을 하였나?	

③ 삼국 항쟁기 역사 인물 되어보기 학습지

연개소문과 김춘추에 대한 생각을 정리하고 두 인물을 통해 삼국 항쟁기의 시대적 이해와 공감을 느껴보는 이 활동에서 학생들이 연개소문(14명)과 김춘추(15명)를 선택하는 비율은 비슷하였다. 자료 조사와 학습지를 통해 두 인물의 업적과 후세의 평가를 이해하였는데, 어떤 점에서 긍정적 또는 부정적인 평가를 받는지 대략적으로 이해하는 분위기였다. 연개소문의 경우, 연개소문이 신라와 당을 몰아내고 고구려가 삼국을 통일하는 '가정'의 현실을 재현하고자 하였다. 그리고 외국(당) 세력을 빌린 신라와는 다르게 독자적인 힘으로 통일을 이루고 싶다는 의견을 나타내었다. 김춘추의 경우, 그가 삼국 통일을 이루었다는 사실에 바탕해서 김춘추가 되는 것을 선택한 학생들이 많은 듯했다. 김춘추가 외교술을 펼쳐 삼국 통일을 이룬 것에는 긍정적인 반응을 보이고 삼국 통일을 하고 싶다는 의견을 보였으나, 외국(당)의 힘을 빌려 삼국 통일을 한 사실에는 부정적이었다. 당과의 연합보다는 삼국 간의 협상과 경쟁을 통해 독자적인 힘을 통한 통일을 꿈꾸었고 삼국 간의 힘을 완전히 합한 후에 당을 몰아낼 수 있는 활동을 하고자 하였다.

학생들이 서로 다르게 평가되는 두 인물을 받아들이는 기본 입장은 큰 차이가 없었지만, 두 인물 모두 삼국 항쟁기의 위대한 인물이라는 긍정적인 평가를 내렸다. 연개소문이 되는 것을 선택한 학생들도 그의 거친 행보에는 불만을 표했으며 조금 온건한 활동을 하였으면 더 좋았을 것이라는 의견을 표하였다. 이 학생들은 김춘추를 아주 나쁘게 평한 것도 아니었지만 당나라와 손을 잡았다는 부분에서는 김춘추를 좋게 바라보지 않았다. 하지만 두 인물의 업적을 모두 긍정적으로 바라보며 연개소문이 다 좋은 건 아니지만 김춘추보다는 낫다는 입장이었다. 김춘추를 선택한 학생들은 그가 당의 힘을 끌어들인 부분에서는 부정적이었으나 외교술을 잘 펼쳐서 삼국을 통일한 일을 긍정적으로 평가하였다. 연개소문을 아주 나쁘게 바라본 것도 아니며 두 사람을 라이벌 관계로 인식하며 두 사람이 모두 삼국 통일에 필요한 인물이었다는 평가를 하였다.

연개소문이 되기를 희망한 학생이 하고 싶은 활동은 대체로 다음과 같다.

"신라와 백제를 쳐서 삼국을 통일하고 싶다."
"정권을 장악하여 나라를 다스리고 싶다."
"고구려가 삼국 통일을 할 수 있게 하겠다."

"천리장성을 쌓고 신라에 선전포고를 한 후 전쟁을 한다."
"대막리지가 되어 백제와 신라를 멸망시키고 삼국 통일을 이루어 바른 자와 바르지 않은 자를 나누어 죽일 것이다."

'왜 그런 활동을 하고 싶은가?' 라는 질문에는 다음과 같은 답이 나온다.

"연개소문은 고구려 사람이고 만주까지 영토를 넓힐 만한 힘을 가지고 있기 때문에."
"좀 더 힘을 키워 삼국 통일을 하면 이익이 될 수 있기 때문에."
"백성들이 잘살게 하기 위해서."
"삼국 통일을 하면 땅도 넓어지고 민족 최고의 통일국가를 만들 수 있으므로."
"넓은 땅을 빼앗기지 않고 당나라와 가깝게 지내면서 좀 더 넓은 나라를 만들기 위해."
"신라는 고구려를 몰아내고 당나라와 힘을 합쳐서 고구려를 괴롭혔기 때문에."
"삼국 통일이 되어 나라가 잘 돌아갈 것이기 때문에."

연개소문을 택한 학생들은 김춘추에 대해 대체로 부정적인 반응을 보였다.

"김춘추는 너무 치사하고 연개소문은 자신의 힘으로 싸우기 때문에 연개소문이 되고 싶다."
"김춘추는 당나라와 손을 잡아 고구려를 멸망시켰기 때문에 싫다."
"연개소문의 아들 때문에 고구려가 멸망했다고는 하지만, 연개소문도 잘못이 있다. 연개소문이 왕을 몰아낸 것은 잘못했지만 나라를 위해서였고, 김춘추는 나라를 위한다고 해도 당나라와 손을 잡은 앞잡이였다."
"연개소문의 고집이 대단한 것 같고, 김춘추는 협상을 많이 한 것 같다. 둘 다 자신의 나라를 위해 전쟁을 한 것이었고, 나도 그런 모습을 본받고 싶다."
"연개소문도 대단하지만 김춘추도 만만치 않다."

이와 같이 자신이 선택한 인물을 좀 더 긍정적으로 표현하였다.

김춘추를 선호한 학생은 김춘추를 통해서 실현하고 싶은 것을 다음과 같이 제시하였다.

"당나라와 연합하지 말고, 고구려와 손을 잡아 당을 몰아내고 백제도 치고 고구려와 친하게 지낸다."
"신라의 모든 병력과 당나라의 병력으로 고구려부터 정벌하고 백제를 정벌한 다음 당나라와 전쟁을 하여 당나라까지 통일하고 싶다."
"당과 친하게 지내겠지만 너무 당에 붙지 않고 백제, 고구려와 이야기를 해서 당을 공격하고 삼국을 통일할 때는 우리의 힘으로 하겠다."
"당나라와 손을 잡았지만 나라면 백제, 고구려와 손잡고 당을 물리칠 것이다."
"고구려와 한판 붙을 것이다. 나라 간의 외교를 하고 싶다."

'왜 그런 활동을 하고 싶은가?' 라는 질문에는 다음과 같이 대답했다.

"고구려는 땅덩이도 크고 힘도 세고 우리 민족이니까."
"우리 국토가 넓어지기 때문에."
"당에 너무 의존해서 우리나라가 당 덕분에 통일한 것처럼 보이는 게 싫고, 삼국이 연합해서 당을 치면 땅도 넓어져서 좋고, 신라의 힘으로 통일을 했다면 고구려의 모든 땅을 다 얻을 수 있었을지 모르는데, 당을 끌어들여 땅을 뺏겨서."
"삼국끼리 서로 싸우면 사이가 더 나빠지기만 하니까."
"서로 의견을 나누고 사이좋게 지내면 통일을 하고 더 오래 잘 지낼 수 있을 것 같다."
"외교를 하면 외국 사람과 만날 수도 있고 나라 간의 친분이 쌓이니까."

이 학생들이 김춘추와 연개소문을 비교하여 내린 평가는 다음과 같다.

"김춘추가 조금 약삭빠르긴 해도 외교술이 뛰어난 것 같다."

"김춘추와 연개소문은 삼국 통일을 하는 데 가장 중요한 인물들이다. 둘 다 장점이 있으면 단점도 있듯이 둘의 단점을 조금씩 섞어놓았으면 고구려와 신라의 역사가 오래 갔을 것이고, 전쟁을 하지 않아도 되었을 텐데⋯⋯."

"둘 다 대단한 사람들이다. 서로 싸우기보다 이야기로 나누는 것이 더 좋았을 것이라고 생각한다."

"두 사람 모두 나라에 꼭 필요한 존재인 것 같다."

대체로 두 사람 모두를 높이 평가하고 두 사람이 힘을 모았으면 하는 기대를 나타내었다.

5. 역사 인물 탐구의 현대적 의미

마지막 단계의 수업은 '삼국 항쟁기 역사 인물 되어보기' 활동에서 행적이 뚜렷이 대비되는 연개소문과 김춘추를 예시하고 두 인물을 각각 선택하도록 한 후 그 인물의 입장에서 삼국 항쟁기를 바라보는 시각을 가져보는 것이다. 교과서 수준의 내용만으로는 두 인물에 대한 정보가 턱없이 부족하다. 김춘추와 연개소문이라는 두 인물의 일생과 업적을 좀 더 자세하고 쉽게 학생들에게 알려줄 필요가 있다. 또한 학생들이 이해할 수 있는 수준에서 역사가들이 두 인물을 두고 상반된 평가를 할 때 어떤 역사적인 배경과 상황을 고려했는지를 생각해보도록 하는 방법도 있다.

'역사 인물 되어보기' 학습지에서 두 인물에 대한 생각을 적으면서, 자신이 오늘날의 역사가라면 지금의 상황에서 두 인물을 어떻게 평가하고 싶은지 질문한 후, 지금 우리 사회에서 필요로 하는 인물은 어떤 인물인지 학생들의 의견을 알아보는 것도 의미 있는 활동이 될 것이다.

[자료 ①] 인물 KWL표
김춘추, 그는 누구인가?

알고 있던 것	알고 싶은 것	알게 된 것

연개소문, 그는 누구인가?

알고 있던 것	알고 싶은 것	알게 된 것

[자료 ②] 삼국 통일 전쟁기-역사 인물 되어보기

고구려, 백제, 신라가 삼국 통일을 위해 경쟁하던 시기입니다.

신라의 김춘추와 고구려의 연개소문은 특히 대비되는 인물이지요.

내가 만약 당시에 태어났다면 이 두 인물 중 누가 되어서 어떤 활동을 하고 싶은지, 왜 그렇게 생각하는지 그 이유를 적어보세요.

되고 싶은 인물	
어떤 활동을 하고 싶은가요?	
왜 그런 활동을 하고 싶은가요?	
두 인물을 비교하면서 어떤 생각을 하였나요?	

7장

그릇들아, 놀자!

- 소중한 우리 문화유산

1. 왜 조상들의 문화유산을 알아야 할까

도자기는 예술품일까, 생활용품일까?

'고려 시대의 우리 조상들은 고려 청자라고 하는 찬란한 문화 유산을 후손에게 남겨주었다. 고려 청자는 은은하면서도 맑고 투명한 푸른빛을 띠고 있으며, 선의 흐름이 부드러우면서도 생동감을 느끼게 한다.

▶ 고려 청자의 아름다움을 실물이나 사진을 통하여 감상해보고, 그 느낌을 고려 청자의 아름다움을 표현한 옛 시인의 느낌과 비교해보자.

푸르게 빛나는 옥은
푸른 하늘에 비치네
한번 보는 내 눈조차
맑아지는 것 같아라

－이색

○ 청자 상감 운학무늬 매병

기린 모양의 뚜껑이 있는 청자 향로 ○

앞의 글은 7차 교육과정 6학년 사회 교과서에 실렸던 내용이다. 학생들은 이 글을 읽으면서 어떤 느낌을 가질까? 아이들의 느낌을 어른들이 정해주고 있는 것은 아닐까? 역사 학습이 주입식으로 이루어지고 있다는 비판이 많은데, 이 경우는 주입식이 아닐까? 오히려 학생들 자신의 시각으로 볼 수 있는 기회를 빼앗는 것은 아닐까?

1) 비싸면 다 좋고 아름다운 게 아닌가?

앞서 제시한 청자를 앞에 놓고 보자. 우리는 청자를 통해서 무엇을 보는가?
'찬란', '은은', '부드러움과 생동감' 등은 관찰자의 느낌이고, 주관이다. 사람들이 그 느낌에 동의할 수도 있고, 다른 느낌을 가질 수도 있을 것이다. 보는 사람의 마음에 달린 문제다. 부드럽다는 느낌이 다른 사람들에게는 유약한 느낌일 수도 있다. 상감청자 운학문매병을 보고 화려하다고 느낄 수도 있고, 산만하다고 느낄 수도 있다. 주관을 암기하라는 것은 사실 지식을 암기하게 하는 것보다 훨씬 반교육적일 수 있다. 사람마다 생각이나 느낌이 다를 수 있고, 다른 게 자연스럽다. '다름'이 그 모습을 크게 훼손하지 않으면서 좀 더 깊은 심미안을 가질 수 있도록 도와주는 것이 문화사 수업 의의가 아닐까?
전문가의 주관과 식견을 진리인 양 따라 외워서는 안 된다. 학습자 스스로의 안목으로 보게 하고, 그 안목을 내부로부터 심화시켜나갈 수 있는 기회를 제공해야 한다. 학생들로 하여금 문화재 혹은 문화유산에 어떻게 다가가도록 할 것인가? 문화유산과 어떠한 대화를 나눌 수 있기를 기대할 것인가? 과연 초등학생들이 자기 스스로의 눈으로 청자를 본다면 어떤 느낌을 가질까?([자료 ①] 고려청자 느끼기 학습지) 학생들은 그들 나름의 안목을 가지고 있다.

초등학생이 청자를 본 솔직한 느낌

★ 아래 사진을 잘 보세요~

▶ 이 물건의 이름은 무엇인가요?
옛 도자기

▷ 어떤 느낌이 드나요?
이 도자기를 보며 떠오르는 생각과 느낌을 솔직하게 말해 봅시다.

깨끗하고 단아하고 아름답다.
어떻게 옛 조상들이 이렇게 화려하고 흐트러짐없이 만들었
는지 궁금할 정도이다.
돈만 있다면 이런 도자기를 수집하여 우리나라 도자기
를 볼수있게 전시하고 싶다.
- 궁금증 ♡
o 이런걸 어떻게 만들었는가?
o 색은 어떻게 낸것인가?

★ 아래 사진을 잘 보세요~

▶ 이 물건의 이름은 무엇인가요?
옛 도자기

▷ 어떤 느낌이 드나요? 신비롭다
이 도자기를 보며 떠오르는 생각과 느낌을 솔직하게 말해 봅시다.

참으로 아름다운 도자기다. 내가 만약 도자기를 가지고 있다면 팔지않게 간
직하여 많은 사람들이 볼 수 있게 할것이고, 또 도자기를 여러가지
를 하고 싶다. 과시벌려면 화가로 그런데 궁금한 것이 있다. 이
도자기가 언제 만들어진 것이고, 또, 옛 사람들은 이것을 어디
에 사용했을지 .....? 또 무엇으로 썼을까. 나는 도자기에
대한 관심을 크게 키웠것이다.

- 아름답고 밝다. 화려하고 화사하다. 섬세하다.

- 귀하고 비싼 것 같다.

- 동물이 생각난다. 오리가 떠오른다.

- 조상님들이 이렇게 예쁜 도자기를 만들었다니, 정말 대단하다. 앞으로 우리 조상
  들의 물건을 알아봐야겠다. 나도 저런 도자기를 만들었으면 좋겠다.

- 색이 도자기 모양과 잘 어울리는 것 같다.

- 이런 걸 어떻게 만들었을까? 색은 어떻게 낸 것일까?

- 돈만 있다면 이런 도자기를 수집하여 우리나라 도자기를 볼 수 있게 전시하고 싶다.

금전적 가치, 미적인 아름다움, 쓰임새, 제작자, 교역품으로서의 역할……

청자는 그릇이다. 토기, 도기, 자기 모두 그릇이다. 이것들은 값나가는 소중한 문화유산 이전에 생활도구로 쓰였다. 도자기를 생활용구인 그릇으로 보는 데서부터 출발하는 것이 하나의 접근 방법이 될 수 있다.

현대인의 생활에서 그릇이 없는 모습은 상상하기가 어렵다. 식생활에서 사용하는 그릇은 말할 필요도 없고, 생활환경을 둘러볼 때도 자기로 만들어진 화분이나 장식 화병 한두 개쯤은 늘 우리 옆에 있다. 초등학교에도 자기 화분 한두 개 정도는 교실이나 복도에 놓여 있다. 모든 사람들의 생활에서 넓은 의미로 말하는 '그릇'이 존재하는 것은 당연한 일이다.

오늘날 우리가 당연하게 생각하는 이 '그릇'이 과거에도 당연한 존재였을까? 박물관의 입구에서부터 우리를 반겨주는 신석기 시대의 토기부터 최고의 몸값을 자랑한다는 고려청자와 조선백자의 닮은 점은 무엇이고 다른 점은 무엇일까? 왜 구석기 시대에는 청자가 없었고, 조선 시대에는 청자 대신 백자나 옹기가 만들어졌던 것일까? 그 그릇들을 만들어 사용했던 사람들의 생활과 각 시대의 그릇들은 서로 관계가 있을까?

학생들은 직접 그릇을 보고 만지고 그릇과 대화를 나누며 이런 의문점들을 해결할 수 있다. 완전한 실물 자료라면 더 좋을 테지만, 차선책으로 그와 유사한 각 시대의 그릇들을 사진 자료 형식으로라도 직접 대한 후 학생들은 그릇들의 시대를 스스로 파악할 수 있다. 그런 연후에 더 상세한 그릇 자료를 통해 도자기의 발전과 변화 모습을 알아낼 수 있을 것이다. 이와 함께 토기가 석기 시대에 있었고, 자기는 그로부터 한참 뒤에 등장한다는 것을 과학기술의 발달이라는 흐름 속에서 파악할 수 있을 것이다. 변화·발전한 자기의 모습을 확인한 후, 더 나아가 당시 사회의 문화와 생활양식을 유추하고 이해할 수도 있을 것이다.

그릇들과 직간접의 대화를 마치고 나면 학생들은 각 시대별 그릇들이 지니는 개별적인 아름다움을 발견할지도 모른다. 무조건 남들이 좋다고 해서,

비싸다고 해서 아름답고 가치 있는 유물로 판단하는 것이 아니라, 각각의 그릇이 그 시대 속에서 지니는 본연의 가치를 확인하고 그 자체로서 아름답게 여기고 소중하게 대할 수도 있다. 이후에 학생들이 박물관을 찾을 때면 흙으로 만든 그릇들이 여기저기 있을 뿐이라는 듯 무관심한 눈빛으로 도자기를 스쳐 지나가지는 않게 될 것이다. 그 그릇들이 어떤 시대에 어떠한 과정을 거쳐 탄생했는지 알고, 그 시대에 어떤 쓰임새를 지녔는지 이해하는 학생들은 자신의 고유한 미의식으로 그릇들을 바라볼 것이다. 학생들이 전시장 안의 그릇들과 즐겁게 대화를 나누는 살아 있는 박물관이 될 수 있을 것이다.

2) 문화재와 친해지면 무엇이 좋을까?

문화재를 직접 접하고 스스로 생각하고 관심을 갖게 된 학생들이 문화재 학습을 통해 얻는 효과 또한 크다. 우선 문화재는 학생들이 직접 눈으로 관찰할 수 있기 때문에 구체적인 질문을 설정하여 탐구 학습을 하기에 용이하며, 그 문화재가 만들어진 시기에 대한 상상력을 자극할 수 있다. 즉 문화재는 학습 자료로서 활용될 때 설명 또는 예증의 기능, 상상력을 자극하고 발달시키는 기능, 의문점을 명확하게 추출하고 새로운 의문을 추가시키는 기능, 역사적 개념을 형성하고 실제감 또는 현실감을 전해주는 기능, 증거로 사용함으로써 추측과 해석·설명을 가능하게 하는 기능 등 여러 다양한 기능을 지닌다.

다음으로 문화재 자체가 가지고 있는 성격과 관련된 의의를 돌아볼 수 있다. 각 지역에 남아 있는 문화재는 선조들의 문화 창조의 소산으로서 지역 사람들에게 자부심을 느끼게 한다. 또 민족의 자부심의 근원이며, 자연·사회 환경과 함께 문화 환경의 주요 요소다. 학생들은 자신이 살고 있는 지역의 문화재를 접하면서 자신의 고장, 국가, 민족에 대한 애착과 자부심을 키울 수 있다. 이런 점은 초등학교 단계의 국민 교육적인 측면에서 매우 중요한 의미를 지닌다.

문화재 교육은 교실 안과 밖에서 함께 이루어질 수 있다. 학생들은 교실

안에서 역사교육의 한 방법으로서 책을 통해서 또는 문화재 자료를 통해서 문화재를 알기 위한 기초 교육을 받는다. 이후에 현장학습이나 답사, 견학 등을 통해 문화재를 접하며 평생 교육이 이루어진다. 때문에 초등학교 수업 시간에 배운 문화재 학습이 학생들에게 기분 좋은 자극을 주지 못한다면 이후의 교육과정에서도 그와 관련된 수업은 여전히 재미없을 것이다.

문화재·유물에 대한 자료를 수집하고, 분류·탐구하는 과정을 통해 학생들은 그 유물을 사용했던 조상들의 삶을 돌아볼 수 있다. 변화하는 시대 속에서 조상들의 의식과 생활이 어떻게 달라졌는지 알고, 좀 더 친근하고 상세하게 과거의 삶을 돌아볼 수 있게 될 것이다.

교육과정에서는 고려시대 문화유산 학습에 대하여 다음과 같이 성취 기준을 제시하고 있다.

"금속 활자, 청자, 팔만대장경 등 고려 시기 대표적인 문화재를 통해 고려 시기 과학과 문화를 탐구한다."

이 내용은 고려 시기를 대표하는 금속 활자, 청자, 팔만대장경 등의 과학 기술과 문화를 탐구하는 데 주안점을 둔다. 금속 활자, 상감청자, 팔만대장경 등을 탐구하여 오늘날 문화유산이 갖는 소중한 가치를 파악하는 것이 중점 요소라 할 수 있다.

여기에서는 고려청자를 중심으로 도자기에 접근하는 길을 모색해본다. 이어 위대한 문화유산으로 불리는 팔만대장경의 의의와 제작 과정 등을 학습함으로써 우리 문화유산에 대한 관심을 증대시키고자 한다.

도자기의 변화·발달과 팔만대장경에 대한 수업을 마친 학생들은 추후에 박물관이나 유적지에서 문화재를 접할 때 변화된 모습을 보일 것이다. 박물관은 단순한 골동품 전시장이 아니라 생활과 경험의 교육을 가능하게 하고 체험적 삶을 제공하는 장소로 다가올 것이다. 그곳이 더 이상 진기하고 희소 가치가 높은 것, 혹은 낡고 오래된 것들을 진열해놓은 장소가 아니라는 것을 깨닫게 된다.

교실 수업과 이후의 현장학습을 체계적으로 연결할 수 있도록 수업 과정 중에 도자기의 실물 자료나 모형, 그림 자료 등을 전시하는 시간을 가져보는 것도 도움이 된다. 수업의 마무리 단계에서 교실 공간을 박물관이나 유적지처럼 활용하여 학생들이 문화재를 직접 눈으로 보고 손으로 만지면서 유사 공간에서의 체험을 할 수 있도록 한다면 교실에서의 문화재 수업의 효과는 더 커질 것이다.

선행학습을 거친 학생들은 박물관이나 문화재로 가득한 답사지를 거닐며 자신이 지닌 정보와 교육의 즐거움을 함께 누릴 수 있다. 제한된 공간인 교실에서 한정된 교과서 속의 사료만으로 공부하던 학생들은 교실에서 배웠던 학습 내용에 기반하여 실물 자료를 보며 호기심을 키우고 상상력을 발휘하며 과거 속으로 들어가게 된다. 과거의 유물들인 문화재와 대화를 나누며 과거와 현재를 더 잘 이해할 수 있게 되는 것이다.

2. 박물관은 살아 있다?

박물관은 문화유산을 집약해놓은 곳이다. 박물관은 건물로 된 거대한 타임캡슐인 셈이다. 대한민국에서 태어나 기본적인 학교 교육을 받은 사람들이라면 누구나 한 번쯤은 박물관에 가보았을 것이다. 요즘에는 유치원생들도 부모 손에 이끌려 박물관을 찾는다. 가족과의 여행이나 학교에서의 현장 답사에서 많은 문화재들을 접하기도 한다. 하지만 박물관을 힘들게 돌아본 후 머릿속에 남는 것은 많지 않다. 왜 박물관에는 그릇들만 그렇게 많이 전시되어 있냐고 물으면서 볼 게 없다고 말하기도 한다. 또 먼 길을 떠나 유적이나 유물 등의 문화재를 둘러본 후 남는 것은 여행의 기억과 사진뿐, 문화재의 의미나 가치를 떠올리는 사람도 많지 않다.

박물관이나 유적지에 보존되어 있는 문화재들은 정말 죽은 것들이고, 살아 있는 사람들과 소통할 수 없는 과거의 흔적일 뿐일까? 현장학습이나 수학여행 때 의무적으로 들러서 일회성으로 관람해야 하는 재미없는 공간일까?

문화유산이 관람객과의 소통이 단절된 상태로, 그저 보여지는 객체로만 존재하는 한 그 유물의 진정한 가치는 발현되기 어렵다. 우리가 지금 문화재라고 부르는 유물이 존재했던 시대와 그 모양과 이름만을 암기하는 현실에서, 조상들의 얼이 담긴 수많은 문화재들은 본연의 의미를 드러내지 못한 채 방치될 뿐이다. 그래도 박물관에 가면 실물이라도 놓여 있다.

교과서에 담긴 문화유산은 어떠한가? 교과서에는 문화유산에 대해 뛰어나다거나 유명하다는 것을 강조하며 설명한다. 문화는 그것이 만들어진 사회와 관련지어 설명해야 한다. 그런데 미술을 비롯한 문화·예술에 대한 교과서 서술은 정치·사회와의 관련성이 전혀 없이 교과서 편성상 구색을 맞추기 위한 것 정도로 그치고 있다. 이는 교과서 집필자들이 문화를 구색 맞추기 항목쯤으로 취급하고 그 시대의 문화·사회상을 복원하는 데까지 나아가지 못했기 때문이다.

두 번째로, 교과서의 문화유산은 한 시대 문화의 전성기, 즉 제도적 장치가 조직적이고 치밀해지는 시기의 지배층 문화만을 제시하는 경향이 있다. 물론 조선시대의 서민 문화에서는 탈놀이나 민화 등을 다루기는 하지만 이 부분은 아주 예외적일 뿐이다. 사회 격변기의 서민 생활이나 조선 후기의 생활 문화, 19세기 구한말의 문화와 미술에 대한 설명은 찾아보기 힘들다. 교과서는 한 시대의 전성기에 지배층이 향유했던 정교하고 화려한 문화만을 언급하고, 시대의 격변기에 기존 정형의 파괴로 새롭게 등장하는 문화에 대해서는 잘 다루지 않는다. 이는 역사를 발전시켜온 모든 사람들의 모습을 중점적으로 파악하지 않고 각 시대 역사의 주체를 다만 힘있는 지배층으로만 보는 시각에서 기인한 결과라고 할 수 있다.

우리 문화재는 살아 있다. 오늘을 살아가는 우리처럼, 혹은 우리보다 더 긴 호흡으로 숨을 쉬며 우리와 대화하고 놀기를 바라며 살아 있다. 수많은 유물과 유적들은 우리에게 자신들의 이야기를 들려주고 싶어한다. 그것들은 수천 년의 세월 동안 각각 다른 모습으로 존재하면서 자신이 태어난 시대의 모습을 우리에게 보여주고, 우리와 함께 그들의 시대를 교감하고자 한다. 단순하게 석기시대의 토기, 고려시대의 청자, 조선시대의 백자라는 이름만으로 그들을 바라보는 것이 아니라, 그들의 탄생 과정을 알고 그 아름다움에 존재의 의미를 부여해주자. 그러면 우리는 그 그릇들과 유리문을 사이에 두고 즐거운 대화를 나눌 수 있을 것이다.

문화재를 알고 배우고 이해하는 것은 문화재를 통하여 나를 찾고 깨닫는 과정이다. 문화재는 역사 발전 과정에서 나타난 현상이며, 현상을 통해 본질을 깨닫고자 하는 것은 모든 학습과정에서 이르게 되는 목표가 될 것이다.

문화재를 배우는 것은 몇 가지 과정을 거치게 된다. 문화재를 아는 것이 첫째다. 문화재가 무엇이고, 언제 어떻게 만들어져 오늘날까지 남아 있는지를 조사하는 것이다. 다음 단계는 문화재를 배우는 것이다. 직접 체험 과정을 통해 만들어보고, 그려보고, 따라해보면서 문화재에 대한 이해를 높일 수 있다. 탈춤을 배우고, 토기를 빚어 구워봄으로써 그 안에 담긴 뜻을 되새길 수 있다. 그다음 단계는 문화재를 이해하는 것이다. 문화재의 상징성과 가치를 이해하는 것은 곧 역사 발전 과정에 대한 이해를 높이는 것이다. 이러한 문화재 교육은 학교 교육과 사회 교육을 통해 구체화된다. 문화재에 대한 이해는 곧 지역사회와 공동체, 나아가 겨레 문화에 대한 긍지의 밑거름이 될 수 있어야 한다.

이와 비슷한 방법으로 학년별, 수준별로 학습 내용을 달리하여 학생들로 하여금 문화재에 접근하도록 할 수 있다. 우선 문화재와 친해지고 감상하는 방법을 배워 자유 감상을 한 후, 학생들이 창의적으로 표현하고 이를 다른 학생들과 공유하면서 그 의미를 되새길 수 있도록 하는 것이다.

이러한 미적 체험의 방법과는 달리 박물관을 문화재 학습에 활용하는 수업도 많이 이루어지고 있다. 박물관은 다양한 형태의 문화재를 발굴, 전시하는 종래의 기능과 함께 최근에는 박물관 학습을 통해 우리 문화재에 대한 교육적 차원의 기능을 수행하고 있기 때문이다. 주변 박물관에서 이루어지는 초등학생 대상의 박물관 학습 프로그램을 학교 교육과 연계시켜 학습자가 직접 문화재를 보고 느낄 수 있게 하는 것이 바람직하다. 박물관이 주관하는 문화재 체험교실의 참여를 통해 학습자가 교과서 영역 밖의 다양한 문화재들을 직접 체험 학습하는 경우 학습자들의 역사의식과 미적 표현력 신장에 도움이 된다. 학생들은 고인쇄 체험이나 탁본 체험, 문양 체험 등을 통해 문화재에 접근하는 기회를 가지고 전문가와 함께 도자기 제작 등의 활동을 체험함으로써 과거를 추체험하는 기회를 가질 수 있다.

박물관에서 벗어나 민속촌을 중심으로 한 현장학습 프로그램을 활용하여 학생들이 우리의 전통 생활 문화재를 깊이 이해하는 학습 시간을 마련할 수도 있다. 교과서에는 중요하게 언급되어 있지 않지만 조상들의 생활이 그대로 녹아 있는 생활 문화재를 민속촌에서 체험할 기회를 제공하는 것이다.

신문 활용 학습이나 만들기, 꾸미기 등의 제작 학습을 이용한 문화재 학습을 통해 학습자들의 인지가 발달하고 학습 동기가 강화될 수도 있다. 시사성 있는 신문 자료와 역사 유물과 발굴 등의 기사가 실린 신문 자료를 활용하여 관련된 과거의 시대를 호기심을 갖고 탐색하며 역사 학습의 의미를 더할 수 있다. 박물관 학습의 도자기 체험과 비슷한 방법으로 역사적 의미가 깊은 유형문화재 모형을 제작하는 체험 활동으로 학습자들의 학습 동기를 끌어올릴 수 있다. 학생들은 실물을 중심으로 한 제작 활동을 통해 문화재를 이해하며 그 문화재가 존재했던 시대에 적극적으로 접근하여 역사 학습에 의미를 더할 수 있다.

컴퓨터와 영상매체를 이용한 문화재 학습 방법 또한 시도해볼 수 있다. 지역 문화재에 대한 가상 학습이 가능하도록 프로그램을 제작하여 투입한 경우, 학습자의 흥미도가 향상되었다는 연구 결과도 있다. 또한 지역의 향토사 문화재를 중심으로 비디오와 인터넷을 활용한 조사 학습을 하는 경우, 학습자의 주의 집중도와 이해력이 향상되기도 한다. (김솔, 2007, 7~12쪽)

3. 그릇들아, 나하고 놀자!

토기에서 자기로 발전한 그릇의 변화·발전을 알고 그 시대상을 연결하기 위한 학습은 크게 두 단계로 나누어 제시할 수 있다. 먼저 토기부터 현대의 생활 자기를 비교하고, 그림 자료를 시대순으로 배열하여 각 시대별 도자기의 특징을 시대와 연관지어 이해할 수 있도록 한다. 이 과정에서 학생들은 도자기를 직접 오리고 붙이면서 그 크기와 의미를 상상하며 역사의 한 시대에 의미를 부여할 수 있다.

　다음 단계로 각 시대별로 배열한 도자기의 특징을 자세하게 알아보도록 한다. 기본적인 정보가 담긴 학습지에 학생들의 상상력과 이해가 필요한 내용을 첨부하도록 한다. 각 시대의 대표적인 그릇들의 용도에 관한 의견을 통해, 학생들이 그 시대의 생활상을 어떻게 이해하고 있는지 파악할 수 있다.

　이 두 과정의 학습을 마친 후에 제시한 도자기 중에서 학생들이 스스로 하나의 도자기를 보물로 선택해 외국에 소개하는 기회를 갖게 한다. 유명한 고려청자나 조선백자가 아니라, 학생들이 자신의 가치관과 미의식을 토대로 소장하고 싶은, 혹은 외국에 소개하고 싶은 보물을 선택하여 그 아름다움을 전 세계에 알릴 수 있도록 하는 것이다.

1) 이 그릇은 어느 시대에 존재했을까: 시대순으로 도자기 배열하기

(1) 실물 자료 배열하기

각 시대별 도자기를 자세히 알아보기 전에, 학생들이 실물 자료를 통해 토기와 자기, 현대의 생활 자기에 친숙해질 수 있는 기회를 제공한다. 엉성한 모양의 토기, 고려청자의 이미지가 떠오르는 청자빛의 음각문양이 있는 자기, 푸른 문양이 들어가 있는 백자, 현대의 생활 자기인 컵을 실제로 제시한다. 모둠별로 만져보고 그 느낌을 기억하게 한 후 잠시 시간을 주어 어느 시대의 그릇들인지 알아맞히게 하면 좋다.

①   ②   ③   ④

[실물 자료] 시대별 대표 그릇들

처음 도자기를 보여줄 때는 시대순이 아니라 무작위로 제시한다. 학생들이 도자기의 시대 순서를 판별한 이후에 도자기에 번호를 표시하여 학생들이 편하게 명칭을 붙일 수 있도록 한다. 문답 과정을 통해 학생들은 각 도자기가 만들어진 시대를 좀 더 정확하게 알아맞힐 수 있다.

교사: 왜 ①번 그릇이 제일 앞에 놓였지요? 어느 시대라고 생각하나요?

학생 1: 청동기 시대의 민무늬토기 같아요.

학생 2: 맨들맨들하니 아무것도 없고, 그냥 흙만 갖고 만들었기 때문이에요.

교사: ②번은 두 번째로 했는데, 어느 시대인 것 같아요? 어떤 특징이 있나요?

학생 1: 고려시대인 것 같아요. 고려청자 같습니다.

학생 2: 그림도 화려하고, 정성도 많이 들어갔을 것 같아요.

교사: 그러면 ③번 자기와는 어떤 차이가 있지요? ③번은 어느 시대 같아요?

학생 1: ③번은 ②번에 비해서 조금 촌스러워요.

학생 2: 색깔도 그냥 하얗고 그림도 화려하지 않고요.

교사: 맞아요. ③은 조선시대의 백자입니다.

　　　 마지막 ④번은 우리가 주변에서 흔히 보는 컵이네요.

문답을 통해 학생들은 지금까지 배운 지식을 토대로 각 도자기들의 시대를 유추해서 설명하였다. 고려시대의 청자와 조선시대의 백자 또한 아직 그 의미는 이해하지 못했어도 화려함과 수수함이라는 차이를 구별하며 시대별로 배열하는 능력을 보였다.

(2) 그림 자료 배열하기: 민무늬토기부터 생활 자기까지

실물을 통해 도자기에 대한 감각을 익히고 시대를 배열한 이후에는 좀 더 세분화된 시대별 도자기를 그림 자료로 제시한다. 시대 순서는 무작위로 하여 8개의 도자기를 PPT 화면으로 크게 제시한 후 A4용지에 컬러 그림으로 인쇄하여 학생들에게 제공한다. 이때 도자기의 실물 크기 비례에 맞춰 그림의 크기를 조절하는 것이 좋다.

도자기 그림을 나눠준 후에는 다른 설명 없이 학생들에게 각 도자기들의 시대를 추측해보라고 한다. 앞 단계의 실물 자료를 가지고 학습하였던 시대와 다른 시대에 만들어진 것도 물론 있었다고 설명한 후 B4 크기의 〈그릇 문화의 변화〉 학습지를 나눠준다(〔자료 ②〕 그릇 문화의 변화 학습지). 이때 도자기 그림을 오리지 않은 상태에서 학생들이 차분하게 그림을 보며 그 그릇들의 시대와 그것들을 사용했던 사람들의 생활을 상상할 수 있는 시간을 충분히 주도록 한다. 그런 다음 도자기 그림을 오린 후에 자신이 생각하는 시대 순서대로 학습지 위에 배치하도록 한다.

학생들이 1차 배치 작업을 할 때는 학습지에 접착시키지 않고 일단 순서만 파악할 수 있도록 임시로 배치하도록 하면서 도자기 그림에 연필로 살짝 순서를 표시하게 한다. 이후에 교사와 함께 학습하는 시간을 가지고 각 도자기의 정확한 시대를 파악하여 순서대로 배열한 후 도자기 아래에 선명한 글씨로 그 순서를 적도록 한다. 이 두 단계의 그림 배치 작업을 마치면 학생들은 자신이 잘못 파악한 시대별 도자기의 순서를 한눈에 파악하면서 어떤 오해가 있었는지 스스로 알아낼 수 있다.

    8장의 그림을 오린 후 학생들이 생각하는 시대순으로 그림을 배치할 때, 대체로 '민무늬토기→가야토기→고려청자→조선백자→옹기→현대식 컵'의 순서대로 배열하여, 시대별 도자기의 발달을 제대로 이해하는 모습을 보여주었다. 하지만 대부분의 학생들이 분청사기와 청화백자를 고려청자보다 앞에 배치하여, 고려청자를 도자기 발달의 최고점으로 보면서 그 이전의 자기들은 발달 정도가 떨어진 단계로 파악하는 듯했다. 또한 가야토기 이후 고려청자 시기까지 특별한 도자기의 존재가 보이지 않기 때문에 고려청자처럼 고도의 기술을 보유한 도자기가 나오기 이전에 그보다 제작 기술이 낮은 다른 도자기가 있는 게 당연하다고 생각한 듯하다.

    이 단계에서 학생들의 이해를 돕기 위해 보충 학습자료로 도자기의 발달

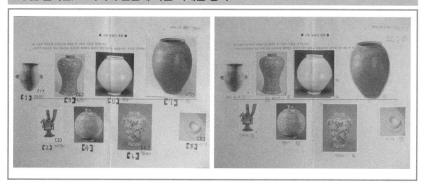

단계를 상세하게 설명한 학습지(〔자료 ③〕 자기의 발달 학습지)를 제공한 후 함께 각 시대별 도자기의 특징을 이해하는 시간을 가지는 것도 도움이 된다. 큰 화면으로 도자기의 그림을 순서대로 제시하면서 학습지의 설명을 쉽게 풀어서 설명한 후 학생들로 하여금 짝에게 각각의 자기들을 간단하게 설명하는 시간을 가지도록 하는 방법도 있다.

　도자기의 발달을 다룬 학습지를 살펴본 후, 다시 도자기 그림을 시대순으로 재배치하면서 고려청자 이후에 분청사기가 나오고, 순백자 이후에 청화백자가 발달하는 순서를 이해하는 모습을 보였다. 학생들은 역시 고려청자의 시기가 도자기 발달의 최고기라는 것을 이해하였고, 그 이후 점차 기술이 낙후된 이유도 있지만 조선시대 선비들의 유교적 청렴함으로 인해 소박한 아름다움을 나타내는 조선백자의 발달로 이어졌다고 생각하는 학생들도 드물게 보였다.

2) 어디에 사용한 그릇일까: 도자기 탐구하기

이 단계에서는 학생들 스스로 시대별로 배치한 도자기 그림을 보며 시대별 도자기의 특징을 한 번 더 시각적으로 살펴보는 시간을 가지도록 한다. 보충 자료로 제공한 〈도자기의 발전〉 학습지를 참고로 하여 새로 나누어주는 학습지([자료 ④] 그릇 사용의 변화 학습지)의 질문에 답을 하며 시대별 도자기의 특징을 탐구할 수 있도록 한다.

학생들은 도자기가 사용된 시대를 생각하며 어떤 신분의 인물들이, 어떤 용도로 그 그릇을 사용했을지 유추하였다. 또한 학생 본인이 그 시대의 인물이었다면 도자기를 어떤 용도로 사용했을지, 당시의 모습을 떠올리며 상황에 맞게 상상해보도록 하였다. 이때 당시의 사회상을 이해하는 데 어려움이 있는 학생들은 교과서를 펼쳐 당시 시대 모습을 확인한 후 자신의 생각을 적을 수 있도록 지도하는 것이 좋다.

그릇들의 시대와 용도, 사용자를 묻는 질문에 대한 답은 대체로 모두 비슷하였고, 사용 시대 역시 대부분의 학생들이 청동기부터 현대까지 올바른 순서로 대답하였다. 그릇을 굽는 온도 역시 학습지에서 설명을 했기 때문인지, 민무늬토기의 700℃부터 현대의 그릇을 굽는 온도인 1200~1300℃까지 올바르게 응답하였다.

학생들이라면 그 그릇들을 어떻게 사용할지에 대한 답은 다양했는데, 대체로 식량 보관용이나 술병, 장식용, 선물용 등으로 사용하겠다는 답변이었다. 현대 생활에서 흔히 사용하는 생활 자기나 장식용 자기와 사용 방법을 유사하게 설정하고 있었다. 다만 가야토기의 경우 일상생활보다는 장식용이나 술을 마실 때, 높은 신분의 사람들이 사용했다는 답이 나왔다. 이 경우 무덤에 부장품으로 넣기도 한다는 설명을 도자기 설명 단계에서 해주기도 하였으나, 어린 학생들로서는 무덤 속에 물건을 같이 넣는다는 생각이 와닿지 않았는지 그와 같은 답변을 적은 경우는 없었다. 가야토기를 소유하게 된다면 역시 실제로 사용하기보다는 장식용으로 사용하겠다는 답변을 많이 하였으며, 간혹 아이들의 장난감으로 사용하겠다는 답변도 있었다.

두 단계에 걸친 학습에서 학생들은 시대별로 도자기를 배치하고 각 시대별 특징을 도자기와 연관지어 이해하는 모습을 보였다. 분청사기나 청화백자의 배열에서는 어려움을 느끼는 학생들도 있었지만 사회가 변화하는 과정에서 나타나는 자기의 변화로 이해하였다. 그릇들의 용도 또한 각 시대의 특징과 지배층의 생활상을 이해하면서 포괄적으로 파악하는 모습을 보였다.

3) 내 보물을 소개합니다

각 시대별 도자기의 특징을 이해한 후 학생들에게 도자기 중 하나를 선택해서 소개글을 쓰도록 한다. 도자기의 간단한 소개와 함께 그 도자기를 선택한 이유를 신중하게 생각해서 쓰도록 지도한다. 이때 단순하게 남들이 좋다고 해서, 비싸기 때문에 좋다는 것이 아니라 학생 스스로의 가치관과 미의식에 바탕해서 본인이 소장하고 싶고, 남들에게 자랑하고 싶은 도자기를 선택하도록 유도하는 것이 바람직하다.

앞 시간에 학습한 도자기에 관한 객관적인 정보와 선택 이유를 종합한 후, 그 도자기를 자신의 보물로 소개하는 글을 쓸 수 있도록 이끌어주는 것이 좋다. 도자기에 관한 정보 소개에 바탕해서 단순하게 자랑하는 글이 아니라 학생 본인의 미의식과 우리 문화재를 사랑하는 마음이 주관적으로 잘 드러나도록 자세한 소개글을 쓸 수 있게 지도하는 것이 중요하다([자료 ⑤] 내 보물을 소개합니다 학습지).

학생들(전체 25명)은 민무늬토기(1명), 가야토기(1명), 분청사기(1명), 상감청자(7명), 백자(7명), 청화백자(7명), 옹기(1명)를 보물로 선택하였다. 상감청자를 많이 선택한 것은 눈에 보이는 빛나는 아름다움과 화려함 때문인 것 같고, 순수한 아름다움과 상징성 등에 의미를 두었기 때문인 듯하다. 분청사기 역시 이들 3개의 자기와 유사한 점이 있으나, 상감청자나 청화백자보다는 화려함과 정밀함이 떨어지고, 백자보다는 그 상징성과 순수한 아름다움이 떨어지기 때문에 선택한 학생이 드물었다.

스스로 보물로 갖고 싶은 도자기를 선택해서 자랑스럽게 다른 사람에게 소개하는 글을 쓰는 과정을 통해, 학생들은 그저 의미 없이 이름과 시대만을 외우던 교과서 속의 도자기를 자기의 삶과 긴밀하게 연관시킬 수 있게 된다. 사실 지식의 토대 위에서 그들 자신만의 생각으로 자신이 중요하게 생각하는 가치를 설명할 수 있게 된 것이다. 주어진 설명대로만 도자기를 이해하는 것이 아니라 자신만의 안목으로 도자기에 대한 사랑을 구체적으로 스스럼없이 표현할 수 있는 미의식을 지닌 감상자로 거듭난 것이다.

4. 박물관을 살아 있는 역사교실로

1) 박물관에서 놀아보자!

일련의 수업 과정을 거친 후, 학생들은 도자기를 자신의 삶과 밀착시켜 생각하게 되었다. 앞으로 이 학생들은 박물관에 가서 수많은 도자기들을 이전처럼 무심한 눈길로 바라보지는 않을 것이다. 한 조각의 파편을 보더라도 그릇들이 온전하게 존재했던 시대를 떠올리며 그 그릇이 사용되던 모습을 상상할 수 있을 것이다. 적막한 박물관에 외롭게 자리한 도자기들과 무언의 대화를 통해 그들의 존재 가치를 알아주며 박물관을 살아 숨 쉬는 공간으로 느낄 수 있게 될 것이다.

실제 수업에서 실물 자료를 제시하면 학습 효과를 극대화할 수 있다. 그러나 현실적으로는 어렵다. 따라서 실물은 아니더라도 시각적인 효과를 낼 수 있는 사진 자료나 영상 등을 확보할 필요가 있다.

도자기의 변화 과정을 소개한 학습지를 좀 더 쉬운 말로, 더 구분이 확실한 설명을 사용하여 주어진 도자기 그림 이외의 다른 도자기도 함께 제시한다면 학생들이 흥미를 가지고 더 쉽게 이해할 수 있을 것이다. 보물 소개의 경우, 예시 자료를 두세 가지 보여준 후에 그와 유사한 양식에 창의성을 더해 자랑하는 글을 쓰면 된다고 제시하는 것이 더 도움이 될 듯하다.

수업 과정이 모두 끝난 후에 찰흙을 이용해 직접 도자기를 만드는 수업을 한다면 좋을 것이다. 단순하게 찰흙으로만 작업하는 과정이기는 하지만 직접 도자기를 제작하면서 도공의 마음도 가져본다면 도자기를 대하는 각별한

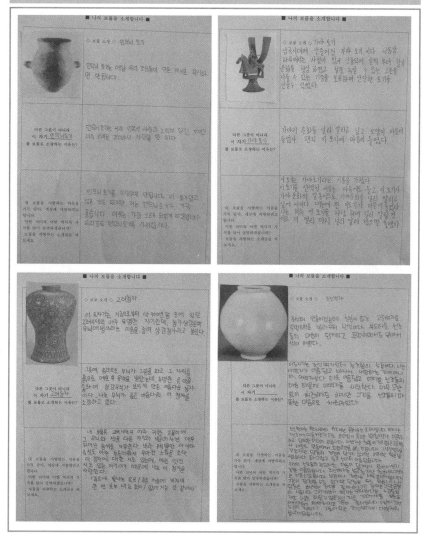

마음이 생기지 않을까 한다. 그리고 직접 만든 도자기를 사용하면서 자신만
의 도자기에 의미를 부여하고 주변에 널리 알리고자 한다면 그 또한 학생들
에게는 생생한 체험 학습의 장이 될 것이다.

5. 수업 자료

[자료 ①] 고려청자 느끼기

　문화재를 보고 말해주세요.

Q 이 물건의 이름은 무엇인가요?

Q 어떤 느낌이 드나요?

　이 도자기를 보며 떠오르는 생각과 느낌을 솔직하게 적어봅시다.

[자료 ②] 시대별 8가지 대표 그릇 배열하기

다음의 자기들을 시대순으로 배열한 후 그릇의 이름을 적어보세요.
(자리가 모자라면 선의 아래 위로 어긋나게 배열해도 됩니다. 맞지 않아도 괜찮습니
다. 본인의 생각대로 한 번 배열해보세요.)

[자료 ③] 도자기의 발달

민무늬토기	청동기시대의 토기로서 무문토기라고도 한다. 기원전 1000년경 요령지방의 독특한 청동기를 사용하는 농경민이 한반도로 이주해와 청동기 문화를 발전시켰는데, 이들이 새로운 형태의 민무늬토기를 사용하기 시작하여 초기 철기시대까지 계속 사용하였다. 민무늬토기는 가마에서 700~800°C로 구워 만들었으며, 그릇의 모양은 목달린형, 반원형, 소뿔형, 손잡이형 등 다양하다. 표면에 색칠을 한 토기와 검은색토기가 유행하였다.
신라, 가야토기	고신라토기는 경상도 지방에 주로 분포되어 있으며 낙동강을 중심으로 동쪽 지방의 토기를 신라토기, 서쪽 지방의 토기를 가야토기라고 부른다. 낙동강 하류에서는 사철이 많이 나와 일찍부터 철기문화가 발달하였고, 철을 녹일 만큼의 높은 온도를 다룰 줄 아는 기술을 가지고 있어 단단한 도기를 만들 수 있었다. 이즈음 돌림판이나 물레와 같은 도구를 사용하기 시작했다. 전형적인 신라토기는 3세기의 초기 단계를 거쳐 4세기 중엽에 이르러 본격적인 시기로 접어들었다. 토기 모양은 민무늬 회색도기와 굽다리접시 등이 있다.
상감청자	그릇에 음각으로 무늬나 그림을 파고 그 자리에 흰 흙이나 검은 흙으로 메운 다음 철분이 들어 있는 유약을 발라 표면의 투명한 유약으로 인해 상감무늬가 보이게 만든 청자를 말한다. 상감기법은 고려시대 사람들의 독자적인 문양 기법으로서 세계에 자랑할 만한 기법이다. 12세기 중엽에서 13세기 무렵까지 상감청자의 전성기를 이루었다. 이 무렵의 청자는 식은테(유면상의 잔금)가 표면 전체에 퍼져 있는 것이 일반적이다. 고려인들이 가장 즐긴 상감무늬로는 구름과 학 무늬, 들국화 무늬, 갯버들과 물새 무늬 등이 있다.
분청사기	분청사기란 분장회청사기의 줄인 말이다. 청자와 같은 기본 재질(태토)의 그릇에 백토로 분장(태토에 귀얄로 백토를 바르거나 백토에 덤벙 담가내어 흰색으로 분장)을 한 후 갖가지 기법으로 무늬를 넣고 투명 유약을 입혀서 구워낸 그릇을 말한다. 청자의 쇠퇴기인 고려 말에 시작되어 조선 전기인 15~16세기에 전성기를 이루며, 백자가 등장하면서 사라지게 된다.

백자	철분이 거의 없는 고운 백자 태토로 성형하고 투명 유약을 입혀 구워낸 흰색 자기를 말한다. 중국에서 처음 백자를 만들었으며, 우리나라에서는 15세기 초에 백자를 만들게 되었다. 조선 사대부들의 간소하고 청렴한 생활과 조화를 이루는 청초함의 상징인 백자가 도자기의 중심을 이루게 된다. 조선백자는 부드러운 선조들의 마음이 담겨 있는 듯 선이 너그럽고 둥근 것이 특징이고, 문양은 회화적인 것이 주류를 이루고 있다.
청화백자	백자 태토로 그릇을 만들어 한 번 구운(초벌구이) 뒤 표면에 산화코발트(청화)의 안료로 문양을 그려 넣고 투명 유약을 입혀서 재벌구이(1300~1350°C)를 한 백자를 말한다. 당시의 청화는 페르시아 일대에서 생산되어 아라비아 상인을 거쳐 중국을 통해 조선에 수입되었다. 세종 말경부터 수입된 청료로 청화백자를 만들게 되고, 세조 9년(1463)에 이르러 자체 개발한 토청으로 청화백자를 만들게 되었으나 극소수에 불과했다. 세조 말과 성종 대에 이르러 회화적인 무늬가 나타나면서 시원한 한국적인 여백을 만들어낸다. 조선 중기에는 시대적인 어려움으로 중국으로부터 청화를 수입할 수 없게 되자 난초를 주로 한 초화무늬를 간결하게 한쪽 부위에 조금씩 그려 청화를 아껴 쓴 흔적이 역력하다. 이 무렵 청화의 값이 고가였으므로 서민의 청화백자의 사용을 금지하는 국법까지 생겼다고 한다. 18세기 중엽은 조선시대 문예부흥기로서 청화백자 전성기를 맞게 된다. 가늘게 그려진 산수화와 용문 등이 나타나며 후기에는 대량생산과 더불어 무늬가 더욱 다양해지고 청화백자의 절정기를 이루게 된다.
옹기	옹기란 '질그릇'과 '오지 그릇'을 가리키는 말로, 우리 민족 고유의 생활 그릇이다. 질그릇은 진흙으로 그릇을 만든 후 600~700°C로 구워낸 것이다. 오지 그릇은 질그릇에 오지 잿물을 발라 1200°C 이상의 고온에서 구워낸 반지르르한 그릇이다. 흔히 김장독과 장독으로 사용되는 것이다. 옹기는 값이 싸고 튼튼해 생활 구석구석에서 이용되었다. 서울시 도봉구 쌍문동에 위치한 '옹기민속박물관'에 소장된 옹기를 살펴보면 우리네 조상들이 얼마나 다양하게 옹기를 활용했는지를 알 수 있다. 간장, 된장, 김치, 물 등을 담는 커다란 독이나 시루는 물론 굴뚝, 촛병, 등잔, 기와, 소줏고리, 주전자, 장군 등 생활용품으로 쓰여왔다. 옹기의 또 다른 장점은 금이 가거나 깨지면 바로 흙으로 돌아가는 '자연에 가까운 그릇'이라는 점이다.
	사기 또는 사기그릇은 흔히 규산 질과 장석 질이 함유된 사토를 구워 만든 그릇으로 흡수성이 없는 까닭에 예부터 식기로 많이 사용되었다. 전

사기그릇	래로 도자기를 만드는 곳을 '사기막골'이라 하고, 도자기를 굽는 흙가마를 '사기굴'이라 하는 것도 여기에 연유한다. 공장에서 생산된 스테인리스 그릇이나 플라스틱 그릇이 보편화되기 전까지 동절기의 식기가 대개 놋그릇이라면 하절기의 그릇은 사기가 일반적이었다. 그러나 과거의 사기그릇 또는 사발그릇은 그 진흙의 성분과 성질이 도자기의 그것에 비해 도토의 섬세성, 점성, 내화성 등에서 떨어지고, 제작 기법과 문양도 단순하다.

[자료 ④] 그릇 사용의 변화

도자기	사용 시대는?	어떤 용도로?	누가 썼을까?	몇 도의 온도에서 구웠을까?	나라면 이 그릇을 어디에 썼을까? 왜?
민무늬 토기	청동기	시루형 많음 -곡식 가루 +야채, 고 기→떡 상태 로 쪄 먹음		800~1000˚C 강변의 모래 알 을 섞 어 튼튼하게	독, 항아리, 사발 등
신라, 가야 토기	삼국, 가야	무덤에 껴묻 거리로 만든 이형토기 많 음 -말, 오리, 집, 배, 기마 인물		1100˚C 이상 강함, 흑회색	물레 사용-다양한 형태 항아리, 시루, 단지, 굽다 리 접시 섬세한 조형감각, 영적인 샤머니즘 인물 모양 토기-풍요, 다 산 기원
상감 청자	고려		무신 집권기 귀족	1250˚C 이상	무신 집권 귀족들이 현실 을 떠나 꿈꾸던 이상세계 (?)
분청 사기	고려 말 조선 초		귀족층에 대 항해 성장하 던 신진사대 부의 기상	1280˚C	왜구의 침입으로 문닫는 가마터 다수 발생
백자	조선			1240 ~1300˚C	
청화 백자	조선 후기	생활?		1200 ~1300˚C	
옹기				1200 ~1300˚C	진흙 고르기→진흙 반죽 →도자기 형태로 빗기→ 2일 정도 숙성→약(코팅) 바르기&그림 새기기→ 불가마에 한 번 굽기→약 가마(불길이 약간 약한 가마)에서 또 한 번 굽기 →완성
사기 그릇				1140 ~1280˚C	

[자료 ⑤] 나의 보물을 소개합니다

〈보물 사진〉	◇ 보물 소개 ◇
이 그릇을 보물로 소장하는 이유는?	
내 보물을 사랑하는 마음을 가득 담아 사람들에게 자랑하려고 합니다. 어떤 의미와 어떤 역사적 가치를 담아 설명하겠습니까? 보물을 자랑하는 소개글을 써보세요.	

6. 교수 학습 지도안

수업 방향	• 실물 자료를 통해 시대별로 발달한 도자기의 변화 모습을 알아낼 수 있는지 확인한다. • 토기→도기→자기의 발달 과정을 시대 변화와 연결시켜 이해할 수 있도록 한다. • 변화, 발달한 자기의 모습을 알고 시대 발전과의 상관관계를 이해할 수 있도록 한다. • 각 시대별 도자기의 특징을 파악하고 그와 연관지어 당시 사회의 문화양식을 유추, 이해할 수 있도록 한다. • 문화재를 바라보는 관점과 미의식을 길러 문화유산의 소중함과 아름다움을 깨달을 수 있도록 한다.
수업 목표	• 토기→도기→자기의 발달 과정을 시대의 변화와 관련지어 이해할 수 있다. • 문화재의 소중함을 알고 그 시대 배경에 바탕하여 문화재를 설명할 수 있다.

교사
발문
	• 토기, 청자, 백자, 자기(컵)를 순서대로 말해봅시다.
	  – 어느 시대의 그릇들인지 그 시대와 도자기의 이름을 말해봅시다.
	• 학습지의 도자기 그림들을 잘라서 주어진 종이에 시대순으로 붙여봅시다.
	  – 친구들과 비교해보고, 선생님의 설명을 들은 후 올바른 시대순으로 다시 배열해봅시다.
	• 시대별 도자기에 관해 설명한 학습지를 공부한 후, 도자기에 대한 질문에 답을 해봅시다.
	• 주어진 도자기 자료 중 가장 마음에 드는 도자기를 하나 선택한 후, 보물 자랑을 해봅시다.

수업 지도 순서 및 유의점	① 시대순으로 도자기 배열하기 • 찰흙으로 만든 토기, 문양이 들어간 청자, 푸른 그림이 그려진 백자, 현대식 컵을 실물 자료로 보여준 후 어느 시대의 그릇들인지 맞혀보도록 한다. – 왜 그렇게 생각하는지 이유를 함께 말하도록 한다. • 8개의 도자기 그림을 잘라서 학생들이 생각하는 시대순으로 B4 종이 위에 배열하도록 한다.

– 이때 고정시키지 말고 자리 배치만 한 후 그림에 순서를 번호로 표시하도록 한다.
• 도자기 학습지를 공부한 후 시대와 도자기를 이해한 후 종이 위에 올바른 시대순으로 도자기 그림을 붙이도록 한다.
– 처음 생각했던 시대와 어떤 부분에서 차이가 나는지 확인하도록 한다.

② 도자기 탐구
• 시대별로 배치한 도자기 그림을 보며 학습지의 질문에 답을 찾도록 한다.
• 도자기가 사용된 시대를 생각하며 어떤 신분의 인물들이, 어떤 용도로 그 그릇을 사용했을지 유추할 수 있도록 한다.
• 학생 본인이 그 시대의 인물이었다면 그 시대의 도자기를 어떤 용도로 사용했을지, 당시의 모습을 떠올리며 상황에 맞게 상상해보도록 한다.

③ 보물 소개
• 도자기 중 하나를 선택해서 간단한 소개와 함께 그 도자기를 보물로 선택한 이유를 신중하게 생각해서 쓰도록 한다.
• 도자기에 관한 객관적인 정보와 선택 이유를 종합한 후, 그 도자기를 자신의 보물로 소개하는 글을 쓰도록 한다.
• 도자기에 관한 정보 소개에 바탕해서 단순하게 자랑하는 글이 아니라 학생 본인의 미의식과 우리 문화재를 사랑하는 마음이 주관적으로 잘 드러나도록 자세한 소개글을 쓸 수 있도록 지도한다.

8장

신분제도로 접근하는
조선시대 생활상

1. 신분제도로 무엇을 이야기할까

사람 위에 사람 없고 사람 아래 사람 없다?

교사: 위의 그림은 조선시대의 화가 김득신이 그린 〈반상도〉라는 작품입니다. 그림
      속에 있는 사람들은 어떤 관계일까요?

학생 1: 남자와 여자가 길을 가다가 아는 사람을 만나서 인사를 하는 것 같습니다.

학생 2: 오른쪽의 남자와 여자는 허리를 숙이고 정중하게 인사하고, 말을 탄 사람은
      그렇지 않은 것을 보니, 두 사람의 신분이 차이가 나는 것 같습니다.

학생 3: 말을 탄 사람은 지체가 높아 보이고, 허리를 숙인 사람은 그렇지 않은 것 같
      습니다.

교사: 화가 김득신이 왜 이런 그림을 그렸을까요?

학생 1: 그 시대에 자주 볼 수 있는 모습이어서 아무렇지 않게 그렸을 것 같습니다.

학생 2: 신분이 높은 사람에게 잘하라고 이런 그림을 그린 것 같습니다.

학생 3: 같은 사람이라도 서로 다르다는 것을 알리려고 그린 것 같습니다.

교사: 여러분이 말했듯이 조선시대에는 신분제도가 있었습니다. 신분제도는 왜 생
      겨났으며, 얼마나 오랫동안 있었을까요?

. . .

    5학년 학생들은 고조선부터 대한민국까지 여러 왕조들의 흥망성쇠를 바쁘게 공부한다. 교과서에서 신분제도를 처음으로 언급하는 것은 삼국시대다. 그 이전 시대의 경우 고조선의 8개조 법이나 청동기 시대의 '노비'나 '지배와 피지배' 개념이 언급된다. 교과서에서는 탈신분적인 '백성'이라는 용어를 사용하여 왕조가 바뀔 때마다 "백성들의 생활이 더 나아졌다"라고 쓴다. 교과서에서 신분제도는 삼국시대부터 신분에 따른 사람들의 구분과 생활 모습, 하는 일에 대해 간략하게 설명하고 있지만 실제로 신분제도는 고조선 이전부터 있었다.

    그렇다면 초등학교 역사 수업에서는 신분을 어떤 맥락에서 접근할 수 있을까?

    첫째, 생활사 측면에서 접근하는 방법이 있다. 즉 다양한 신분층이 존재했고, 신분에 따라 삶의 모습이 달랐다는 점을 보여주는 것이다.

    현행 교과서에서는 신분별 구성원들의 생활을 비교하여 신분제도를 알아보도록 하고 있다. 즉 삼국시대는 귀족, 평민, 노비로, 고려시대는 귀족, 중류층, 양인, 천민으로, 조선시대는 양반, 중인, 상민, 천민으로 나누어 각 계급의 의식주와 하는 일, 여가생활, 상차림 등의 항목을 비교해보도록 하고 있다. 이런 수업에서는 신분의 차이를 비교해볼 수 있는 자료를 많이 보여주는 게 중요하다. 그래서 많은 교사들이 집, 옷, 상차림 등 일상생활에서 반상의 구별을 보여주는 시각자료를 확보하는 데 집중한다.

    그러나 신분제도를 이렇게 피상적이고 평면적인 생활사 수준에서 접근하게 되면 옛날 사람들이 각각의 신분으로 살면서 가졌을 법한 생각이나 고민에 대해서는 알 수 없다. 그들의 구체적인 일상생활과 나아가 조선 후기로 접어들수록 변화하는 사회 모습과 신분제도의 변화에 대해서도 연결 짓지 못하고 관심을 갖지도 못하게 된다.

    둘째, 사회사 측면에서 접근하는 방법이다. 전근대 사회에서는 신분제가 존재했고, 이것은 전통사회가 불평등한 사회였음을 말해주는 중요한 요소다. 학생들은 신분 차별이 왜 존재했는가, 그리고 그것이 어떠한 과정을 거쳐 폐지되고 평등 사회로 발전해갔는가를 생각해볼 수 있다. 그러나 초등학생에게는 사회구조적 차원에서 신분제를 이해하는 것이 어려울 수 있다. 그렇기 때문에 신분 차별이 오래전부터 존재했고, 신분 차별을 없애기 위해서 많은 노력이 있었다는 정도의 역사적인 맥락에서 신분제도를 생각해볼 수 있도록 하는 것이 바람직하다.

2. 신분제는 생활이었다

신분제도는 이 세상을 '평등'한 곳으로 여기는 학생들에게 낯설지만 흥미로운 '이야기'다. 학생들은 서로 다른 신분의 사람들이 등장하는 이야기를 재미있게 읽고, 보고, 감상한다. 가끔 피지배 계층에 대해 동정심을 갖기도 하고, 양반의 횡포에 분개하기도 한다. 하지만 '신분제도' 자체에 대해서는 생각하지 않는다. 언제인지는 모르겠지만 오래전부터 있어왔고, 신분에 따라 서로 다르게 생활하였는데, 지금은 없어졌으니 다행이라고 생각한다.

실제로 신분제도는 아주 오래전부터 생겨나 유지되다가 1895년 갑오개혁으로 폐지되었다. 즉 근대와 전근대를 구분하는 기준의 하나로서 신분제도를 생각할 수 있다. 따라서 신분제도에 따른 생활상을 피상적으로 훑는 데 그칠 것이 아니라 역사의 발전이라는 차원에서 접근할 필요가 있다.

신분제도에 관한 수업이 천민과 양반이라는 양극적인 신분의 비교에 그치거나, 생활상의 차이를 비교하는 것으로는 미흡하다. 학생들이 어렴풋이나마 신분제도의 역사적 의미를 파악하고, 신분제도의 역사적 맥락을 생각해볼 수 있도록 하는 수업의 구성이 필요하다.

신분제도라는 틀에서 옛사람들이 어떻게 생활하였고, 시간이 흐르면서 신분제도가 어떻게 변화하였는지를 살펴보도록 해야 한다. 이를 통해서 역사는 과연 발전하는가에 대한 인식이 싹틀 수 있기 때문이다.

　이러한 생각을 바탕으로 다음과 같은 단계로 수업을 구성해볼 수 있겠다.

　첫째, 조선시대 신분별 사람들의 일상생활 모습 알아보기.
　둘째, 조선시대와 현재의 직업에 대한 사람들의 인식 변화 알아보기.
　셋째, 조선시대 사람이 되어보기.
　넷째, 역사는 발전하는가에 대한 생각 정리하기.

3. 조선시대 직업 No.1은?

조선시대는 신분제 사회였고, 신분에 따라 직업이 달랐다. 진로 교육이 강화되면서 초등학교 5학년 학생들도 진로 계획을 세우고 추진하도록 격려하고 있는 요즘이다. 당연히 직업에 대한 선택의 폭도 넓다. 지금은 당연한 일이 신분제 사회에서는 전혀 당연하지 않았다. 신분에 따라 선택할 수 있는 직업이 정해져 있었고, 직업에 대한 사회적인 인식도 지금과는 달랐다. 예를 들어 현재에는 엘리트 직업으로 여겨지는 통역사라는 직업은 조선시대에는 역관이라 하여 중인 계층의 직업이었다. 조선시대에는 노래하고 춤추는 광대, 재인 등은 천인이었다. 그러나 지금은 청소년들이 선망하는 유망직업으로 떠올랐다.

　이러한 차이는 시간이 흐름에 따라서 사회와 사람들의 인식이 얼마나 변화했는지를 보여준다. 조선시대 No.1 직업을 찾는 활동은 이러한 변화를 학생들이 직접 느껴보게 하기 위한 것으로, 신분제도를 직접 다루기에 앞서 신분제도하의 사회상을 살펴보는 활동이라고 할 수 있겠다.

▶ 조선시대 직업들을 분류해봅시다

먼저 학생들에게 조선시대에 있었던 여러 가지 직업들을 제시하고 모둠별로 기준을 세워 분류해보도록 하였다. 이때 조선시대의 직업을 가리키는 용어는 학생들이 이해하기 쉽게 현대적인 용어로 바꾸어주도록 한다. 예를 들어 '왕의 초상화를 그리는 화가'처럼 어떤 일을 하는 직업인지 알 수 있도록 서술형으로 제시한다. 또한 고유 용어를 사용할 경우 학생들이 사전 지식을 통해 그 직업에 대한 평가를 내릴 수 있으므로 현재 우리 생활에서 쓰이는 용어를 사용하여 아이들이 그 직업의 내용만으로 분류할 수 있도록 한다(예: 백정 → 정육점 주인).

모둠별 80개의 직업에 대한 소개 카드를 나누어주어 학생들에게 살펴보도록 하였다. 처음엔 꽤 많은 수에 놀라던 학생들은 곧 4절 도화지에 모둠별로 기준을 세워 직업을 분류해 나가기 시작했다. 약 한 시간 만에 비슷한 종류의 직업끼리 분류하는 작업을 끝냈다.

〔수업 자료 ①〕 아이들에게 제시해줄 조선시대 직업인 소개 카드(일부)				
구포 5일장에서 흥겨운 가락을 펼치는 사당패	한강 포구에서 받은 새우젓과 생선을 팔러 다니는 부부	국자로 술을 뜨는 국밥집 아주머니	흰색 천을 알록달록 물들이는 염색업자	도둑을 잡는 경찰
물동이용 옹기그릇을 만드는 옹기장이	잔칫집에서 가야금 연주로 흥을 돋우는 여인	우물가에서 지나가는 남자에게 물을 건네주는 아주머니	철을 녹여 낫을 만드는 대장장이	조선을 방문한 청나라 사신의 말을 통역하는 통역사
소갈비를 파는 정육점 아저씨	군수의 지시를 수행하는 지방 공무원	이른 아침 소와 쟁기를 끌고 밭으로 나가는 아저씨	어머니에게 자수와 한글을 배우는 어린 소녀	성균관 유생들을 가르치는 선생님

교사: 모둠별로 어떤 기준을 세워 분류하였는지 발표해봅시다.

학생 1: 예, 저희 모둠에서는 양반 – 중인 – 상민 – 천민의 4단계로 나누어 분류하였는데 헷갈리는 직업이 많았습니다.

학생 2: 저희 모둠에서는 가장 천한 직업군부터 가장 귀한 직업군까지 10단계로 분류하였습니다.

학생 3: 귀한 직업과 천한 직업, 두 종류로 나누어 분류하였습니다.

학생 4: 분류를 하다 보니 양반은 하는 일이 너무 없는 반면, 중인은 폭넓은 직업을 갖고 있었다는 것을 알게 되었습니다.

조선시대의 신분제도에 대해 공부하기 전인데, 이미 몇몇 학생들은 조선시대의 신분제도가 양반 – 중인 – 상민 – 천민의 네 계급으로 나뉜다는 것을 알고 있었다. 평소에 역사책을 즐겨 읽거나 사극을 통해서 또는 선행학습을 통해서 알고 있었던 것으로 보인다. 모둠별로 이런 학생들이 섞여 있기 때문에 신분에 따른 분류를 하는 모둠이 많이 나온 것으로 생각된다. 하지만 이 활동을 통해서 조선시대의 직업이 생각보다 많고 폭넓다는 것을 알게 되었을 것이다.

모둠별로 발표하는 시간에 이어 조선시대 직업들을 각 신분별로 분류해보도록 한다. 교사는 학생들과 함께 칠판에 양반 – 중인 – 상민 – 천민의 순으로 직업을 나누어보는데, 학생들이 모둠별로 분류하면서 어려움을 겪었거나, 애매했던 직업에 대해서 정리해주는 기회도 갖도록 한다. 예를 들어 나무꾼이나 떡을 만드는 아주머니 등은 학생들이 어려워하였는데 어느 계급의 사람이 그런 일을 했는지를 알 수 있도록 설명해준다. 실제 역사적으로도 평민과 노비의 하는 일이 명확하게 구분되지 않은 점도 있어 좀 더 분명하게 구분될 수 있는 대표적인 직업을 제시할 필요가 있겠다. 이처럼 조선시대의 직업들을 나름의 분류 기준을 세워 나누고 확인해보는 활동을 통해서 학생들은 조선시대 신분은 4개로 나누어지며, 신분에 따라서 다른 직업을 가졌음을 어느 정도 알게 되었다.

4. '이리 오너라', '네, 나리'
— 신분에 따른 일상생활 모습은?

앞에서 직업을 분류하는 활동을 통해 조선시대의 신분제도에 대해 첫발을 떼었다면, 이번에는 각 신분별 사람들의 일상생활 모습을 알아보도록 한다. 학생들은 이제 막 조선시대 4신분에 대해 감을 잡게 되었다. 하지만 아직 각 신분들이 어떻게 살았는지는 모르고 있다. 교과서에는 양반과 상민이 사는 집과 여가 생활 모습, 주로 하는 일을 단편적으로만 비교해놓았기 때문에 그들의 일상생활을 제대로 이해하기에는 미흡하다. 또한 중인과 천민에 대해서는 거의 언급하지 않아 그러한 신분에 대한 학생들의 의문점도 해소해주지 못하고 있다. 따라서 학생들에게 책에서 제시하는 내용을 넘어서 조선시대 4신분에 대한 좀 더 자세한 자료를 제공할 필요가 있다. 즉 양반 – 중인 – 상민 – 천민의 4신분의 하루 일과를 통해 그들이 각각 어떻게 생활하였고, 사회적인 위치는 어떠하였는지를 학생들이 스스로 알 수 있도록 하는 것이다.

먼저 양반의 경우는 전형적인 양반 관료와 선비 그리고 양반가 여성의 사례를 제시해줄 수 있겠다. 여기서 3가지 사례를 함께 제시해줄 수도 있고, 모둠별이나 개인별로 다르게 제시해줄 수도 있다. 다만 양반이 하는 일 한 가지씩은 알 수 있도록 진행하면 된다. 중인은 직업이 다양하므로 그중 하나의 직업을 골라 일상생활 자료를 제시하도록 한다. 하지만 중인의 생활에 관한 자료를 구하는 것이 어렵기 때문에 교사가 직접 만들어서 제시하는 방안을 생각해볼 수도 있겠다. 상민의 경우는 농업을 장려했던 조선의 특성을 살려 농민의 일상생활을 제시하는 것이 좋겠다. 끝으로 천민의 경우는 대표적인 천민인 노비의 생활을 통해 천민의 생활을 가늠해볼 수 있도록 구성할 수 있다. 학생들은 이러한 생활 자료를 통해서 조선시대의 신분별 모습을 자세히 이해하고, 나아가 신분제도를 좀 더 깊이 생각해보는 시간을 가질 수 있다.

교사: 조선시대 신분별 사람들의 생활 모습을 보고 느낀 점을 이야기해봅시다.

학생 1: 양반은 나라를 위해 많은 일을 하는 사람들이지만, 그들의 생활이 이루어지기 위해서는 노비가 꼭 필요했다는 것을 알게 되었습니다.

학생 2: 만득이라는 어린 노비가 어른의 온갖 심부름을 하는 것을 볼 수 있습니다. 신분제도의 가장 큰 피해자는 노비가 아닐까 하는 생각이 들었습니다.

학생 3: 중인은 좋은 직업을 갖고 있었던 것 같은데도 양반에게 차별을 당하였습니다. 그런 조선 사회가 이상했습니다.

위에 보는 바와 같이 학생들은 신분제도에 따른 사람들의 생활 모습을 통해 신분제도가 사람들의 생활에 어떤 영향을 미치는지를 알게 되었다. 또한 신분제도가 매우 불합리한 제도라는 생각도 가지게 되었다. 학생들은 더 나아가 조선시대 사람들은 불합리한 신분제도를 어떻게 계속 참고 살았는지, 그리고 신분제도를 타파하기 위한 행동은 없었는지에 대해서도 궁금하게 여길 것이다. 이러한 생각들은 나중에 동학농민운동이나 갑오개혁을 학습할 때 신분제도 폐지가 나오는 역사적 맥락에 대한 이해로 자연스럽게 이어질 것이다.

5. 타임머신 없이 조선으로 가자

많은 역사 수업에서 추체험을 통해 그 시대의 생활을 이해함으로써 역사적 사고의 형성에 도움을 받고 있다. 이제 신분제도와 신분별 생활에 대한 이해가 이루어졌다면, 학생들이 직접 조선시대 사람이 되어 하루를 체험해보도록 한다. 읽기 자료를 통해서 옛날 사람들의 생활을 알게 된 학생들이 그것을 바탕으로 역사적 상상력을 발휘하여 그날의 일기를 써보도록 할 수 있다. 아래와 같이 한 가지 신분을 선택하여 하루를 살아보고, 그 인물이 겪었던 이제 여러분은 300년 전 조선시대의 한 신분의 인물이 되어 하루를 돌아보며 일기를 써봅니다. 오늘 공부한 것을 바탕으로 그 신분에 걸맞은 하루 일과를 구성한 뒤, 그 인물이 느꼈을 감정을 상상하여 써보도록 합니다.

_____

_____

_____

_____

_____

_____

_____

_____

_____

_____

일과 생각을 정리하여 일기로 표현해보도록 한다.

학생들에게 4가지 신분 중 한 인물이 되어 하루를 마감하는 일기를 쓰도록 해보았다. 남녀 모두 양반을 가장 많이 선택하였으며, 그다음이 상민, 천민, 중인의 순이었다. 이러한 반응은 학생들이 조선시대의 신분제도가 매우 불공평하며, 그 대표적인 예가 바로 노비라는 인식과는 상반되는 결과다. 이것은 아마도 학생들이 읽었던 자료에서 양반의 모습을 가장 많이 보았거나, 지체 높은 양반의 모습에 마음이 끌렸기 때문으로 볼 수 있다. 아니면 천민 계층이 처한 상황은 불합리하며 불행하지만, 자신은 피해가고 싶다는 생각이 반영된 듯하다. 어찌 되었든 이 활동에서 학생들은 이미 배운 내용을 바탕으로 선택한 계급의 인물이 겪었음직한 일들을 흥미롭게 구성해갔는데, 이는 학생들이 신분제도하의 생활을 적절히 이해하고 있음을 보여주는 것이라고 하겠다.

다음은 한 학생이 쓴 글이다.

나는 오늘 안방마님의 호출로 새벽에 일어나야만 했다. 난 아직 어린데 무슨 일을 그렇게 많이 시키는지…… 손이 부러질 것 같았다. 설거지, 바느질, 방청소 등등. 내가 안 해본 집안일은 없을 것이다. 아무튼 오늘은 안방마님의 시중을 들며 시장에 갔다. 푹푹 찌는 날씨 때문에 땀이 줄줄 흐르고 체력 소모가 심했다. 하지만 안방마님은 나에게 물 한 모금도 주지 않고 다 마셔버렸다. 에이씨, 얄밉다. 이럴 때는 양반이 되고 싶다. 시장을 다녀온 나는 곧바로 밥을 차렸다. 설거지, 방청소, 바느질 등 온갖 집안일을 다 하고 나서 조금 쉬려고 하는데 주인집 아들 춘복이 시비를 걸어온다. 춘복이 나 같은 천민이었다면 실컷 두들겨주었겠지만 양반이라 꾹 참았다. 내가 아무런 대꾸를 하지 않자 질려서 저쪽으로 가버렸다. 나는 완전히 녹초가 되어 곯아떨어졌다.

6. 조선시대 직업을 현대의 기준으로 다시 배열해보기

지금까지 학생들은 신분제도를 통해 조선시대에는 차별이 있었음을 알게 되었다. 이렇게 신분제도에 대해 생각해보는 동안 학생들은 신분제도를 바꾸거나 없애려는 움직임은 없었는지에 대해서도 궁금증을 가졌다. 학생들은 신분제도는 아주 오래전부터 있어왔을 거라고 생각했다. 그리고 현재는 신분제도가 없지만, 이 신분제도가 사라진 시점을 정확하게 알지 못했다. 이런 학생들에게 신분제도는 수천 년에 걸쳐 지속되었는데, 신분제도가 없어진 것은 불과 100여 년 전이라고 알려주면 놀라면서 왜 그렇게 오랫동안 지속되었는지 답답해한다. 이러한 반응은 학생들이 과거보다 현재를 더 낫다고 생각하는 것을 보여준다.

　여기서는 신분제도가 존재했던 조선시대 직업들 중에서 몇 가지를 골라 현대의 시각으로 다시 배열해보도록 한다. 즉 요즘 사람들이 선호하는 직업을 1순위에서 10순위까지 매겨보는 것이다. 조선시대에 No.1이었던 직업들이 지금도 그렇게 인기가 있는지, 그리고 조선시대에 천대받았던 직업들에 대한 인식은 어떻게 달라졌는지를 살펴볼 수 있다. 그런 다음 조선시대의 신분에 따른 직업들과 비교하여 시간이 흐름에 따라 직업에 대한 인식이 어떻게 변화하였는지를 살펴보게 한다. 이 활동을 통해 학생들은 시대의 변화에 따라 사람들이 중요하게 생각하는 것이 달라지고, 결국 직업의 선택에도 영향을 미친다는 것을 알게 될 것이다.

[수업 자료 ③] 조선시대의 직업을 현대적 기준으로 다시 배열하기

다음 조선시대의 직업들을 현재의 기준에서 다시 배열해봅시다. 오늘날 많은 사람들이 희망하는 직업을 우선적으로 배치해봅시다.

시, 활, 그림 솜씨를 겨루는 선비들
풍성한 수확을 기대하며 모내기를 하고 있는 농부
청나라 사신의 말을 통역하는 역관
판소리 창으로 잔치의 분위기를 돋우는 소리꾼

:

↓

:

결과는 아래와 같이 나왔다.

왕에게 여러 가지 정책을 제시하는 관리들
억울한 일을 당한 농민의 고소장을 대신 작성해주는 법률가
성균관에서 학생들을 가르치는 대사성
청나라 사신의 말을 통역하는 역관
환자를 진맥하고 약을 지어주는 의원
왕의 얼굴을 그리는 화원
시, 활, 그림 솜씨를 겨루는 선비들
우리 인삼과 청나라의 비단을 맞바꾸는 상인
풍성한 수확을 기대하며 모내기를 하고 있는 농부
판소리 창으로 잔치의 분위기를 돋우는 소리꾼

위의 결과를 현대의 유사한 직업과 대응시키면 대략 다음과 같을 것이다.

왕에게 여러 가지 정책을 제시하는 관리들 → 국회의원 및 고위 공무원

억울한 일을 당한 농민의 고소장을 대신 작성해주는 법률가 → 변호사, 판사, 검사 등 법조인

성균관에서 학생들을 가르치는 대사성 → 대학교수

청나라 사신의 말을 통역하는 역관 → 통역사

환자를 진맥하고 약을 지어주는 의원 → 의사

왕의 얼굴을 그리고 나오는 화원 → 화가

시, 활, 그림 솜씨를 겨루는 선비들 → 학자

우리 인삼과 청나라의 비단을 맞바꾸는 상인 → 사업가

풍성한 가을 수확을 기대하며 모내기를 하고 있는 농부 → 농부

판소리 창으로 잔치의 분위기를 돋우는 소리꾼 → 가수

학생들은 학문 탐구를 최상위로 두고, 각종 기술직을 천대했던 조선과는 달리 현대는 그런 기술직이 전문직으로 인정받게 되었다고 생각하였다. 또한 전문직일수록 수입이 더 많다는 점도 놓치지 않았다. 즉 학생들은 사람들이 중요하게 생각하는 기준이 변화하였음을 알게 되었다.

교사: 이렇게 배열한 이유는 무엇입니까?
학생 1: 조선시대에는 학문 탐구를 최고로 치면서 각종 기술직을 차별했는데 현대에는 기술직이 전문직으로 인정을 받게 되었기 때문입니다.
학생 2: 요즘에는 돈을 많이 버는 직업이 더 좋은 직업이라고 생각하기 때문입니다.

이 활동에서 학생들과 함께 변화된 양상을 짚어보고, 그러한 변화가 과연 어떤 방향으로 진행되었는지도 생각해보도록 한다. 직업 선택에서 돈이 중요한 잣대로 떠오른 현재의 상황에 대해서도 생각해볼 수 있겠다. 이를 통해

서 시간의 흐름에 따른 변화 그리고 발전 과정을 더 잘 이해할 수 있을 것이다.

7. 신분제도의 변화에 대한 생각 정리하기

학생들이 해마다 다른 모습으로 커가는 것처럼 우리가 사는 세상도 시간이 흐름에 따라 변화하게 마련이다. 시간의 흐름에 따라 역사는 그렇게 얼굴을 바꾸며 흘러갔고, 지금도 흐르고 있다. 이러한 변화 과정은 대체로 발전으로 이해될 수 있다. 그 발전이라는 것은 무엇일까? 조선시대의 신분제도를 통해서 신분제도 자체와 계급별 생활을 공부한 학생들이 마지막으로 생각해보아야 할 문제가 바로 이것이다. 과거 사람들의 눈으로 그 시대를 바라보고, 다시 현재를 바라보면서 '역사는 발전하는가?'에 대한 질문에 대해 자신의 생각을 정리해보는 것이다.

> 교사: 과거에 있었던 신분제도가 현재는 없습니다. 조선시대 사람들과 현대인들의 직업에 대한 생각도 달라졌습니다. 이렇게 시간이 흐름에 따라 사람들의 인식이 변화하게 된 이유는 무엇일까요?
>
> 학생 1: 세대가 바뀌면서 직업도 많이 생겨나고 모두가 평등한 사회가 좋아서 사람들의 인식이 달라졌다고 생각합니다.
>
> 학생 2: 사람들의 생각이 달랐기 때문이라고 생각합니다. 신분 차별이 있다면 지배받는 사람들은 안 좋은데 이런 사람들의 생각이 달라졌기 때문입니다.
>
> 학생 3: 사람은 모두 같고, 평등하다는 인식이 생겨 그런 것 같습니다.
>
> 학생 4: 옛날에는 양반 신분이면 돈이 아무리 적어도 살아갈 수 있었지만 현대 사회에서는 신분제도가 거의 사라지고 돈으로 계층이 구분되니까 그런 것 같습니다.

- 신분제도는 잘못된 것 같다. 왜냐하면 신분제도는 사람들의 존엄성을 무시하고 권리를 무시하는 것이기 때문이다. 그리고 노비(천민)만 부려먹고, 양반은 관리가 되었다.
- 조선시대에는 신분제도가 있었다. 천민, 상민, 중인에게는 큰 영향을 끼쳤다. 양반만 빼고는 모두가 힘들었다. 그래서 신분제도가 이 세상에서 없어져야 한다고 생각한다.
- 신분이 높은 사람은 더 높아지고 잘 살지만, 신분이 낮은 사람은 더 낮아지고 가난해지기 때문에 신분제도를 없애는 것이 바람직하다고 생각한다.
- 부모님의 신분에 따라서 직업을 선택하는 것은 능력이 뛰어난 사람도 나라에 도움이 될 수 있는 일을 하지 못하기 때문에 이 제도에 반대한다.
- 잘못되었다고 생각한다. 왜냐하면 천민 중에서도 양반처럼 글, 시, 활솜씨가 좋은 사람이 있고, 노비가 낳은 자식은 부모가 노비라는 이유만으로 억울하게 노비가 되기 때문이다.
- 조선시대 신분제도는 별로 좋지 않았다고 생각한다. 왜냐하면 천민 중에도 인재가 있을 수 있기 때문이다. 그런데 천민이라는 신분 때문에 재능을 묵혀두면 아깝다. 또 부모님이 노비라서 자기도 노비라면 억울할 것이다. 또 인간은 평등하다.

학생들은 사람들이 신분제도에 대한 불합리성을 깨닫고 그것을 바꾸게 되었다고 생각하고 있었다. 이런 인식은 일련의 학습을 통해 신분제도에 대한 생각에서 싹튼 것이다.

이처럼 대부분의 학생들은 신분제도를 반대하고 평등사회를 지지한다. 그렇지만 요즘 세상에서도 회사 사장이나 국회의원, 대통령 등 다른 사람보다 위에 있는 듯한 직업도 있으니 신분제도가 완전히 없어졌다고 보기는 힘들다고 답하는 학생도 있다. 하지만 대부분 신분제도가 사라진 것은 매우 바람직한 현상이라고 생각하며, 과거인들에 대해 미안한 마음을 갖기도 하였다. 학생들은 신분제도라는 틀을 통해 역사를 어떻게 바라볼 것인지를 경험하게 된 것이다.

8. 평등사회에서 신분제 사회를 바라보는 의미

일반적으로 조선 후기 생활사는 김홍도의 풍속화나 판소리, 탈춤과 같은 서민 문화를 통해 이 시기 사람들의 생활 모습을 알아보는 것이었다. 이는 민속학적인 관점에서 가옥이나 생활도구들을 살펴보고 우리 조상들의 슬기로움을 느껴보게 하는 접근이 일반적이었다. 하지만 이러한 접근법은 과거인들의 신분에 따른 처지와 그들의 생활 및 생각을 이해하기에는 미흡하다. 신분제도하에서 평민과 천민은 자유가 제한되고, 차별을 받았다. 신분제도라는 틀은 그들에게 평생의 멍에로 작용하였다. 수업에서 신분제도를 다룰 때에는 단순한 신분에 따른 명칭과 신분별 생활 모습을 단편적으로 비교하는 것에서 한걸음 더 나아가는 방안을 모색해야 한다.

이러한 문제의식을 바탕으로 과거와 현재의 직업에 대한 생각의 변화를 알아보고, 과거 신분별 사람들의 일상생활 모습을 살펴보는 것으로 수업을 구성해보았다. 또한 현대로 오면서 신분에 따른 차별과 불평등, 그리고 사회적인 인식이 어떻게 달라졌는지를 학생들이 생각해보도록 한다. 이는 오늘날 우리들이 평등하게 살게 된 역사 발전의 과정을 초등학생 수준에서 생각해볼 수 있는 기회를 제공하려는 것이다.

학생들은 조선시대의 신분제도를 학습하면서 오늘날 우리 사회는 과연 평등한가에 대해서도 생각하게 될 것이다. 지금도 불평등한 모습이 있는지, 역으로 과거에서 우리가 받아들일 만한 의미 있는 것은 무엇인지를 생각하는 계기가 될 것이다. 신분제도로 접근하는 역사는 결국 인간이 인간답게 사는 권리, 즉 인권을 누리기 위한 역사임을 학생들이 생각할 수 있도록 하는 것이다.

[읽기 자료] 각 계층별 사람들의 하루
(출처: 한국생활사박물관 편찬위원회, 『한국생활사박물관』 9, 사계절)

관리 김성욱의 하루(양반)

사간원 관리 김성욱은 아침 일찍 출근 채비를 마쳤다. 조선시대 관리의 출근 시간은 묘시(아침 5~7시)였기 때문에 새벽닭이 울면 부지런히 움직여야 했다. 겨울엔 진시(아침 7~9시)로 늦춰지니 그나마 다행이었다. 김성욱은 말을 타고 광화문 앞 육조 관청이 늘어서 있는 육조 거리를 지나 경복궁 담을 끼고 돌아서 사간원에 도착했다. 관리가 출근하면 먼저 출근부에 서명을 해야 한다. 출근부에 기록된 출근 일수는 근무 성적평가에 반영되어 승진에 영향을 미쳤다. 오늘은 조회가 없는 날이라 바로 사간원으로 왔지만, 조회가 있는 날은 궁궐로 가야 한다. 조회는 관리들이 모두 모여서 임금에게 문안 인사를 드리는 것이다. 관복을 갖춰 입고 정전에 나가 임금을 뵈어야 한다. 조회가 있는 날은 더 일찍 일어나야 했다. 조회는 출근에 앞서 인시(새벽 3~5시)에 열리기 때문이다.

사간원에서는 중급 관리들도 돌아가면서 상참에 참석하게 되어 있기 때문에 나흘 또는 닷새에 한 번꼴로 조회에 참석하는 셈이다. 다행히 가끔 예정된 조회가 취소되는 날이 있었다. 그런 날은 달콤한 새벽잠을 덤으로 얻은 것 같아 내심 기쁘기도 했을 것이다. 사간원은 정치의 잘잘못을 따져 임금에게 충고와 조언을 하고, 관리들이 부정을 저지르지 않도록 감시하고 감독하는 곳이다. 임금이 충고를 듣지 않을 때는 사표를 낼 각오를 할 만큼 용기가 필요한 자리이기도 하다. 그래서 일단 출근하면 눈코 뜰 새 없이 바쁘게 하루가 지나간다.

어느새 퇴근 시간이 되었다. 보통은 유시(오후 5~7시)에 퇴근하는데, 겨울에는 신시(오후 3~5시)로 앞당겨졌다. 그러니 겨울에는 하루 8시간, 그 외에는 12시간 일하는 것이다. 퇴근 후에는 같은 관청에서 일하는 사람들과 모임을 하기도 하고, 친구나 친척을 만나기도 한다. 일요일은 따로 없었고, 국경일이나 국기일이 곧 휴일이었다. 국경일은 임금과 왕비, 대비의 생일, 그리고 설과 추석과 같은 명절이다. 국기일은 임금이나 왕비가 죽은 날이다. 휴일에는 친구들과 함께 활쏘기를 하러 활터에 간다. 아니면 경치 좋은 곳으로 놀러 가기도 한다.

선비 이언적의 하루(양반)

닭이 두어 번 홰를 치자 이언적(1491~1553)은 몸을 일으켰다. 그는 지난밤에 외숙의 집 사랑채에서 잠을 청한 참이었다. 경상도 관찰사를 그만두고 한양에 올라가 공조참판을 하게 될 외숙이 그에게 하룻밤 묵고 갈 것을 청했기 때문이다.

밖을 나서니 아직 새벽 안개가 끼어 어둑어둑했다. 기침 소리를 내자 밖에서 기다리고 있던 하인이 질그릇 대야에 물을 떠가지고 와서 세수를 권했다. 질그릇 대야는 검소함을 미덕으로 아는 선비의 면모를 유지하려는 외숙의 고집이었다. 외숙은 한때 서울에서 당당한 언관으로 활동하기도 했지만, 당시 사치품이던 놋으로 된 세숫대야는 쓸 생각을 하지 않았다.

정면으로 보이는 산 위로 아침 안개가 낮게 깔리고, 집 뒤에는 솔숲이 검푸른 기왓골 뒤로 짙어지며 후원처럼 펼쳐져 있었다. 골짜기 아래쪽에 보이는 낮은 초가지붕 옆으로 연기가 피어오르는데, 마당에서는 종들이 부산했다.

방에 들어와 머리를 빗고 옷매무새를 다듬고 나니 사랑방의 단출한 가구들이 풍기는 나무 향내가 칠 내음과 섞여 코끝을 간질였다. 외숙의 사랑은 언제 봐도 단정했다. 종일 손님이 드나드는데도 번잡한 느낌이 없다. 책에서 나는 종이 냄새와 먹 내음은 복잡한 일이 많은 관직에 있는 외숙의 모습과 비슷했다. 외숙이 사치를 부린다면 그 대상은 벼루와 연적이었다. 좋은 벼루와 먹, 연적을 얻으면 그 기쁨을 친구들과 술을 나누며 즐기곤 했다. 하기야 선비가 사치를 부린다고 해봤자 옷 입을 때 산호나 옥으로 된 갓끈을 매는 것이 고작이었다. 외숙은 아침이면 『소학』을 읽었다. 몸가짐과 마음가짐을 가다듬는 공부로 하루를 시작하기 위해서였다. 『소학』에 나오는 기본 예의범절을 늘 강조하는 외숙은 책을 읽을 때도 책상 앞에서 결가부좌를 하고 똑바로 앉았다.

이언적은 같은 동네에 있는 자기 집으로 갔다. 이 동네는 이언적의 아버지가 손중돈의 누이에게 장가들면서 자리 잡은 곳이었다. 16세기에는 이처럼 사대부가 장가들어 처 갓집에서 사는 일이 적지 않았다. 할아버지 아침 진지 드시는 것을 도와드리고 안채로 가서 어머니와 집안일을 상의했다. 이언적은 경주 향교의 학관으로 학생들을 가르치느라고 무척 바빴지만, 아버지가 돌아가셔서 중요한 집안일까지 챙겨야 했다. 점심을 먹고 나서는 다시 외숙 댁으로 건너갔다. 외숙의 사랑채는 고요하던 아침과 달리 떠나는 외숙에게 인사를 하러 온 손님들로 붐볐다. 이언적은 인사를 올리고 외숙과 손님 틈에 끼어 관가정 마루 한쪽에 앉았다. 마당에는 배롱나무가 붉은빛을 토해내고 있었다.

이언적의 후배인 이황의 제자들이 스승을 회고한 것을 보면 선비의 일상생활이 얼마나 엄격했는지 알 수 있다. 이황은 날이 밝기 전에 일어나 세수하고 머리 빗고 옷깃을 여민 뒤 어머니를 뵀다. 종일 책을 마주하다가 몸이 피곤해져도 팔짱을 끼고 고요히 있거나 눈을 감고 조금 쉴 뿐, 결코 비스듬하게 기대거나 자리에 편히 눕지 않았다. 손을 함부로 놀리지 않고 남들을 거만한 눈으로 보지 않으며, 복잡한 일에 시달려도 게으른 모습을 보이지 않고 남들과 대화할 때 짜증내는 얼굴을 보이지 않았다. 손님 접대에도 지극한 예를 갖추어 아무리 미천한 자라도 꼭 뜰에 직접 내려가 맞이했으며, 주량은 많았지만 나이가 든 후에는 자제하여 크게 취하는 일이 없었다.

양반가 여성 신사임당의 생활(양반)

신사임당은 혼인한 이후 오랫동안 남편 이원수와 함께 강릉 친정에서 살았다. 조선 전기에는 이처럼 혼인한 뒤 남편과 함께 친정에서 사는 여자가 많았다. 강릉 친정에서 사는 동안에도 사임당은 '안방마님'으로서 여자 종을 이끌고 집안일을 하나하나 챙겼다. 여유 있는 양반가에서는 음식은 찬모가, 바느질은 침모가, 아이 돌보기는 유모가 주로 했다. 그러나 안방마님도 요리와 바느질은 다 할 줄 알았고, 제사에 앞서 제수를 마련하는 일은 안방마님이 손수 챙겼다. 손님 접대도 안방마님이 감당해야 할 큰일이었다. 사임당은 아내의 그림 솜씨를 보여주고 싶어하는 남편을 위해 그릇에 포도 그림을 그려 손님에게 주기도 했다. 안방마님이 직접 경제 활동에 참여하기도 했다. 아버지에게 글을 배운 사임당은 친정에서 둘째 딸 이매창을 키우며 몸소 글을 가르쳤다. 이들 부녀처럼 경전을 읽고 한시를 지을 정도의 교양을 지닌 조선 여성이 여럿 있다.

중인의 생활

중인이란 양반과 상민의 중간 계층을 말한다. 양반이 천시하던 기술직, 잡직과 서얼, 서리 등에 종사했으며, 이들은 잡과 시험이나 취재를 거쳐서 뽑힌 기술관원으로서 모두 정식 관원이다. 조선 초에는 양반의 일원이었으나 점차 양반 관료와 구분되어 중인이라는 신분층을 구성하게 되었다. 즉 의관(의사)이나 역관(통역관)과 같은 기술관이나 문관의 하급인 녹사(품계가 없는 아전)와 서리, 무관의 하급인 군교나 나장(죄인을 문초할 때 매를 때리거나 귀양가는 죄인을 압송하는 사람), 지방의 향리들과 양반의 서얼(양반의 본처가 아닌 첩이 낳은 자식들)도 중인으로 취급하였다.
중인들이 하던 일을 살펴보면, 역관(통역사), 산관(수학자), 의원(의사), 화원(궁중화가), 인쇄 출판사, 회계사, 상인, 군대장교 등이 있다. 중인은 정치사회적으로 양반에 비해 차별 대우를 받았다. 관직에 진출해도 승진에 제한이 있었다. 그러나 전문 기술이나 말단행정의 실무자로서 그들의 업무는 매우 중요했다.

농부 이막동의 하루(상민)

먼동이 터오기가 무섭게 이막동은 논으로 나갔다. 어제 못다한 논갈이를 오늘은 반드시 끝내야 한다고 생각하면서 발걸음을 재촉했다. 한참 일하다 보니 어느새 해가 중천에 떠올랐다. 저만큼 머리에 광주리를 이고 오는 아내가 보였다. 시집올 땐 곱고 예뻤던 얼굴이 까맣게 그을린 채 잔주름마저 생겼다. "열심히 일해서 올해 농사가 잘되면, 장에 나가 고운 빗 하나 사줘야지." 이막동은 혼자 중얼거렸다. 아내가 내려놓은 광주리에는 보리밥과 콩잎나물이 들어 있었다. 가난한 살림이긴 하지만 땀 흘려 일한 뒤에 먹는 점심은 꿀맛이었다. 이막동은 다시 일을 시작했다. 해가 뉘엿뉘엿 지는 것을 보고서야 냇물에 손발을 대충 씻고 집으로 돌아왔다.

농부는 1년 사시사철 계절이 바뀌고 날씨가 변하는 것을 잘 알아둬야 했다. 때맞춰 필요한 일을 하지 않으면 농사를 망치기 일쑤였다. 논밭 갈기, 모내기, 김매기, 그리고 가을 추수 때까지 농부는 쉴 틈이 없었다. 휴일도 없었다. 겨울엔 또 겨울을 날 채비를 하고 다음 해 농사 준비를 해야 했다. 이막동은 지난 입춘에 보리 뿌리로 점을 쳤던 기억이 떠올랐다. 입춘 날 보리 뿌리를 캐보아서 뿌리가 세 가닥 이상이면 풍년이 들 징조이고, 한 가닥이면 흉년, 두 가닥이면 보통이라고 했다. 이막동이 캔 보리 뿌리는 세 가닥이었으니 좋은 징조였다. "올해는 농사가 잘될 거야. 암, 잘되고말고." 이막동은 자리에 누운 채 중얼거리다가 스르르 곯아떨어졌다.

노비 만득이의 생활(천민)

만득이는 열한 살짜리 남자아이다. 만득이는 노비이기 때문에 성은 없고 이름만 있다. 만득의 아버지는 관청에 소속되어 일하는 노비이고, 어머니는 주인 마님의 시중을 드는 노비다. 만득의 아버지처럼 관청에 속한 노비를 '관노비' 라 하고, 어머니처럼 개인에게 속한 노비를 '사노비' 라고 한다. 노비 부모를 둔 만득이는 태어날 때부터 자연히 노비가 되었다.

만득이는 주인 어른의 시중 드는 일을 한다. 방 쓸고 닦기, 이불 깔고 개기, 요강 비우기, 세숫물 떠다 드리기, 먹물 갈기, 외출 나갈 때 신발 챙겨 드리기 등 주인 어른을 그림자처럼 따라다니면서 온갖 시중을 들어야 한다.

이른 새벽, 사방이 아직 깜깜할 때였다. 갑자기 주인 어른이 만득이를 불렀다. "만득아, 냉큼 일어나 불을 밝혀라."

피곤에 지친 만득이는 깊은 잠에 빠져 얼른 일어나질 못했다. "만득아, 냉큼 일어나래두!"

아랫방에 누워 있던 만득이가 일어나 허둥지둥 등잔에 불을 붙였다. "나리, 어디 불편하시옵니까?" "이놈아! 왜 이리 꾸물대느냐. 얼른 앞장서라. 측간에 가야겠다."

측간은 대문 옆 헛간 근처에 있다. 만득이가 등잔을 측간 앞에 내려놓자마자 주인 어른은 서둘러 안으로 들어갔다. 만득이는 밖에서 서성이며 주인을 기다렸다. 아무래도 주인 어른이 배탈이 나셨나 보다. "만득아, 뒷물을 해야겠으니 대야에 물을 떠오너라. 그리고 이 속옷 좀 빨아오너라." 만득이가 잠에 빠져 냉큼 일어나지 못하는 바람에, 참다 못한 주인 어른이 그만 속옷에 실례를 하신 것이다. 만득이는 세숫대야에 물을 떠다 드리고, 속옷을 빨기 시작했다.

다음의 직업들을 모둠별로 기준을 세워 분류해봅시다.

고등어를 낚는 어부	유기그릇을 파는 아저씨	청나라로 가는 사절단 속의 군인	왕의 초상화를 그리는 화가	친구들과 시짓기 대회를 하는 남자
구포 5일장에서 흥겨운 가락을 펼치는 사당패	광화문 해치를 깎는 조각가	왕비를 진맥하고 나오는 의사	한강 포구에서 받은 새우젓과 생선을 팔러 다니는 부부	해신제를 지내고 있는 무당
물동이용 옹기그릇을 만드는 옹기장이	잔칫집에서 가야금 연주로 흥을 돋우는 여인	이른 아침 소와 쟁기를 끌고 밭으로 나가는 아저씨	쇠를 녹여 낫을 만드는 대장장이	우리나라를 방문한 청나라 사신의 말을 통역하는 통역사
경복궁 중건에 참가한 목수	『천자문』 책을 찍고 있는 인쇄업자	명나라와 인삼무역을 하는 큰 장사꾼	조선통신사의 사절단으로 참석하는 외교관	성균관 유생들을 가르치는 선생님
상인들을 위한 여관을 운영하는 여관집 주인	가죽으로 신발을 만드는 장인	자기논의 가을 걷이를 끝내고 벼타작을 하고 있는 농부	앞으로의 일이나 길흉화복을 점치는 역술가	우리나라의 지형과 특색을 연구하는 지리학자
광석을 녹여 금속을 분리, 추출하는 장인	천자문을 다 못 외워온 학생을 꾸짖는 선생님	빌린 논에서 보리 추수를 하고 있는 농부	강화도 돈대에서 대포를 지키고 있는 병사	배탈난 아기를 진찰하는 동네 의원
무병장수를 기원하는 민화를 그리는 화가	한양 본집의 논을 대신 관리해주는 농장 관리자	별의 운동을 관찰하여 일기를 측정하는 천문학자	사형수의 목을 치는 사형집행자	글을 잘 써 많은 작품을 남기 서예가
나룻배로 사람들을 실어다주는 뱃사공	이 동네 저 동네 돌아다니며 물건을 파는 보따리장수	말을 끌어주는 마부	대웅전에서 법회를 주도하고 있는 스님	장에 내다 팔 담배를 썰고 있는 아저씨

이제 여러분은 300년 전 조선시대의 한 신분의 인물이 되어 하루를 돌아보며 일기를 써봅니다. 오늘 공부한 것을 바탕으로 그 신분에 걸맞은 사건을 생각해보고 구성한 뒤, 그 위치의 인물이 느꼈을 생각을 상상하여 써보도록 합니다.

[수업 자료 ③] 조선시대의 직업을 현대의 관점에서 배열하기

　다음 조선시대의 직업들을 현재의 기준에서 다시 배열해봅시다. 오늘날 많은 사람들이 희망하는 직업을 우선적으로 배치해봅시다.

　시, 활, 그림 솜씨를 겨루는 선비들
　풍성한 수확을 기대하며 모내기를 하고 있는 농부
　청나라 사신의 말을 통역하고 있는 역관
　판소리 창으로 잔치의 분위기를 돋우는 소리꾼
　임금의 얼굴을 그리는 화원
　환자를 진맥하고 약을 지어주는 의원
　억울한 일을 당한 농민의 고소장을 대신 작성해주는 법률가
　우리 인삼과 청나라의 비단을 맞교역하는 상인
　성균관에서 학생들을 가르치는 대사성
　임금에게 여러 가지 정책을 제시하는 관리

↓

↓

↓

↓

↓

↓

↓

↓

↓

[수업 자료 ④] 신분제도와 역사의 발전에 대해서 생각해보기

과거와 현재의 직업들에 대한 생각의 변화를 알아보았습니다.

1. 조선시대 신분제도에 대한 자신의 생각을 써봅시다.

2. 조선시대의 신분제도는 1895년 갑오개혁으로 폐지될 때까지 지속되었습니다. 불평등한 제도였던 신분제도는 어쩌면 그렇게 오랜 시간 동안 유지될 수 있었을까요?

3. 지금은 신분제도가 사라지고, 직업에 대한 선호도도 과거와는 달라졌습니다. 이렇게 사람들의 인식이 달라진 이유는 무엇일까요?

4. 과거는 신분제 사회였지만, 현대는 모든 사람이 평등한 사회입니다. 이러한 변화는 과거 사람들이 오랫동안 바라던 일이었을 겁니다. 이러한 역사의 변화에 대하여 여러분은 어떤 평가를 내리겠습니까? 자신의 생각을 써보세요.

9장

조선 후기 개혁 사상

– 꼬마 실학자가 되어보자

1. 초등학생들에게 사상사 학습은 가능할까

부자들의 넓은 땅은 한없이 맞대어 있어 가난한 사람은 송곳 하나 꽂을 땅도 없는 꼴이 되었다. 부자는 더욱 부자가 되고 가난한 자는 더욱 가난해진다. 나쁜 꾀를 품은 지주들이 토지를 독차지하는 반면에, 백성들은 가족을 이끌고 떠돌다가 끝내 머슴이 될 수밖에 없다.

- 유형원

교사: 위의 글을 통해서 알 수 있는 조선 후기 사회의 문제점은 무엇일까요?
학생: 백성들이 살기가 힘들었습니다.

양반의 횡포가 심했어요.

양반들이 땅을 많이 소유하였고, 백성들은 가난했습니다.

· · ·

사회가 어려운 문제를 안고 있다면, 그 사회 구성원들은 그 상황에서 가장 합리적이고 바람직한 해결 방안을 모색한다. 조선시대 실학자들 역시 조선 후기 사회가 안고 있는 부조리와 부패를 개혁하고자 하였다. 문제 상황에 대한 접근법은 옛날과 지금이 본질적으로 다르지 않다는 것이다. 우리가 현재의 사회제도나 문제점을 비판하듯이 실학자들 역시 그러했다. 따라서 초등학생들이 실학자들이 살았던 시대의 문제점을 알아보고 스스로 그 해결 방안을 찾아보는 탐구 활동을 해보면 유익할 것이다.

　초등학교 단계에서 사상사 수업은 가능할까? 가능하다면 어느 정도 수준에서 이루어질 수 있을까? 5학년 교과서 국사 내용 중 사상을 독립 주제로 다룬 것은 2학기 〈1-⑤ 실학의 등장과 사회 개혁 노력〉에 나오는 조선 후기 실학 사상 부분이다.

　　서양의 과학 기술이 소개되면서 실용적인 학문 연구의 필요성을 깨달은 학자들이 나타나게 되었다. 그들은 실생활에 필요한 학문을 연구하였는데, 이를 실학이라고 한다. 실학자들은 나라를 다스리는 데 구체적인 도움이 되는 지식과 백성들을 잘 살게 하는 방법을 찾기 위하여 노력하였다.

　이어 18세기 실학자의 주장을 짤막하게 소개하고, "백성들의 어려움을 해결하기 위한 실학자들의 노력을 알아봅시다"라고 탐구 과제를 제시하고 있다. 또한 여러 실학자들의 주장과 활동을 소개한 뒤에 "농업과 상공업 발달에 관심을 가졌던 실학자들의 생각을 알아봅시다"라고 탐구 과제를 제시하고 있다. 초등학교 학생들은 이러한 탐구 과제를 어느 정도의 수준에서 해결할 수 있을까? 피상적인 답변 몇 마디를 넘어서기 어렵지 않을까?

　실제로 학생들에게 실학을 주제로 수업을 진행해보면 학생들이 어려워하는 것을 확인할 수 있다. 추상적인 학술 용어가 포함되어 사상을 이해하기 더욱 어렵다. 교과서에서는 『반계수록』, 『열하일기』, 『발해고』, 『언문지』, 『자산어보』 등 실학자들의 책을 뜻풀이 없이 소개하고 있으며, 『산경표』만 '산줄기의 흐름을 나타낸 표'라고 설명하고 있다. 실학자들이 쓴 책의 제목부터 뜻풀이를 해야 할 판이다.

　사상사는 그 자체를 이해시키기보다는 당대의 사회 현실과 연관시켜 학습할 수 있다. 실학이란 주제를 직접 다루기보다는 조선 후기 사회의 실상에 대한 해결책을 모색하는 방안으로 접근한다면 실학 사상의 핵심적인 내용에서 크게 멀지 않은 요소들을 학생들 스스로 도출해낼 수 있다는 것을 확인할 수 있다. 학생들은 기대 이상으로 조선 후기의 문제점을 짚어내고, 자신의 관점으로 해결 방안을 잘 제시했다. 때때로 실학자들의 의견과 거의 일치하는 해결 방안도 나왔다.

교사가 실학 사상의 내용을 설명하는 방식이라면 이러한 결과를 얻지 못했을 것이다. 딱딱하게 실학, 중농학파, 중상학파가 무엇인지를 설명한다면 학생들은 별다른 흥미를 느끼기 어려울 것이고, 자기 문제로 생각할 여지는 더욱 없을 것이다.

학생들이 생각한 내용을 서로 발표해봄으로써 자신의 생각을 보충해보고 수정해보는 과정을 통해 실학자의 주장을 이해하고 실학자의 입장에서도 생각해보는 다양한 의견이 나왔다. 정말 꼬마 실학자가 되는 순간이다. 추가적으로 학생들로 하여금 다양한 활동을 해볼 수 있도록 할 수도 있다. 예를 들면, 이러한 개혁 방안을 임금에게 상소문 형식으로 올리는 글쓰기를 시도해보는 것이다.

2. 기존 교과서와 수업은?

5학년 2학기 사회 교과서에는 7쪽에 걸쳐서 '실학의 등장'과 '실학자들의 주장과 활동'이라는 두 주제를 제시하고 있다. 실학은 당시 유교(성리학)사회가 안고 있는 구조적인 문제점들을 해결하고자 한 사회 개혁 사상이다. 이러한 학문 성향을 학생들에게 안내하는 과정은 결코 쉽지 않다.

실학에 접근하는 방법은 다양하다. 실학을 사상 그 자체로 접근하는 것도 하나의 방법이겠지만, 이 방법은 학생들의 흥미와 관심을 끌어내는 것이 어렵고, 추상적인 사상을 설명하는 데 그치기 쉽다. 개별 실학자에 대한 인물 탐구 형식으로 접근하는 방법도 있는데, 이것은 탐구 대상 인물에 대한 심층적인 접근이어서 역시 쉽지 않다. '실학자들의 주장과 활동 조사하기'의 주제는 사실과 사례 나열식 서술로 이 역시 실학을 주제로 한 학생들 스스로 찾고 발견할 수 있는 계기를 마련하기 어려운 접근법이다. 조선 후기 사회의 모습, 즉 봉건 사회의 모순 구조가 해체되어가는 과정을 학습한 다음, 학생들로 하여금 소박한 차원에서나마 그러한 사회의 문제 해결 방안을 찾아보게 하면서 실학 사상을 언급하는 방법이 무난할 것이다.

3. 꼬마 실학자가 되어보자

교사의 입장에서 실학을 설명하기보다는 학생들이 직접 생각하고 활동하는 과정에서 실학의 뜻과 내용을 자연스럽게 알아가는 방법을 도입할 수 있을 것이다. '꼬마 실학자가 되어보자'는 주제와 같이 학생 스스로 조선 후기의 문제점을 해결할 수 있는 방안을 마련해보고 이 방안들과 당시 실학자들의 주장을 비교해봄으로써 실학자들의 생각을 더 잘 이해할 수 있도록 수업을 구상할 수 있다.

수업을 크게 3단계로 설정한다면 다음과 같이 구성해볼 수 있다.

수업 목표
- 조선 후기 사회의 문제점을 찾아보고 자신의 해결 방안을 만들 수 있다.
- 자신의 해결 방안과 실학자의 해결 방안을 비교할 수 있다.
- 실학의 뜻을 알고 실학이 왜 생겨났는지를 이해할 수 있다.

수업 절차
1단계: 조선 후기의 사회상 파악하기
　　　－과거제, 신분제, 토지제도 등
2단계: 해결 방안 찾아보기
3단계: 실학자의 해결 방안 살펴보기
　　　－자신이 만든 해결 방안과 실학자의 해결 방안 비교

• 1단계 조선 후기 사회가 안고 있는 문제점을 파악하는 단계다. 교사가 제공한 자료를 바탕으로 조선 후기에 들어서면서 드러나는 봉건 사회의 모순 구조를 파악한다. 학생들은 자료를 읽으면서 자연스럽게 조선 후기의 사회상을 파악하게 될 것이다. 조선 후기 사회가 안고 있는 문제를 확인하는 데 활용할 수 있는 자료는 어렵지 않게 구할 수 있다.

학생들에게 다음과 같은 자료를 제시해주고 조선 후기 사회가 안고 있는 문제점을 열거해보게 하였다(여기서는 『북학의』의 자료만 제시한다. 나머지 자료는 수업 자료의 '조선 후기의 사회상 읽기 자료' 참조).

두메 산골의 백성들은 화전을 만들고 나뭇가지를 자르느라 열 손가락이 모두 무지러지고, 해진 솜옷을 10년 넘게 입고 있습니다. 집은 허리를 굽혀야 들어갈 수 있고, 연기에 그을리고 흙으로 바르지도 않았습니다. 그리고 깨어진 주발에 밥을 담았으며, 소금도 치지 않은 나물이 반찬이었습니다. 부엌에는 나무 숟가락과 물동이만 있어 그 까닭을 물어보니, 쇠가마와 놋숟가락은 빌린 쌀 대신 넘겨주었다는 것입니다.

― 박제가, 『북학의』

Q 조선 후기 사회의 문제점은 무엇입니까?

양반의 횡포가 심했다.

관리들이 부패했다.

양반들이 땅을 많이 소유하였고 백성들은 가난하였다.

신분을 사고팔 수 있었다.

과거시험에 부정이 심하였다.

조선 후기 사회의 문제점을 찾아보기 위해 마련된 자료를 학생들에게 제시하였기 때문에 학생들이 쉽게 조선 후기 사회의 문제점을 찾을 수 있었다. 당시 백성들의 삶이 힘들었음에도 불구하고 양반과 관리들은 백성을 위해 정치를 하기보다는 놀고먹고 부정을 행하는 일이 많았다는 것을 학생들이 알 수 있었다.

• 2단계 문제점에 대한 해결책을 찾아보는 단계다. 초등학생들에게 사회가 안고 있는 문제점에 대한 해결책을 제시하라고 하는 것은 무리다. 학생들이 정확한 해결책을 제시하기 어려울 것이다. 당연히 정확한 해결책을 제시하는 것이 이 수업의 목표가 되는 것은 바람직하지 못하다.

초등학생 수준에서 여러 가지 해결책을 찾는 과정을 통해서 조선 사회가 안고 있는 문제점을 좀 더 명료하게 확인하게 될 것이며, 실학 사상이 일어나는 배경에 대한 이해도 가능할 것이다. 학생들은 그들 수준에서 나름대로 합리적인 다양한 방안을 제시할 것이다. 그러한 연후에 교사가 실학자들의 개혁 방안 관련 자료를 제공한다면, 실학이 단순히 추상적인 '사상'이 아니라 조선 사회가 안고 있는 문제를 해결하기 위한 고민 끝에 나온 개혁 방안이라는 것을 좀 더 실감나게 파악할 수 있다.

Q 그러한 문제점을 해결할 수 있는 방안으로 무엇이 있을까요?
양반이 세금을 더 내고 가난한 백성들은 세금을 적게 낸다. 양반은 필요 없는 땅을 백성들에게 기부하여 농사지을 땅을 넓힌다.
토지를 한 사람당 예를 들어 최대 1000평만을 가질 수 있게 하여 아무리 부자라도 많이 가질 수 없도록 법으로 정한다.
청렴한 선비를 관리로 뽑는다.
직접 농사짓지 않는 사람의 땅은 농민에게 준다.
부정한 관리의 처벌을 강화한다.
노비제도를 없애고 하인들에게 돈을 지급한다.
모든 땅을 평등하게 나눈다.
과거시험에 감독관을 세워둔다.
부자들이 쌀을 기부하여 가난한 사람이 없게 해야 한다.
양반들도 농사를 짓게 한다.
임금이 양반들의 재산을 조금씩 모아서 가난한 백성들에게 나누어준다. 양반들에게는 세금을 올리고 백성들에게는 세금을 내려서 나라를 다스려야 한다.

양반이 백성을 괴롭히면 재산의 3분의 1을 그 사람에게 주게 한다.

자신의 생각 또는 같은 파의 의견만을 고집하지 말고 다른 파의 의견이 맞는지도 고민하여 옳고 그름을 구별하여 힘을 합쳐야 한다.

학생들의 답은 다양했는데, 역사성이 무시된 경우가 많았다. 물론 간혹 핵심을 정확하게 지적한 답도 있었다. 역사 상황과 동떨어진 대답을 제외하고 나면, 실학자들이 제시한 해결 방안의 골자가 포함되어 있다는 것을 알 수 있다.

토지제도와 관련된 내용을 보면, 실제로 농사를 짓는 사람에게 토지를 나누어주자는 의견과 토지를 일정하게 나누자는 의견 등이 제시되었는데 이것은 실학자들의 의견과 거의 일치한다. 조세제도와 관련해서는, 양반들에게도 세금을 물리되 농민보다 더 많은 세금을 내게 하자는 의견이 많았다. 신분제도에 대해서는 노비제도를 없애자는 의견 등이 있었다. 과거제도는 청렴한 선비를 발탁하자는 의견과 과거의 부정부패를 없애자는 의견 등이 있었다.

학생들 대부분이 토지, 신분, 세금, 과거제도에서 토지를 똑같이 분배하거나 부자나 양반들이 세금을 더 많이 내야 한다는 등 평등의 원칙을 강조하였다. 이러한 생각은 당시 실학자들의 생각과 비슷하여 학생들 역시 작은 실학자가 되었다고 말할 수 있겠다. 학생들이 찾아낸 해결 방안과 실학자들의 개혁 사상을 비교해보는 단계로 넘어갈 수 있는 조건이 마련된 것이다.

• 3단계 학생들이 찾아낸 해결책과 실학자들의 개혁안을 비교해보는 단계다. 우선 실학자의 개혁 사상에서 핵심적인 요소를 선별하여 학생들에게 제공한다. 학생들에게 다음과 같은 자료를 제공하였다(여기서는 유수원의 『우서』의 내용만 제시한다. 나머지 자료는 수업 자료 '실학자들의 개혁 사상 읽기 자료' 참조). 그런 다음 학생들의 개혁안과 비교해보게 한다. 학생들의 반응은 다음과 같다.

신분이나 가업에 구애됨이 없이 전 백성이 균등하게 교육을 받을 수 있도록 해야 하며, 신분이 아닌 능력과 재질에 따라서 관리로 기용될 선비를 선발, 양성해야 한다.

– 유수원, 『우서』

Q 자신의 해결 방안과 실학자의 해결 방안을 비교해봅시다. 무엇을 느꼈나요?

비슷하지만 실학자의 말이 더 맞는 것 같다. 땅을 공평하게 가지면 양반의 반대가 심할 것이다.

내가 양반이었다면 신분제도를 폐지하자는 말에 동의하지 않았을 것이다. 신분제도가 없어지면 나의 노비들과 재산들이 물거품이 되기 때문이다.

노비제도를 폐지하고 평등하게 살자는 것은 같고, 상공업을 중시하자는 것이 다르다.

실학자 유형원과 나의 의견이 신기하게도 똑같았다.

실학자와 나의 생각이 아주 다를 것 같다고 생각했는데 그렇지 않았다. 실학자들 역시 백성을 위하는 일들을 하였다.

그 당시 내가 양반이었는지, 평민이었는지에 따라서 해결 방안이 다르다.

학생들은 실학자들과 자신의 생각이 큰 차이가 없는 것을 확인하고 놀라워하였다. 즉 불합리한 사회 구조와 생활에서 느끼는 감정은 실학자들은 실제 생활에서, 학생들은 사료를 통해서라는 차이만 존재할 뿐 문제 해결 방안은 거의 동일하다는 것이다. 결국 이런 과정을 통하여 학생들 자신이 '꼬마 실학자'가 되는 경험을 할 수 있다. 실학의 의미와 발생 과정을 더욱 폭넓게 이해할 수 있게 된 것이다. 비교해본 후 학생들의 생각을 물었더니 다음과 같은 대답이 나왔다.

Q 실학자의 주장에 대한 여러분의 생각은 어떤가요?

실학자들은 오직 백성들을 위한 의견을 낸 것 같다. 양반도 일을 해야 한다, 양반의 수를 줄여야 한다 등 백성들을 평등하게 만들기 위해 노력했기 때문이다.

내가 양반이었다면 실학자들의 주장에 반대했을 것이고, 평민이었다면 찬성했을 것이다.

실학자들은 임금에게 잘 보이려고 한 것이 아니라 백성을 위한 의견을 낸 것 같다. 만약 내가 그 당시 사람이었다면 실학자들의 의견을 지지했을 것이다.

학생들은 실학자들의 주장에 공감했을 뿐만 아니라 실학자들의 입장까지 생각하는 의견을 제시했다. 당시 실학자들은 백성들을 위해 이런 의견을 냈으며, 자신이 양반이었으면 실학자의 의견에 찬성하지 않았을 것이라는 의견도 있었다. 즉 학생들은 실학과 실학자에 대해 공감하는 의견과 함께 자신이 양반이었다면 찬성하지 않겠다라는 신분에 따른 입장 차이까지 생각하고 있다. 이것은 조선 후기 실학 사상이 제대로 실현되지 못한 배경과 거의 일치하는 내용이다. 많은 양반들이 자신의 기득권을 지키기 위해 개혁에 반대한 배경, 즉 실학이 실패한 이유를 간접적으로 표현하고 있는 것이다.

4. 초등학생 수준의 사상사 학습의 가능성과 한계

학생들과 조선 후기 개혁 사상인 실학을 공부하는 데는 여러 가지 어려움이 있다. 먼저 수업 구성에서 필요한 실학의 의미와 실학자들의 생각과 주장이 담긴 자료들은 대부분 바로 활용하기가 어렵다. 또한 실학 관련 수업 지도안 역시 교과서 내용에 국한되어 있어 별 도움이 되지 못한다. 학생들의 입장에서는 기존의 역사 사실이나 문화재와 관련된 수업이 아니라 좀 더 수준 높은 생각과 사고를 요구하는 사상사에 가까운 수업이라 이 수업을 잘 소화해낼지 의문이다.

결국 교사가 기존의 자료를 가공하고 재구성하여 학생들의 수준에 맞는 조선 후기의 생활상과 실학자들의 주장에 관련된 자료를 제시해야 했다. 또한 수업 방식에서 자신의 생각과 관점을 표현해보는 활동을 하면서 실학의 의미와 실학자들의 주장이 자연스럽게 스며들도록 시도해보았다. 이렇게 새로 구성된 자료를 투입했을 때 학생들이 조선 후기 생활상의 문제점들을 더욱 잘 파악할 수 있었고, 문제 해결 방안을 실학자와 비슷한 수준으로 제시하기도 하였다. '꼬마 실학자'가 되는 순간이었다. 하지만 모든 학생들이 이 수준에 도달한 것은 아니다. 위의 학생들의 반응에서 보듯이 해결 방안을 감정적인 수준이나 즉흥적인 수준에서 제시하는 학생도 있었다. 초등학교 5학년 학생 수준에서 행하는 사상사 학습의 한계와 가능성을 확인할 수 있는 지점이다.

5. 수업 자료

[읽기 자료 ①] 조선 후기의 사회상

두메 산골의 백성들은 화전을 만들고 나뭇가지를 자르느라 열 손가락이 모두 무지러지고, 해진 솜옷을 10년 넘게 입고 있었습니다. 집은 허리를 굽혀야 들어갈 수 있고, 연기에 그을리고 흙으로 바르지도 않았습니다. 그리고 깨어진 주발에 밥을 담았으며, 소금도 치지 않은 나물이 반찬이었습니다. 부엌에는 나무 숟가락과 물동이만 있어 그 까닭을 물어보니, 쇠가마와 놋숟가락은 빌린 쌀 대신 넘겨주었다는 것입니다.

－ 박제가, 『북학의』

"과거장에 들어가려니 응시한 사람만 수만 명인데 과거장에 들어갈 때부터 서로 밀치고 짓밟아 죽고 다치는 사람이 많았다"라고 기록하고 있다. 또한 수만 명의 답안을 서너 명의 관리가 채점하다 보니 늦게 제출하는 사람의 답안은 사실상 묻혀버리고 말았다. 그리하여 과제를 빨리 확인하고 재빨리 답을 써내기 위해 서너 명이 조를 짜서 전쟁 치르듯 과거시험에 응했다고 한다. 먼저 하인들이 몸싸움을 불사하며 좋은 자리를 잡아내면 좋은 글귀로 글짓는 사람이 글을 짓고 함께 온 대필가가 글씨를 써서 제출하는 경우가 허다하였다.

－ 박지원, 「하북린과」

하늘이 백성을 낼 때 네 종류의 백성을 만들었다. 네 가지 백성 중에 가장 귀한 것이 선비요, 이것을 '양반'이라 하는데, 이보다 더 좋은 것은 없다. 농사도 짓지 않고 장사도 하지 않아도 된다. (……) 시골에 살아도 자기 마음대로 할 수가 있으니, 이웃집 소를 가져다가 자기 밭 먼저 갈고, 마을 사람을 불러다가 내 밭 먼저 김매게 한다. 이렇게 해도 어느 누가 욕하지 못한다. 또 사람을 잡아다가 잿물을 코에 들이붓고 상투를 잡아매어 벌을 준대도 아무도 원망하지 못한다.

－ 박지원, 『양반전』

부자들의 넓은 땅은 한없이 맞대어 있어 가난한 사람은 송곳 하나 꽂을 땅도 없는 꼴이 되었다. 부자는 더욱 부자가 되고 가난한 자는 더욱 가난해진다. 나쁜 꾀를 품은 지주들이 토지를 독차지하는 반면에, 백성들은 가족을 이끌고 떠돌다가 끝내 머슴이 될 수밖에 없다.

– 유형원, 『반계수록』

어진 정치는 경계를 바로잡는 일부터 시작해야 한다. 한 읍안에 수백 결씩 땅을 가지고 있는 자가 있으니 이대로 5, 6년이 지나면 한 읍의 땅은 모두 5, 6명의 손에 들어갈 것이다. 이것이 어찌 옳은 일이겠는가?

– 『중종실록』

나라가 위태할수록 모든 신하들이 사사로운 감정을 버리고 나라를 위해 일해야 하는데 요즈음은 당파 간에 불화가 심하여 오직 자신들의 파당만 지지하고 다른 당파를 증오하여 조정이 하루도 편할 날이 없다. 이제부터는 사사로운 의견으로 자신들의 파당을 지지하는 일이 발생하면 모두 중벌로 다스리겠다.

– 『숙종실록』

재물은 샘과 같은 것이다. 퍼서 쓰면 차고, 버려두면 말라버린다. 이와 마찬가지로 비단옷을 입지 않으면 비단 짜는 사람이 없어지고, 쭈그러진 그릇을 그냥 사용하고 좋은 그릇을 찾지 않으면 기술이 없어지게 된다. 결국 농업도 쇠퇴하고 양반, 농민, 수공업자, 상인 모두가 가난하게 된다.

- 박제가, 『북학의』

나라 안의 모든 토지를 일단 나라의 소유로 만든 다음, 다시 농민들에게 골고루 나누어주자. 그러면 가난한 자와 부자의 차이가 없어 농민과 나라가 모두 잘살 수 있다

- 유형원, 『반계수록』

당쟁의 원인은 양반의 숫자가 지나치게 많기 때문이다. 따라서 양반의 수를 줄이고 양반이 누리는 특권도 없어야 한다. 또한 과거시험 횟수와 합격자를 줄여 양반을 줄이고, 양반도 농민처럼 일하도록 해야 한다.
생산노동의 파괴를 방지하기 위하여 우선 여섯 가지의 좀을 없애야 한다. 그 여섯 가지의 좀은 첫째 노비제도, 둘째 과거제도, 셋째 문벌제도, 넷째 수공업, 다섯째 중, 여섯째 놀고먹는 것이다.

- 이익, 『성호사설』

신분이나 가업에 구애됨이 없이 전 백성이 균등하게 교육을 받을 수 있도록 해야 하며, 신분이 아닌 능력과 재질에 따라서 관리로 기용될 선비를 선발, 양성해야 한다.

- 유수원, 『우서』

우리나라는 본래부터 명분을 중히 여겼다. 양반들은 아무리 심한 곤란과 굶주림을 겪더라도 팔짱을 끼고 편하게 앉아 농사를 짓지 않는다. 간혹 실업에 힘써서 몸소 천한 일을 하는 자가 있다면 모두들 나무라고 비웃기를 노비처럼 무시하니 자연 노는 백성은 많아지고 생산하는 자는 줄어든다. 재물이 어찌 궁하지 않을 수가 있으며 백성이 어찌 가난하지 않을 수 있겠는가? 사농공상에 관계없이 놀고먹는 자에 대해서는 관에서 벌칙을 마련하여 세상에서 용납될 수 없도록 하여야 한다.

- 홍대용, 『담헌서』

상소문 작성해보기

[상소문 예시]
토지에 대한 세금을 내려주소서

전하, 삼가 현재의 토지제도의 문제점에 대해 아뢰옵니다. 현재의 토지제도에 대한 세금이 올바르지 못하여 땅을 가진 자에게 유리하고 땅을 가지지 못한 자들에게는 너무 가혹하여 백성들이 농사를 지어서 거의 8할을 국가에 대한 세금과 땅주인에게 세금으로 내고 나머지 2할로 1년을 먹고살아야 합니다. 이런 상황을 견디지 못한 백성들 중에는 농사짓기를 포기하고 깊은 산속으로 숨어들어가 도적이 되거나 화전민 생활을 하는 사람들이 늘어나고 있다고 합니다.

이러한 백성들의 고충을 해결하기 위해서 신은 _____ 와 같은 방법을 실시하는 것이 좋다고 생각합니다.

전하께서 백성들의 어려움을 헤아려 백성들이 자신의 땅을 가지고 편안하게 생활할 수 있도록 현명한 결단을 내려주시기 바랍니다.

제목:

_____

_____

_____

_____

_____

_____

_____

_____

_____

_____

_____

_____

_____

_____

_____

6. 교수 학습 과정안

수업 방향	실학자들이 주장했던 여러 가지 자료를 제시하고, 학생들로 하여금 자료들을 참고해 자신의 개혁안과 상소문을 만들어봄으로써 '꼬마 실학자' 가 되어보게 한다.
수업 목표	• 조선 후기 사회의 문제점을 찾아보고 학생들이 스스로 해결 방안을 만들 수 있다. • 자신의 해결 방안과 실학자의 해결 방안을 비교 분석할 수 있다. • 실학의 의미를 알고 실학이 왜 생겨났는지를 이해할 수 있다.
수업의 절차	1단계: 조선 후기의 사회상 파악하기 ▷ 조선 후기 사회의 문제점 파악하기 과거제, 신분제, 토지제도 등 (읽기 자료 제시) 2단계: 해결 방안 찾아보기 ▷ 문제점을 해결하는 방안 만들기 ▷ 해결 방안을 위한 상소문 쓰기 3단계: 실학자의 해결 방안과 비교해보기 ▷ 자신이 만든 해결 방안과 실학자의 해결 방안 비교

10장

근대 100년의 생활 모습 변화

1. 100년의 생활 변화 수업은 왜 중요한가

어디에 쓰던 물건일까?

다음 사진은 오래전에 자취를 감춘 부싯돌 쌈지다. 학생들에게 이 물건의 용도를 물어보면 대부분의 학생들이 정확한 용도를 모른다.

학생들의 대답은 칼을 가는 도구, 토씨, 침낭, 식탁보, 바늘통, 붓통, 도장밥, 돗자리 등 다양하다. 아마 실물을 보여준다면 또 다른 대답이 나올 것이다. 그렇다면 성냥을 보여주거나 라이터를 보여주자. 학생들은 그것들이 본질적으로 같은 기능을 했던 물건이라는 것을 알고 나서 어떤 생각을 갖게 될까?

• • •

1) 100년의 변화

우리 역사 속에서 변화의 속도가 가장 빨랐던 시기는 언제였을까? 물론 현재 지구촌이 아주 빠르게 변화하고 있지만 이것은 현재와 미래의 일이고, 우리의 과거 역사 속에서는 조선 말기와 현재 사이가 아닐까? 이 기간은 세계 여러 나라들이 산업과 교통 · 통신의 발달 등으로 많은 변화를 겪은 시기였으며, 우리나라도 예외는 아니었다.

만약 지금 하늘을 나는 자동차가 나온다면 사람들의 반응은 어떨까? 많은 사람들이 그것을 구경하려고 모일 것이고, 또 타보고 싶어할 것이다. 이와 비슷한 충격이 19세기 말, 20세기 초에 이 땅 사람들에게 밀어닥쳤다. 이 시기 조선인들은 밀려드는 서구의 근대 문물과 맞닥뜨리면서 엄청난 충격을 받았다. 그때 선보이기 시작한 근대 문물은 그 당시 사람들의 일상생활에 파고들었다. 우리에게는 아주 자연스러운 근대 문물이 100여 년 전 그것을 처음 접했던 우리 조상들에게는 어떻게 다가갔을까?

이 수업은 일종의 생활사 수업이라고 할 수 있다. 통상 역사 서술, 역사 수업은 주로 연대기를 통한 통사 형태다. 연대기는 인물과 사건 중심의 시대 변화에 대한 이야기 구조로, 학생들이 인물을 통한 교훈적인 의미를 알고 역사적 사건 등을 통하여 그 상황의 갈등 구조를 파악함으로써 나아가 역사의 시간적 흐름을 파악하게 하는 것을 목표로 한다. 하지만 이런 연대기 형태의 역사는 인물과 사건, 제도의 나열에 그치는 경향이 있어, 학생들의 흥미와 관심을 끌어내기가 어렵다. 이러한 한계를 메울 수 있는 학습이 생활사 학습이다.

2) 초등학생의 시간의식, 변천의식과 1세기 동안의 생활 변화

근대 100년의 시간은 초등학생들에게 어떻게 다가올까? 시간 개념에 대한 초등학교 학생들의 인식에 대한 국내 연구는 많지 않다. 미국의 레브스틱 (Levstik)과 바튼(Barton)에 따르면 초등학교 5~6학년 학생들은 시간을 여러 개의 범주로 인식할 수 있으며, 역사 정보를 바탕으로 연도나 세기 개념을 활용하여 각 시대를 비교할 수 있다고 한다. 시간 표현 개념과 관련하여 1880년대 후반, 40년대 후반, 또는 50년대 초반과 같은 전통적인 시간 개념

용어를 사용할 수 있는 것으로 파악된다. 국내 연구에 따르면 12~13세 아동들은 연대를 적절한 역사적 사건, 인물, 시대와 연결할 수 있으며 성인이 사용하는 시간 어휘나 개념, 세기, 세대 등의 용어를 사용할 수 있는 것으로 파악된다. 이상의 연구 결과에 따른다면, 100년 전의 개화기 문물을 통해 그 시대 상황을 파악하고, 근대 문물의 변화 과정을 통해 현재의 모습과 연결 짓는 수업이 가능할 것이다.

강화도 조약을 근대의 출발로 본다면 근대의 시작은 지금으로부터 약 150여 년 전이다. 우리나라는 1876년 일본과 강화도 조약을 맺으면서 세계사의 거대한 흐름에 합류하게 된다. 이 시기 우리나라는 다른 시기에 비해 유례가 없을 정도의 급속한 변화를 경험하게 된다. 정신적으로는 수백 년간 조선 사회를 지탱해온 유교 사상이 뿌리채 흔들렸으며, 그때까지 전혀 겪어보지 못했던 외래 문물과 마주쳤다. 전통적인 삶의 방식에서 근본적인 변화를 겪게 된 것이다.

밤에 등잔불에 의지하던 사람들이 대낮처럼 환하게 밝힌 전기를 보면서, 그리고 마차나 우차를 이용하다가 자동차나 전차를 보면서 어떤 생각을 하였을까? 이 시기에 도입된 문물은 100여 년의 시간을 거쳐 현재의 우리 생활 모습을 이루고 있다. 그때와 오늘날의 변화 모습을 역추적해봄으로써 단절된 역사가 아니라 지금까지 그 영향이 미치고 있으며 역사의 큰 흐름 위에서 우리가 살고 있다는 것을 생각해볼 수 있다.

학생들로 하여금 100년 전의 모습과 현재 모습의 차이, 그 변화 과정을 추체험할 수 있도록 수업을 구성할 수 있을 것이다. 이때 변화, 발전뿐만 아니라 근대 문물의 유입으로 말미암아 우리가 잃어버리게 된 것도 생각해보게 한다. 학생들에게 다음과 같이 100여 년간 진행되었던 생활 모습의 변화를 추적하도록 해본다.

3차 교육과정부터 생활사가 인물사와 더불어 초등학교 교육과정 구성 원리로 논의되었다. 그러나 실제 교과서나 교실에서의 역사 수업은 통사 형태가 일반적이었다. 이러한 통사 형태의 초등 역사교육에 대한 대안의 하나로

근래 구체적인 일상생활을 통해서 역사를 생각해보도록 하는 생활사가 주목 받고 있다. 이는 궁극적으로 학생들에게 역사는 '나'로부터 시작하고 우리 모두가 역사의 흐름 속에 존재하고 있으며 예부터 그 흐름이 이어지고 있다는 인식을 심어주려는 것이다.

2. 100여 년 동안의 생활 모습 변화 수업은 이렇게

1) 수업의 절차

1단계: 주요 생활용품의 전통 시대와 근대 이후 비교해보기
2단계: 주요 생활용품 100년 동안의 변화 과정 알아보기
3단계: 생활의 변화가 우리 삶에 미친 영향 알아보기-긍정적인 면, 부정적인 면
4단계: 100년 후의 생활 모습 상상해보기

2) 수업의 실제

1단계: 주요 생활용품의 전통 시대와 근대 이후 비교해보기
첫 번째 단계는 근대 이전 전통 시대의 생활 모습과 근대 이후의 생활 모습이 구체적으로 어떻게 다른지를 생각해보도록 하는 것이다. 학생들에게 다음과 같은 질문을 하고 답변을 들어보았다.

Q 서양의 근대 문물이 들어오기 전의 생활 모습과 오늘날 생활 모습에서 다른 점은 무엇일까요?
길의 변화(도로가 넓어짐), 전차/인력거(자동차, 버스, 택시)
서당(학교), 농사(직업의 다양화), 한복(양복), 천자문(많은 교과)

전화기(휴대전화), 인두(다리미), 맷돌(믹서기)

우물(수도꼭지), 버선(양말), 붓(연필)

한지(공책), 고무신(운동화), 자명종(전자시계)

짚신(운동화), 한지(A4종이), 기관차(KTX), 꽃가루(화장품)

전통 시대의 모습과 근대 이후 서구 문물의 도입에 따른 변화에 대해 학생들은 대체로 큰 오류 없이 판단하고 있음을 알 수 있다. 전통 시대의 생활 모습과 개화기 서구 문물의 도입 이후가 단절되어 전혀 다른 모습일 수는 없다. 전통 시대의 생활 모습이 오늘날까지 남아 있는 경우도 확인할 수 있다. 그리고 사라져가는 전통을 되살리려는 움직임에 따라 다시 우리 주변에 그 모습을 드러내는 사례도 종종 볼 수 있다.

100여 년 전 서구 문물의 유입으로 우리의 생활은 그 어느 시기보다 큰 변화를 겪었다. 학생들은 이 첫 번째 단계의 질문에 대답해보면서 그러한 변화의 구체적인 내용을 생각해볼 수 있고, 그러한 변화가 개화기 이후에 본격적으로 진행되었다는 점을 생각할 수 있게 될 것이다.

학생들의 대답은 다양하다. 대부분의 답변들이 물건의 변화를 말하고 있지만 간혹 '농사(직업의 다양화)', '천자문(많은 교과)', '길의 변화(도로의 넓어짐)' 등을 제시하는 학생도 있었다.

2단계: 주요 생활용품의 100년 동안의 변화 과정 알아보기

두 번째 단계는 그러한 생활 모습의 변화가 어떻게 진행되었는지를 구체적인 사례를 통해서 살펴보도록 하는 단계다. 학생들로 하여금 1단계에서 제시한 사례 중 하나를 골라 그것을 범주화하여 100여 년간의 변화를 추적해보도록 한다. 1단계에서는 낱낱의 사례들을 열거하였는데, 이제 인간 생활에 중요한 문물을 유형별로 묶어 그 변화 과정을 살핀다. 이 단계는 인터넷 등을 이용한 자료 조사 방법이 유용하다. 혹은 과제를 부과하여 조사하게 한 후 수업 시간에 발표하게 하는 방식도 가능하다. 학생들이 조사하여 발표한 내용 중 일부를 예로 들어보면 다음과 같다.

Q 우리의 생활 모습은 100여 년 동안 어떻게 변했을까요? 관심 있는 한 분야를 골라 100년간의 변화 과정을 조사해봅시다.

교통: 도보 – 가마 – 말 – 삼륜자동차 – 시발자동차 – 현재의 자동차

세탁: 냇가(빨래방망이) – 탈수기 – 세탁기 – 드럼세탁기

더위 식히기: 부채 – 선풍기 – 냉풍기 – 에어컨

통신: 전화교환원 – 전화기 – 삐삐 – 휴대전화 – 화상전화기

산업: 직업의 수가 적었다 – 직업이 다양해졌다

이러한 조사를 하면서 기술 혹은 아이디어의 끊임없는 개발을 통해 생활이 편리해져가는 과정을 확인할 수 있게 된다. 조사 과정을 통해서 학생들이 어떠한 생각을 갖게 되었는지에 대한 질문을 던져보면 다양한 대답이 나온다. 몇 가지 예를 들어보면 다음과 같다.

배(돛단배–화물선)를 주제로 조사한 학생

"옛날에는 배가 사람의 힘에 의해 수동으로 움직였으나 이제는 자동항법장치로 자동으로 운항이 가능해졌다. 많은 짐을 실을 수 있고 시간이 단축된 좋은 점도 있으나 기름의 사용으로 바다가 오염되는 단점도 있다. 옛날 물건과 오늘날 물건은 모두 장단점이 있다."

기차를 주제로 한 학생

"기차를 만든 것은 대단하고 위대하다. 하지만 철로를 만든 사람들은 많은 고생을 했을 것이다."

'신발'의 변화 과정을 조사한 학생

"짚신에서 고무신으로 바뀐 것은 장수, 위생 때문이고, 고무신에서 운동화로

1906년의 우마차

발전한 것은 불편함과 멋부리기 위한 것이다. 또한 옛날에는 대부분 흙길이라 부드러워서 짚신을 신어도 되었지만, 도로가 생기면서 길이 딱딱하여 고무신과 운동화가 대중화되었을 것이다."

마지막 학생의 답변이 주목할 만하다. 물건의 변화가 단순히 불편함과 편리함 때문만이 아니라 '멋'이라는 미적 감각에 대한 생각과 함께 신발과 깊은 관계가 있는 '길'의 변화까지 확장하여 사고하고 있다. 단순히 물건의 변화만을 따져본 것이 아니라 그 변화의 과정에서 이루어진 또 다른 변화 현상에까지 학생들의 생각이 미치고 있다. 이렇게 생활 모습의 변화를 파악함과 동시에 자연스럽게 그러한 변화가 사람들에게 미친 영향까지 생각해볼 수 있도록 유도할 수 있다. '왜 그러한 변화가 일어나게 되었을까'라는 질문을 던져 그러한 생각을 해보도록 유도한다.

Q 왜 이런 변화가 일어났을까요?
외국 문물이 들어오면서 / 새로운 호기심 때문에
고급스러워 보여서 / 지도자의 노력으로
편리한 생활을 위하여 / 새로운 물건을 가지고 싶어서
많은 사람들이 혜택을 보기 위해서 / 과학기술의 발달

빠르기 때문에 / 간편하기 때문에

안전하기 때문에 / 학문이 더 발달해서

이 질문에 대한 학생들의 답변을 분류해보면 외국 문물의 영향, 심리적 요인, 생활의 편리성과 안전, 과학기술의 발달, 지도자의 노력, 공공의 이익으로 나누어볼 수 있다.

100여 년간의 생활도구와 모습의 변화를 외국 문물의 영향 탓으로 분석한 학생들은 우리의 생활 모습은 타인의 영향이 절대적이라고 믿는 것으로 보인다. 물론 지금도 외국의 생활 모습이 우리에게 빠르게 소개되고 있고, 우리의 문화도 세계로 전파되고 있는 것이 사실이다.

심리적인 요인인 새로운 물건에 대한 호기심과 외국의 문물이 고급스러워 보인다는 문화적 열등감, 그 물건을 소유하고 싶은 욕구로 생활의 변화가 이루어졌다고 분석한 학생들도 있었다. 특히 외국의 문물이 고급스러워 보인다는 답변에서 초등학생들 역시 옷이나 신발에서 유명 브랜드 제품을 선호하는 것과 같이 단순히 외국 제품에 대한 선호도가 반영된 결과로 보인다.

생활의 편리성과 안전을 변화의 요인으로 생각한 학생들도 있었다. 생활 자체의 불편함으로 인해 더욱 편리한 생활을 위해 선진 기술로 만들어진 도구를 사용한다는 것이다. 요즈음의 첨단 제품의 기능이 '편리성과 속도'를 지향하는 경향과 일치한다.

지도자의 노력이 변화 요인이라고 파악한 학생들은 사회 변화의 구조적인 틀에서 지도자의 중요성을 강조한 것으로 보인다.

과학기술의 발달로 분석한 학생들은 지난 100여 년간의 생활 변화는 무엇보다도 과학의 힘이 가장 컸다고 생각했다. 이것은 사회 변화의 구조에서 부정할 수 없는 사실이며, 지금도 각국이 고부가가치의 과학기술을 획득하기 위해 노력하고 있다.

마지막으로 변화의 요인을 공공의 이익으로 분석한 학생들은 100여 년간의 생활 변화가 모든 이들에게 이익이 되는 결과를 가져왔다고 평가했다.

3단계: 생활의 변화가 우리의 삶에 미친 영향 알아보기

세 번째 단계에서는 생활 모습의 변화가 우리의 삶에 어떤 영향을 주었는가를 생각해보도록 한다. 단순한 이분법적 접근이기는 하지만 긍정적인 측면과 부정적인 측면을 생각해보도록 하는 것도 하나의 방법일 수 있겠다. 새로운 문물의 발명 혹은 제작 사용으로 인해 우리 생활이 어떻게 바뀌었는가에 대한 질문은, 지금 우리가 근대 물질문명 속에서 별다른 고민 없이 살아가는 모습을 되돌아보는 측면도 있다.

Q 100년간의 변화에서 좋은 점은 무엇입니까?

우리 생활이 편리해졌다.

기차와 자동차 등의 교통수단이 발달하였다.

전화, 휴대전화 등 통신의 발달이 있었다.

속도가 빨라졌다(자동차의 속도, 기차, 비행기 등).

어느 곳이든 쉽게 갈 수 있다. 옛날에는 서울까지 오랜 시간이 걸렸는데 지금은 쉽게 갈 수 있다.

학교가 많이 생겨서 모든 아이들이 학교에 다닐 수 있다.

자동차와 전화기 수가 많아졌다.

과학기술이 발달하여 쉽고 간편하게 일을 할 수 있다.

초가집보다 지금의 벽돌집이나 아파트가 더 튼튼해졌다.

여러 종류의 제품이 시장에 나와서 우리 생활이 풍족해졌다.

Q 100년간의 변화에서 우리가 잃어버렸거나 나빠진 점은 없나요?

옛날의 자연 모습을 잃어버렸다.

환경 오염이 심해졌다.

우리의 전통인 유교 정신 등이 약해졌다.

많은 동물이 사라졌다(호랑이, 늑대 등).

인심이 나빠졌다.

산이 많이 없어지고 그 자리에 아파트나 건물 등이 세워졌다.

과학기술이 발달하여 좋아졌으나 전쟁이 일어나 많은 사람들이 죽었다.

사람들이 100년 전처럼 아껴 쓰지 않고 펑펑 쓴다. 가까운 거리도 자동차를 타고 다녀서 공기도 탁해지고 환경도 오염되었다.

도시가 생겨나면서 자연 환경이 파괴되었다.

에너지와 물건을 낭비한다.

사람들 사이의 믿음이 사라졌다.

현대 문명의 이기를 누리고 있는 학생들이어서 100년 전과 비교했을 때 더 좋아진 점으로 삶의 편리함, 풍족함, 다양함, 속도의 빠름 등을 들었다. 하지만 그로 인하여 환경 오염과 자연 파괴, 동물의 멸종, 에너지의 낭비, 인간미의 상실, 불신의 사회 풍조 등의 부정적인 면도 제시하였다.

지폐를 조사한 한 학생은 "지폐의 액수만 바꾸어도 되는데 왜 지폐의 모양과 이름을 바꾸는지 모르겠다. 신용카드가 생겨 돈을 안 가지고 다녀도 되는 좋은 점도 있지만 신용불량자를 생기게 하여 안 좋은 점도 있다"라고 대답하였다.

기차에 대해 조사한 한 학생은 "기차가 생기기 전에는 마차를 이용했다는 것을 처음으로 알았다고 했다. 우리가 항상 보는 것이 당연한 것이 아니라 많은 사람들이 고민한 끝에 나왔다는 것을 알 수 있었다"라고 응답하였다.

4단계: 100년 후의 생활 모습 상상해보기

기술 개발이나 그를 통한 생활의 변화는 과거에서 현재를 거쳐 미래로 이어질 것이다. 그러한 변화의 모습을 상상해보게 하는 것도 앞으로 인류의 생활이 어떻게 달라질지를 생각해보도록 하는 의미를 가진다. 아동들이 어른이 되어 살아가게 될 모습을 상상해보는 것은 자신의 미래를 구상하는 소박한 기회일 것이다.

Q 100년 후의 모습을 상상해봅시다. 무엇이 달라질까요?

로봇들이 밥을 차리고 청소를 하며 집도 지켜준다.

부산에서 서울까지 5분 만에 도착한다.

멸종 위기의 동물들을 복원하여 많은 동식물을 볼 수 있게 될 것이다.

우리의 전통을 지키고 자연을 보호하는 나라가 될 것이다.

지금보다 더욱 편리하게 모든 게 자동으로 이루어진다.

하늘을 빠르게 날고 편리하게 전 세계를 돌아다닐 수 있고, 집에서 컴퓨터로 선생님과 공부하며 마음대로 놀고먹을 수 있는 자유로운 사회가 될 것이다.

100년 후에는 환경 오염이 심해져 지구에 나무가 자라지 못한다.

자연의 상태가 더 나빠져 동물들이 대부분 멸종될 것이다. 그 대신 과학이 더 발달하여 우리 생활은 더욱 편리해질 것이다. 죽은 자연을 과학으로 살릴 수 있는 기술이 생길 것이다.

영화 〈아이로봇〉 같은 세상이 될 것이다. 모든 것을 로봇이 해결해줄 것이다.

하늘을 나는 자동차로 비행기가 없어지고, 무기가 더 다양해진다. 타임머신으로 시간을 이동하며 전 세계가 한 가지 언어를 사용하여 한글이 없어질 것이다.

전쟁이나 로봇 때문에 지구가 멸망할 것이다.

지구가 더욱 온난화되어 지구에서 살 수 없을 것이다.

새로운 자원과 에너지를 개발하여 더 편리해진 사회가 될 것이다.

이 주제에서는 미래가 더 밝아질 것이라는 의견과 함께 암울한 사회가 될 것이라는 부정적인 의견도 많았는데, 미래의 사회는 우리 마음가짐에 따라 얼마든지 바뀔 수 있다는 생각이 담긴 답변은 보이지 않았다. 부정적인 의견이 많이 나온 것은 교사가 물건의 변천 과정에서 장단점이 있음을 강조하여 학생들이 안 좋은 점에 대해 좀 더 주목했기 때문일 수도 있으며, 현재 지구 온난화와 환경 오염 등이 학생들에게 부정적인 사고를 유도했을 것으로 본다.

하지만 미래는 학생들 자신의 손에 달려 있다는 적극적인 의식의 부족이 아쉽다. 지난 100여 년간의 여러 물건들의 변화가 우리의 생활을 편리하게 해준 이점도 있었지만, 그 이면에는 많은 사람들의 노력과 희생이 있었으며 환경 오염과 전통의 부정과 같은 안 좋은 현상도 있었다. 이러한 단점을 극복하고 장점을 더욱 살려 미래에는 모든 사람들이 잘사는 사회를 만들어가야 할 것이다. 그것은 우리 모두의 손에 달려 있다는 것을 생각해보도록 하는 것으로 마무리할 수 있겠다.

3. 변화 속에서 '오늘'을 생각해보기

100년의 시간 동안 인간의 삶은 엄청나게 변화해왔다. 과학기술의 발달로 생활의 질이 크게 향상되었지만 우리가 잃어버린 것도 많다. 학생들은 100년간의 변화를 추적하면서 이러한 변화가 실생활에 미친 영향을 찾아가게 된다. '과학기술의 발달 = 삶의 질 향상' 이란 등식이 반드시 성립되는 것은 아니며 우리가 어떤 마음가짐을 갖고 행동하느냐에 따라 미래의 모습이 변할 수 있다는 생각을 해볼 수 있는 기회가 제공될 필요가 있겠다. 특히 다양하고 희귀한 사진 자료를 통해 학생들의 궁금증을 유발한다면 수업 효과는 더욱 커질 것이다. 인터넷 경매 사이트를 통해 실물을 구해서 보여주는 것도 하나의 방법이다. 또한 각 지역의 민속 박물관과 연계한 수업도 구상해볼 수 있다.

과학기술의 발달은 20세기에 들어오면 우리의 생활과 문화, 사회 등 모든 분야에 영향을 미쳤다. 현재의 우리 사회 역시 '1등만이 살아남는다' 는 슬로건과 함께 과학기술의 향상을 위해 기업과 국가가 매진하고 있다. 하지만 우리가 간과해서는 안 되는 사실이 있다. 과학에 대한 맹신으로 인해 전통 질서의 상실, 편리함만 추구하는 이기심, 환경 파괴 등의 부정적인 면도 있다는 것이다.

학생들이 100년의 변화에서 과거 사람들의 삶을 통해 과거인의 역사를 배우고, 변화 속에서 좋은 점과 나쁜 점을 생각해보면서 나의 현재의 역사를 그려보고, 부정적인 면의 극복 방안을 통해 미래의 우리, 미래의 역사를 만들어보는 시간을 가지게 될 것이다.

4. 수업 자료

[사전 학습지] 100년의 변화

Q 100년 전과 현재의 모습이나 물건 등에서 변화된 것으로는 무엇이 있을까요? 생각나
  는 대로 적어보세요.

Q 한 가지 모습이나 물건을 골라 그것의 변화 과정을 알아봅시다.

Q 왜 이런 변화가 일어났을까요?

[본수업 학습지] 100년의 변화

Q 100년간의 변화에서 좋은 점은 무엇입니까?

```




```

Q 100년간의 변화에서 우리가 잃어버렸거나 나빠진 점은 없나요?

```




```

Q 100년 후의 모습을 상상해봅시다. 어떤 모습일까요?

```




```

Q 100년간의 변화를 보고 무엇을 느꼈나요?

```




```

5. 교수 학습 과정안

수업 방향	100년이라는 시간을 거슬러 올라가서 우리의 생활 모습의 변화를 알아보고 이러한 변화가 왜 일어났으며, 장단점은 무엇인지를 탐구해보는 과정이다. 또한 미래의 모습을 상상해보게 하여 좀 더 건전한 사회상을 이룰 수 있는 동기 부여의 기회를 가지고자 하였다.
수업 목표	• 100여 년 전과 현재의 생활 모습의 변화 과정을 이해할 수 있다. • 지금의 생활 모습은 갑자기 만들어진 것이 아니라 오래전부터 여러 가지 요인으로 변화되어 현재에 이르렀음을 이해한다.
수업 절차 및 유의점	① 수업의 절차 1단계: 주요 생활용품의 전통 시대와 근대 이후 비교해보기 2단계: 주요 생활용품의 100년 동안의 변화 과정 알아보기 3단계: 생활의 변화가 우리 삶에 미친 영향 알아보기-긍정적인 면, 부정적인 면 4단계: 100년 후의 생활 모습 상상해보기 ② 유의점 • 1단계와 2단계 학습 전에 학생들에게 100여 년 전의 물건이 현재에 이르기까지 변화된 과정을 조사하는 사전조사 학습을 실시한다. • 교사는 100여 년 전의 사진 자료와 현재의 사진 자료들을 수집해서 교수 학습 자료로 이용해야 한다.

11장

일제 강점기 아이들은
어떻게 살았을까?

1. 아이들에게 일제 강점기는 어떤 의미일까

우리는 그 아픈 시대를 어떻게, 얼마나 알고 있나?

1910년 8월 29일.

무슨 날일까요?

칠판에 '1910년 8월 29일'이라고 적은 다음 아이들과 스무고개를 시작한다. 아이들로부터 다양한 대답이 나온다. 세계대전 시작일, 을미사변, 을사조약, 내 생일, 한국전쟁일, 우리나라가 러시아와 수교한 날…… 등등. 1919년 3월 1일과 4월 13일 등에 대한 정보를 좀 더 제공하고, 몇 번의 오답을 거친 후에 일본이 조선을 강제로 점령한 날이라는 답이 나온다. 하지만 몇몇 아이들은 "아!" 하거나, 갑자기 그것이 무슨 상관이냐는 표정을 짓는다. 어른들도 기억하지 못하는 날인데, 아이들이 정확하게 기억하기를 기대하는 것은 무리일까? 일제 강점기는 아이들에게 어떻게 기억되어야 할까?

· · ·

우리 역사에서 1905년부터 1945년 8월까지는 암흑기로 기억된다. 대한민국의 20세기는 고통으로 시작되었다. 일제에 강점되던 1910년 8월 29일은 국치일로서 지금까지도 부끄러운 날로 기억된다. 35년간의 압제를 벗어나고도 정치적 혼란과 잇따른 전쟁으로 고난의 시간이 이어졌다. 세계에서 가장 가난한 나라 중의 하나였던 대한민국은 이러한 고난 속에서도 성장을 거듭하였다. 그러는 동안 일제 강점기를 살았던 사람들은 고인이 되었거나 고령으로 하나둘 우리 곁을 떠나고 있다. 그와 함께 그 시대의 기억들도 우리에게서 차츰 멀어져간다.

요즘 학생들에게 '통일'이 크게 와닿지 않듯이, 일제 강점기도 실감 있게 느껴지지 않을 것이다. 강화도 조약 이후에 일어난 수많은 사건들은 학생들의 머릿속에서 뒤죽박죽 엉켜 있다. 강화도조약과 을사조약을 혼동하기도 한다. 여학생 중 상당수는 역사에 대해 생각하는 것 자체를 싫어한다. 지금의 나와 상관없는 이야기라며 무관심한 태도를 보이기도 한다. 이런 학생들에게 일제 강점기는 외울 게 너무 많아서 유감일 뿐이다. 터무니없이 나라를 빼앗겼다거나 나라를 빼앗긴 과거에 대해서는 별다른 감정을 갖고 있지 않다.

학생들은 그렇다 하더라도 어른들도 종종 일제 강점기를 아픈 과거일 뿐이라며 기억하지 않으려는 경향을 보이기도 한다. '왜 아직까지 과거에서 벗어나지 못하고 있냐'는 것이다. 과거는 과거일 뿐 지금 이렇게 잘살게 되었으니 이제는 좀 잊고 일본을 용서해줄 때도 되지 않았냐는 것이다. 과연 그러할까? 강제 점령과 그로 인한 수많은 인명의 희생, 징용과 징병이라는 강제 노동, 생이별 등에 대한 일본의 제대로 된 사과와 반성을 통해 역사의 상처를 치유하지 못하는 한, 그 시대의 실상을 기억하고 그 의미를 새기는 것은 여전히 살아남은 자들의 몫이다.

일제 강점기에 대해 자문해본다. '우리는 그 시대를 얼마나 알고 있는가?' 그 시대를 살았던 사람들에게 가해졌던 억압과 굴종에 대해서 우리는 이제 더 이상 생각하지 않아도 될 만큼의 시간이 흘렀을까? 교과서에 나오는 독립투사들과 단체들의 활동이 아니라 그 시대에 이 땅을 지키며 살았던 수많은 민중의 삶에 대해 얼마나 알고 있는가?

그 시대 사람들의 생활은 어떠했을까? 교과서는 주로 '투사', '열사' 등과 같은 사람들의 활동을 중심으로 채워져 있다. 이들의 삶은 그 자체로 역사가 되며, 우리는 항상 그들의 헌신과 희생을 기억해야 한다. 그런데 커다란 족적을 남긴 독립 운동가들의 혁혁한 삶은 아닐지라도 무수히 많은 사람들이 살다가 갔다. 그들은 기록으로 남겨지지도 않았고, 후손들에게 기억되지도 않는다. 묵묵히 이 땅을 지키고 살았던 평범한 사람들의 삶이 있다.

그 시대에 태어나 성장기에 있었던 초등학생 또래의 어린이들도 있었다. 그들은 과연 어떤 생각과 고민을 갖고 살았을까? 나라를 빼앗기고, '조국의 독립'에 대해 생각해야 했던 그 시대 어린이들의 삶은 과연 어떠했을까?

위인의 삶을 통해 그 시대를 알아보고 교훈을 얻는 것도 필요하지만, 그 시대를 살았던 또래의 삶을 알아보고, 만약 내가 그때 살았더라면 어떤 선택을 했을지 고민해보는 활동을 통해서 역사를 자기 문제로 생각해보는 것도 중요한 의미가 있다. 일제 강점기를 살았던 보통 사람들, 그 시대의 아이들은 어떻게 살았을까? 또한 다른 나라에 '강점'되어 지배를 받는다는 것을 상상해보게 하는 것도 일제 강점기를 수업하는 한 방안이 될 것이다.

2. 교과서에서 그리는 일제 강점기는?

"교과서는 교육과정을 구현하는 여러 가지 교재들 중의 하나이고, 교사는 이것을 재구성하여 사용하여야 한다"는 친절한 해설은 우리 교육과정에서 '재구성'을 적극 권장한다. 그러나 여러 개의 교과를 다루어야 하는 초등 교사로서는 재구성에 필요한 시간이 절대적으로 부족한 것이 사실이다. 재구성은 매우 필요할 때, 그것도 기껏해야 1년에 몇 차시 정도 이루어질 뿐이다. 교사들은 '적어도' 교과서에 나와 있는 것만 다루어도 된다는 안도감과 의무감을 동시에 가지고 있다. 수많은 참고서가 범람하는 가운데 학생들에게도 교과서는 공부의 기본이자 중심이 된다. 또한 공부와 시험을 떼놓고 생각할 수 없는 교사들에게 교과서는 절대적이다. 그렇다면 교사와 학생들이 모두 애지중지하는 교과서는 과연 역사를 제대로 담고 있을까?

초등학교 5학년 2학기 사회 교과서의 2단원의 일제 강점기는 청일, 러일 전쟁 이후부터 광복까지의 우리 역사를 다루고 있다. 교과서 일제 강점기 부

분은 우리나라 통사에서 다른 시대와 비교해볼 때 많은 양을 차지하고 있다. 1000년의 역사를 자랑하는 신라가 3~4쪽 분량에 그치는 것에 비해, 35년의 짧은 시기를 22쪽에 걸쳐 기록하고 있다. 물론 근현대사 부분을 더 자세하게 다루는 것이 역사 교육과정의 한 원리이기는 하지만, 아무래도 '나라를 잃어 버린' 기억을 잊지 말자는 의미가 더 강할 것이다.

하지만 교과서의 일제 강점기 부분은 분량이 많음에도 불구하고 서술상에서 아쉬운 점이 있다. 5학년 2학기 사회 교과서 〈2-4. 국권 상실과 민족의 수난〉과 〈2-5. 국권 수호와 독립운동의 전개〉 단원 중 일부를 살펴보자.

먼저 〈2-4. 국권 상실과 민족의 수난〉 단원과 주제는 위에서 보는 바와 같이 을사조약과 국권 상실, 일제의 경제 수탈 정책과 영향, 일제 강점기 도시의 변화와 사람들의 생활, 전쟁에 동원된 우리나라 등의 굵직한 사건들로 구성되어 있다. 2-4 주제의 내용을 간략히 요약하면 아래와 같다.

러일 전쟁에서 승리한 일제는 을사조약으로 대한제국의 외교권을 빼앗았다. 일제 침략에 맞서 우리 민족은 국내외에서 다양한 민족운동을 전개하였으나 결국 일제에게 나라를 빼앗기고 말았다(국권 상실). 우리나라를 빼앗은 일제는 우리 민족을 강압적인 방법으로 통치하였다. 그리고 여러 가지 수탈 정책을 실시하였다. 경제 수탈 정책으로 농민들의 생활은 어려워졌다. 많은 농민들이 고향을 등지고 도시로 이주하거나 만주, 일본 등 외국으로 떠났다. 일제 강점기

동안 도시의 수가 늘어나고 새로운 문물이 등장하였다. 그러나 일본인과 소수의 한국인만이 그 혜택을 누렸다. 한편 일제는 <u>침략 전쟁</u>을 수행하기 위해 <u>우리나라 물자뿐만 아니라 사람들까지 동원</u>하였다.

다음 〈2-5. 주권 수호와 독립운동의 전개〉 단원과 주제는 항일 의병 운동, 애국 계몽 운동, 3·1 운동과 대한민국 임시정부의 수립, 무장 독립운동 등의 굵직한 사건들과 안중근, 안창호, 김좌진, 이봉창, 윤봉길, 신채호, 손기정 등의 위인들의 업적으로 구성되어 있다. 2-5 단원의 주제를 간략히 요약하면 아래와 같다.

일제의 주권 침략에 맞서 우리 민족은 다양한 형태로 <u>항일 운동</u>을 전개하였다. 을사조약을 계기로 더욱 거세어진 <u>의병 운동</u>은 군대 해산 이후 더욱 강화되었고, 애국지사들은 앞장서서 <u>교육과 산업</u>을 일으켜 부강한 나라를 만들고자 하였다. 우리 민족은 비록 일제에 나라를 빼앗겼지만, 독립을 위한 노력을 지속하였다. 수많은 비밀 단체를 조직하여 일제의 침략에 저항하는 한편 국외에서도 <u>독립운동</u>을 활발히 전개하였다. 전국적으로 일어난 <u>3·1 운동</u>은 우리 민족의 독립 의지를 국내외에 알렸으며, <u>대한민국 임시정부</u> 수립으로 이어지는 계기가 되었다. 이후 계속된 무장 독립운동과 애국지사들의 의거는 민족정신을 일깨우는 데 큰 역할을 하였다.

밑줄 그은 부분들이 핵심 용어로서 학생들이 순서대로 기억해야 할 사안이다. 중요 사건과 인물을 중심으로 서술되는 역사 서술은 사건과 위인들의 활동을 간단히 소개하는 데 그쳐 왜 그러한 사건과 활동이 필요하였고, 일상 생활에서 그런 사건과 활동들이 어떻게 이루어졌는지에 대한 설명이 부족해 학생들의 충분한 이해를 이끌어내기가 어렵다.

이상에서 보건대, 초등학교 사회 교과서에서 일제 강점기에 대한 서술은 우리나라를 지키고자 한 많은 사람들의 활동과 사건에 대한 소개가 대부분이다. 통사로 싣다 보니, 할 이야기가 너무나도 많은 일제 강점기는 이 교과서에서 가장 외울 것이 많은 부분이 되고 말았다. 학생들은 안창호 – 대성학교, 한글사전 – 주시경, 안중근 – 이토 히로부미 저격 등 일제 강점기를 '누구 – 무엇'의 형태로 짝지어 외워야 하는 것으로 받아들인다. 일제 강점기에 살았던 보통 사람들의 삶은 다루어지지 않는다. 보통 사람의 시선으로, 아이들의 시선으로 일제 강점기를 바라보게 하는 방법은 어떨까?

3. 일제 강점기를 생생하게 수업하기

역사교육은 학생의 주체적인 안목의 형성도 하나의 목표로 삼고 있다. 이 목표를 달성하기 위해서 교사는 학습자의 발달 단계에 맞는 학습 형태와 자료를 개발하여, 학생 스스로 탐구할 수 있는 학습의 장을 마련해줄 필요가 있다. 이러한 관점에서 일제 강점기에 대한 '아동 생활사 학습'을 생각해볼 수 있다. 아동 생활사 학습은 아동들에게 해당 시기 아동의 역사적 경험을 추체험하게 하는 것이다. 그리하여 아동의 관점으로 역사를 보게 하는 것이다. 그 시대의 생생한 생활 이야기 자료는 아이들의 역사 학습에 대한 관심과 흥미, 동기를 유발시켜 학습 효과를 높인다. 요컨대 아동 생활을 중심으로 구성해보는 역사 학습은 역사를 자신과 관계된 친밀한 또래의 역사로부터 출발함으로써 역사 학습이 자신의 삶과 밀접한 관련이 있다는 것을 이해하게 하는 것이다. 아동 생활사로 명명되는 이 같은 접근법은 다음과 같은 효과를 기대할 수 있다.

첫째, 아동 생활사 적용은 역사적 사실을 쉽고 생생하게 이해하는 데 도움을 준다.

둘째, 아동 생활사를 학습하면서 아동들의 생활도 역사가 될 수 있다는 사실을 알고 역사에 대해 새롭게 인식하게 된다.

셋째, 아동 생활사는 아동 자신도 역사의 주인공이라는 기초적인 역사의식을 기르는 데 도움이 된다.

넷째, 아동 생활사의 적용은 아동들의 역사에 대한 흥미를 자극하여 능동적이고 적극적인 학습의 주체가 되도록 하는 데 도움을 준다.

다섯째, 아동 생활사를 학습하면서 역사적 행위에 대해 이해하고 감정이입하는 경향을 유도할 수 있다. (문재경, 2007)

위인의 업적을 중심으로 일제 강점기를 바라보는 것은 학생들이 그 시대를 생동감 있게 느끼게 하는 데는 미진한 부분이 있다. 위인들의 업적을 넘어서서, 그 시대 이 땅의 많은 보통 사람들이 어떻게 살았는지에 초점을 맞춰보자. 특히 일제 강점기를 살았던 어린이들의 생활은 어떠했는지도 말이다.

4. 일제 강점기 아이들은 어떻게 살았을까?

일제 강점기에 대한 학생들의 인식은 일본에 대한 적대감과 우리 민족이 겪었던 고난에 대한 아픔이 주를 이룬다. 이는 '나라를 잃었다'는 상실감에서 비롯된 것이라고 하겠다. 이는 내 물건을 강제로 빼앗겨본 적이 있는 경우에 빗대어 일제 강점기를 가늠하는 정도로서 그 시대 사람들의 생활을 알고 마음속으로 공감하는 것과는 별개의 성격이다.

학생들의 이러한 인식은 교과서 내용이나 학교 수업과도 관련이 있다. 중요 인물과 그 인물의 업적을 연결하는 교과서 구성이나 그에 따른 수업 방식, 그리고 사실 지식을 위주로 하는 평가 과정은 학생들로 하여금 그 시대를 생생하게 만날 수 있는 기회를 차단하고 있다. 학생들이 일제 강점기를 좀 더 생생하게 만나는 곳은 교과서가 아닌 다른 책이나 드라마, 영화와 같은 매체다.

일제 강점기 아이들이 어떻게 살았는지에 대한 기록은 교과서에 실려 있지 않다. 대안 교과서를 넘어 교양 도서로 자리 잡은 『살아있는 한국사 교과서』에는 당시 아이들의 생활이 일부분 소개되어 있는데, 좀 더 많은 자료는 『마사코의 질문』과 같은 동화책이나 당시의 잡지, 신문 등의 자료를 통해서 살펴볼 수 있다. 또한 일제 강점기 교육 정책이나 학교 수업에 대한 연구도 많이 나와 있으므로, 교사가 관심을 갖고 찾고자 한다면 자료는 적지 않다. 그럼 과연 일제 강점기 어린이들은 어떤 모습으로 살았을까?

5. 일제 강점기의 학교 교육과 아동의 생활

일제 강점기의 아이들을 살펴보는 데 있어 학교를 빼놓고 이야기할 수 없다. 근대 교육제도가 도입되면서 아동들은 어느 정도나 교육 기회를 누릴 수 있었을까? 개항과 갑오개혁을 거치면서 신분제도가 해체되고, 신식 학제가 도입되면서 한국인들의 교육에 대한 열망은 점차 높아져갔다. 전통적인 신분 질서가 무너지고 사회 이동 · 지위 획득의 수단으로 교육의 의미가 크게 부각되었기 때문이다. 일제의 식민 지배 초기에는 일제의 민족 교육 탄압과 친일 교육에 대한 거부감으로 학교 진학률이 낮았다. 그러다가 1920~30년대에 들어서면서 자녀 교육열이 급격하게 높아지고 다양한 교육기관을 통한 교육이 이루어졌다. 관 · 공립, 사립 초등 · 중등 · 고등 교육기관과 서당 및 각종 단체나 인사에 의해 야학이 설립되었다.

그러나 조선을 식민화한 일제가 당면한 가장 시급하고 중요한 과제는 교육을 통하여 조선인들을 식민 지배에 복종하도록 하는 것이었다. 조선총독부는 철저한 통제와 관리 아래 교육 정책을 폈다. 일본어의 사용과 천황 숭배 교육은 수신(修身)이나 국사(일본사), 지리와 같은 교과목을 통해서 철저히 주입되었으며, 특히 수신 교육은 일본 천황의 은혜를 고맙게 여기며 충성을 다하는 식민지 국민을 양성하는 데 궁극적인 목표를 두었다.

일제는 1면 1교를 목표로 초등 보통 교육기관으로 공립보통학교의 증설을 추진하였으나, 이러한 학교가 수용할 수 있는 아동의 수는 극히 제한되어 1920년대까지만 하더라도 전체 조선의 학령기에 있는 총 아동 수의 30퍼센트를 넘지 못했다. 또한 도시에 비해 농촌 아동, 특히 여아의 취학률은 가장 낮았다. 이러한 낮은 취학의 배경은 다음과 같이 살펴볼 수 있다.

"일제 강점기 당시 민중의 80퍼센트 정도가 농민층이었으며, 농민층의 80퍼센트 가까이가 소작농이었다. 이들은 1~3년 정도 소작권이 보장되는 열악한 처지에 있었다. 또한 소작 농업 경영 외의 다양한 생계 보충 노동을 해야만 겨우 살아갈 수 있었다. 이와 같은 소작 농가의 경제 조건에서 학령기의 아동들은 대부분 교육의 기회를 갖지 못하고 가족 노동에 종사해야 했다. 때로는 도회지의 공장 노동자가 되기도 했다. 농사만으로는 가족의 생계를 감당하기가 어려웠기 때문이다. 그렇다고 농업 이외의 노동에 대한 보수가 높았던 것도 아니다. 노동은 일제 독점 자본의 지배 아래 행해졌으므로 저임금에 의한 노동력 수탈이 일반적이었으며, 일본인 노동자들과의 임금도 크게 차이가 났다."(문소정, 「1920~30년대 소작농가 자녀들의 생활과 교육」)

조선의 가정이 대부분 가난을 안고 있는 상황에서 교육의 길은 멀고도 힘든 과정이었다. 이 때문에 많은 농민들이 문맹 상태에 있었다. 야학 운동은 이러한 농민층의 자녀 교육에 대한 열망과 일제에 의해 수립된 공립보통학교 교육제도로 충족시켜줄 수 없었던 높은 교육열을 메워주었다. 그러나 일제는 식민 지배 체제에 대한 비판 의식을 고취시키는 것을 막기 위해 1930년대에 들어서면서 야학의 인가를 취소하거나 식민성 야학으로 성격을 변질시키는 등 야학을 탄압하였다.

이렇게 그 시대 아동들의 교육 기회는 대단히 제한적이었다. 교육받아야 할 시간에 혹독한 노동에 종사해야 하는 아동들이 많았다. 그 가운데서 아동들은 일제 식민 통치를 어떻게 생각했고, 자신들의 꿈과 희망을 어떻게 가꾸어나갔는지를 생각해보도록 해야 할 것이다.

여기서는 일제 강점기 아이들에 대한 몇 가지 사례를 통해 당시 사람들의 생활 속으로 들어가보도록 하겠다. 학생들은 모둠별로 하나의 주제를 선택하여 당시의 생활이 어떠하였는지 알아보고, 자신이 그 시대에 살았더라면 어떠했을지를 감정이입을 통해 이해해보도록 하는 것도 좋을 것이다. 학생들은 각 주제를 대하면서 제시된 문제를 생각해보면서, 그 시대의 구성원으로 살아간다는 것에 대한 의미를 깨닫게 될 것이다. 각 주제마다 시대와 관련지어 생각해볼 문제와 함께 토의해보도록 유도하는 것이 좋겠다.

6. 일제 강점기에 유관순 말고 다른 사람들은 뭘 했나요?

1단계: 일제 강점기 어린이들은 어떤 모습으로 살았을까요?

사례 1. 내가 일제 강점기에 태어났다면 학교에 다닐 수 있었을까?

일제 강점기의 아동들의 삶은 학교에 다니는 것과 그러한 교육 기회를 갖지 못하고 노동에 종사해야 했던 경우로 나누어 생각해보도록 할 수 있다. 물론 그 시대 아동들의 삶의 모습은 훨씬 다양했을 테지만 여기서는 두 가지로 나누어 살펴보도록 하겠다. 가장 일반적으로 접근해볼 수 있는 것이 그 시대 아이들의 학교 생활이다. 내가 일제 강점기에 태어났다면 학교를 다닐 수 있었을까? 학교에서 배우는 내용은 오늘날과 얼마나 달랐을까? 등의 궁금증을 토대로 당시의 생활 속으로 들어가는 추체험을 해보게 하는 것이다.

먼저 일제 강점기 어린이들의 취학률과 학교에서 배우는 교과 내용에 대한 개관을 통해 통해 일제 시대 아동들의 삶의 배경을 이해할 수 있도록 한다. 오늘날 초등학교 취학률은 거의 100퍼센트에 육박한다. 의무 교육이기 때문이다. 이러한 조건에서 초등학교를 다니고 있는 오늘날의 아이들에게 일제 강점기의 초등 교육은 낯설고 이해하기 어려울 것이다. 또한 요즘 배우는 내용과 일제 강점기에 배우는 내용이 크게 다르다는 사실도 학생들에게는 새롭게 다가갈 것이다.

이에 대한 자료는 파워포인트로 구성하여 화면을 통해 학생들과 함께 보며 생각하는 시간을 만들 수 있으며, 다음과 같은 내용으로 구성해볼 수 있겠다.

〔수업 자료 ①〕 일제 강점기 어린이와 학교 생활

| 일제 강점기의 보통학교(지금의 초등학교)의 취학률은 가장 높은 때에도 40퍼센트를 넘지 않았다. | ⇒ | 교과목은 수신, 국어, 조선어, 한문, 산술, 이과, 창가, 체조, 도화, 수공, 재봉·수예, 농업초보, 상업초보 등이었다. | ⇒ | 이 중 일본어의 비중이 가장 컸으며, 그다음이 산술, 조선어, 한문 등의 순서였다. 일본의 역사를 국사라는 이름으로 다루었다. |

| ⇒ | 1940년대 들어서면 학교에서 조선어를 배울 수 있는 기회는 완전히 사라졌으며, 체육 훈련의 비중이 커졌다. | ⇒ | 보통학교 졸업자들 중 40퍼센트 정도만이 상급학교로 진학했고, 나머지는 가사일을 하였다. |

학생들은 먼저 지금과는 비교가 안 되는 낮은 취학률을 보고 놀라워했다. 여덟 살이 되면 당연히 학교에 들어가는 요즘의 아이들이기에 당시의 아동을 측은하게 여기는 듯하였다. 또한 학생들은 당시의 교과목에서 수신이란 교과는 무엇인지, 국어가 있는데 조선어라는 과목이 왜 필요한지에 대해 의

문을 가졌다. 그리고 역사도 우리의 것이 아니라 일본의 역사를 배웠고, 상급학교의 진학률도 매우 낮았다는 것을 알고 놀라움과 함께 분노의 감정을 가졌다. 학생들은 일제 강점의 결과로 우리의 것을 잃어가는 것이 어떤 경험인지를 당시의 학교 생활을 통해서 조금이나마 느껴볼 수 있었다.

이렇게 몇 가지 간단한 사항들을 접함으로써 일제 강점기라는 낯선 시간의 문을 통과하게 된 학생들은 앞으로 더 많은 자료를 통해 일제 강점기의 생활 모습으로 접근할 수 있게 된다.

사례 2. 형편이 어려워 공장에 들어갈 수밖에 없었어요.

두 번째 사례는 학교에 다니지 못하고 공장에서 일해야 했던 청소년들에 관한 내용이다. 현재 초등학교 5학년 학생들에게 자신과 비슷하거나 한두 살 많은 당시 청소년들의 노동생활에 대한 이야기를 읽게 한다. 그리고 그때의 생활에 대해서 함께 생각해보는 시간을 갖도록 한다.

〔수업 자료 ②〕일제시대 어린이의 생활 자료 ① – 일하는 청소년들의 이야기

일제 강점기 일하는 청소년들의 이야기
성냥직공 한삼녀 양의 이야기
인쇄직공 주영출 군의 이야기
정미직공 김수복 군의 이야기
제사직공 강양순 양의 이야기

출처:『살아있는 한국사 교과서』, 휴머니스트

위의 자료를 보고 학생들이 어떻게 생각하는지를 함께 이야기해보도록 한다. 앞에서 학교 생활에 대해서 알아보았을 때보다 더욱 놀라워하고, 안타까워하는 것을 느낄 수 있다.

교사: 당시 신문기사 등을 통해 알게 된 사실은 무엇입니까?

학생 1: 어린아이들이 집안일을 모두 하였습니다.

학생 2: 예전에 우리나라 사람들은 죽도록 고생을 했습니다.

학생 3: 일본인들이 내가 생각한 것보다 더 힘들게 우리나라 사람을 고생시켰다는 것을 알게 되었습니다.

교사: 일제 강점기의 청소년들에게 '일'이란 무엇이었을까요?

학생 1: 힘들고 짜증나고 살기 위해 어쩔 수 없이 하는 것 같습니다.

학생 2: 감옥에서 하는 고문과 비슷하게 느껴졌을 것입니다. 왜냐하면 일이 너무 가혹했기 때문입니다.

학생 3: 지옥이었을 것 같습니다. 마치 인생의 길에서 가시밭처럼 여겨졌을 것입니다.

교사: 요즘도 아르바이트를 하는 청소년들이 있습니다. 일제 강점기 일하는 청소년과 오늘날의 청소년이 다른 모습은 무엇입니까?

학생 1: 요즘에는 자기가 하고 싶으면 하고, 일제 강점기에는 강제로 일을 하였습니다.

학생 2: 일제 강점기에 일하는 모습은 아르바이트라고 볼 수 없습니다. 왜냐하면 오늘날에는 아플 때 안 나올 수도 있는데 그때는 마음대로 할 수 없었기 때문입니다.

학생들은 일제 강점기에 대해 단순히 나라를 빼앗겨 지배를 당하였다는 정도로만 생각하다가 당시 청소년들의 실생활을 접하고 놀라움을 금치 못한다. 이런 모습일 줄은 몰랐다는 반응이다. 즉 지배나 상실이라는 용어만 알았을 뿐 식민지 시대가 일상의 삶을 얼마나 힘들게 했는지는 몰랐던 것이다. 일제 강점기에 대한 접근에서 거시적인 독립운동사도 중요하지만, 보통 사람들, 또래 아이들의 일상생활 모습을 통해서 접근하는 것은 그 시대에 좀 더 생생하게 다가가는 방법이라고 할 수 있겠다.

2단계: 일제 강점기의 생활 모습을 말해줄게!

일제 강점기 어린이들의 삶을 살펴본 후, 학생들은 각 모둠별로 맡은 주제에 해당하는 당시 어린이들의 삶을 알려주기 위한 보도 자료를 꾸며본 후 전시하는 시간을 가져볼 수 있다. 보도 방법은 따로 양식을 주지 않고 자유롭게 구성하도록 하되, 다른 모둠 아이들이 쉽게 알 수 있도록 내용의 선별에 신경을 쓰게 한다. 여기서는 역사신문(3개 조), 시(1개 조), 만화(1개 조), 인터뷰 형태(1개 조) 등 다양하게 나왔다. 이 부분 역시 반 아이들과 핵심을 골라내어 발표 자료나 전시 자료를 구성하는 훈련을 꾸준히 한다면 더욱 다양하고 효과적인 자료가 나올 것이다.

3단계: 일제 강점기를 좀 더 깊이 찾아가볼까요?
– 일제 강점기에 대한 다양한 증언 듣기

모둠별 학습을 통해 학생들은 일제 강점기의 어린이들의 생활 모습을 어느 정도 알게 되었다. 시대 상황이 개인의 삶을 어떻게 규정하는가를 생각해보도록 하였다. 여기서 한걸음 더 나아가 그 당시에 살았던 사람들의 다양한 증언을 통해 일제 강점기의 생활 모습을 좀 더 자세히 살펴볼 수 있겠다. 이 증언들은 학교와 일상생활에서 행해진 일본인과의 마찰이나 차별, 억압을 다룬 것으로, 특히 해방된 후에도 얼마 동안은 일본어와 일본식이 많이 쓰였다는 사실을 통해 35년간의 지배가 생활 깊숙이 영향을 미쳤음을 깨달을 수 있도록 구성한다. 또한 현재 일본인의 과거사 인식을 알 수 있는 자료로서 동화『마사코의 질문』을 함께 읽어보는 시간을 가진다. 모든 일본인들이 그런 것은 아니지만, 반성에 인색한 일본인들의 사고방식을 알 필요가 있을 것이다. 그런 다음 우리는 이에 대응하기 위해서라도 일제 강점기에 대한 이해를 제대로 해야 할 것이다.

〔수업 결과물〕일제 강점기의 다양한 삶 보도하기

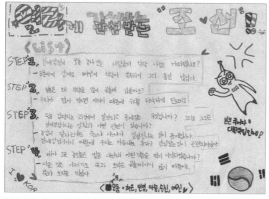

일제 강점기 농민들의 어려움을 인터뷰로 엮음

정신대 할머니의 아픈 삶을 시로 표현

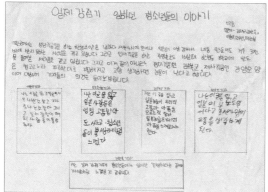

일제 강점기 일하는 청소년들의 사례와 느낌을 정리한 자료

황금주 할머니의 삶을 만화로 나타냄

남동순 애국지사의 삶을 독립신문으로 꾸며봄

일제 강점기의 학교 모습을 요약한 신문 기사

"할머니!" "응?" 마사코는 또렷또렷 맑은 눈망울로 할머니를 건너다봅니다.
"왜 일본이야?" "마사쨩, 왜 일본이냐니?" "다른 나라들은 다 그냥 놔두었잖아. 그런데 왜 우리한테만 꼬마를 떨어뜨렸냐구?" "아이구, 또 그 소리야? 이 할미가 벌써 말해주었잖아."

마사코라는 꼬마 아이가 할머니와 함께 원자폭탄이 투하된 히로시마를 방문하면서 미국이 왜 일본에 폭탄을 떨어뜨렸는지를 궁금해하는 내용이다. 일본이 어떤 잘못을 저질렀기에 그렇게 큰 폭탄이 떨어졌는지를 묻는 손녀에게 할머니는 계속 일본이 만만해서 그렇다고 대답한다. 하지만 마사코의 질문은 끊이지 않고, 할머니는 계속해서 그런 마사코를 어려워하면서 동화는 끝이 난다. 학생들은 과거사를 제대로 전달하지 않는 일본인이 있음을 알게 될 것이다. 그리고 우리가 일제 강점기를 알아야 하는 이유를 다시 한 번 생각하게 될 것이다. 우리 반 학생들은 함께 『마사코의 질문』을 읽고, 이런 생각들을 공유해보는 시간을 가졌다.

교사: 이 동화를 통해 알게 된 일본인들의 생각은 어떠한가요?
학생 1: 자기네들밖에 모르고 자기가 잘못이 있어도 그것을 감추려고 합니다.
학생 2: 우리가 일본인에게 당한 건 생각 안 하고 미국만 나쁜놈으로 생각합니다.
학생 3: 일본은 잘못이 없고 미국이 괜히 이유도 없이 원자폭탄을 일본에 떨어뜨렸다고 생각합니다.
교사: 지은이는 왜 이런 동화를 썼을까요?
학생 1: 일본인들이 생각하는 시점을 우리에게 알려주려고 쓴 것 같습니다.
학생 2: 일본이 나쁘다는 걸 알리려고 한 것 같습니다.
학생 3: 일본인은 자기밖에 모른다는 것을 알리려고 한 것 같습니다.

자료를 통해 일제 강점기 어린이들의 삶을 알아본 학생들은 대부분 '생각했던 것보다 일본이 더욱 악랄하고, 분통이 터진다'거나 '일본이 그냥 부려먹은 줄만 알았는데 이렇게 모든 것을 빼앗았다니 화가 난다'는 반응을 보였다. 그래서 부모님이나 친구들과 함께 알아보고 싶은 과제로 '일제의 침략에 대한 생각'이나 '고통의 정도에 대한 이해' 그리고 '일본은 왜 그렇게까지 하였으며, 다른 나라들은 무엇을 했는지' 등을 꼽았다. 일제 강점기 자체가 우리로서는 '고통'을 빼놓고는 이야기할 수 없기 때문에 당연한 결과인데도 상당히 마음이 아픈 결과였다.

끝으로 일제 강점기를 왜 배우는가에 대한 생각은 우리가 식민 지배를 당했고, 고통을 겪었기 때문에 잊지 말아야 한다는 의견으로 압축되었다. 단순히 우리의 역사이기 때문이라고 대답한 학생들도 있었지만, 대부분은 '고통'의 강도가 높았고, 강제로 빼앗겼으며 이를 반복하지 않거나 항거하기 위해서는 제대로 알아야 하기 때문이라고 하였다.

일제 강점기의 기억이 고통이라는 단어를 빼고는 마주할 수 없는 현실이기에 학생들도 역시 분노와 답답함과 일본에 대한 증오의 감정을 표출했다. 미래의 한일관계를 생각하며 너무 한쪽으로 치우친 것은 아닌가 하는 우려도 있었지만, 이 부분은 6학년 사회 수업 세계지리에서 좀 더 새로운 시각으로 다루어볼 수 있다.

어느 시대 어느 역사를 불문하고 과거사에 대한 이해는 중요하겠지만, 우리가 희미해져가는 일제 강점기의 기억을 되새겨야 하는 이유 중 하나는 현재 일본인들의 과거사 인식이 왜곡되어 있기 때문이다. 가장 대표적인 예가 '독도는 일본 땅'이라는 주장인데, 이는 20세기 초의 식민주의 팽창 정책과 세계를 상대로 한 전쟁 도발에 대해 일본이 제대로 된 반성이 없다는 사실을 반영하고 있다. 『마사코의 질문』은 그러한 일본인들의 과거사관을 보여주는 동화로서, 학생들뿐 아니라 무관심한 어른들에게도 경각심을 불러일으킨다.

대부분의 학생들은 일본의 과거사 인식에 불만을 품으면서, 도무지 이해할 수 없다는 반응을 보였다. 우리에게 일본의 잘못된 시각을 알려주기 위해서 그런 동화를 쓴 것 같다고 말하기도 했다. 대부분 일본인들의 인식에 대해서 참으로 어이없어하였고, 독도는 일본 땅이라고 주장하는 것도 그런 잘못된 인식에서 나온 것이라고 보았다.

이번 활동을 마치며 책으로도 소개되어 주목받고 있는 덕혜옹주의 삶에 대한 짧은 영상물을 보여주었다. 고종 황제의 딸로 태어난 덕혜옹주는 갑자기 부모를 잃고, 일본으로 강제로 끌려가 일본인과 강제 결혼을 했는데 결국 정신병원에 감금되어 쓸쓸한 인생을 마쳤다. 그녀의 이야기는 35년의 우리나라의 식민 지배 생활을 고스란히 보여주는 것이기도 하다. 학생들은 그때는 위에서부터 아래까지 모두 핍박을 받으며 살았다는 사실에 답답해했다.

4단계: 지금은 1940년 7월 15일입니다!
— 일제 강점기 사람의 마음으로 글쓰기

일제 강점기의 다양한 삶에 대해 생각해본 학생들에게 이번에는 직접 그 시대 속으로 들어가보도록 할 수 있겠다. 추체험 활동으로서 직접 일기를 써보거나 그 시대의 사람들에게 편지나 엽서를 써보는 것으로 구성해보았다. 본 활동은 앞서 투입된 자료를 통해 일제 강점기 상황을 배운 학생들이 일기나 엽서를 써봄으로써 그 시대를 좀 더 깊이 이해하는 시간이 될 것이다. 일기를 쓰는 학생과 엽서를 쓰는 학생의 비율은 반반이었다. 다음은 학생들이 쓴 글을 몇 가지 뽑아본 것이다.

'따당!' 옆집에서 들려오는 일본군의 총소리에 아침을 시작했다. 어김없이 쌀을 뺏으려고 하는 일본군들이 줄지어 있다. 이른 아침부터 그러더니…… 아이들은 울고, 못 주겠다고 반항하던 아버지는 총에 맞아 죽고 결국은 쌀을 빼앗기고……. 우리 조선은 잘못한 게 없는데 왜 그러는 건지……. 항상 꿈속에서는 해방이 되어 우리나라 사람을 죽인 만큼 일본 사람을 죽이는…… 잔인하지만 통쾌한 꿈을 꿨는데……. 꿈은 반대로 이뤄진다니…… 영원히 이렇게 지내야 할까? 제발 해방이 되었으면 좋겠다. 늦은 저녁이 돼서야 조용해졌다.

1940년 7월 15일 박○○

오늘도 우리나라의 광복은 이루어지지 않고 일제에 당하고만 있다. 정말 굴욕적이다. 왜 우리나라가 일제에 강제 합병되고 군대에 끌려가 일본을 위해 싸워야 하는지 모르겠다. 그런데 더 화나는 것은 일본인 때문에 돌아가신 우리 아빠를 이 사회는 알아주지 않고 점점 많은 사람들이 우리 아빠처럼 희생되고 있다는 것이다. 어처구니 없는 상황이다. 제발 더 이상 희생되는 사람 없이 우리나라에 행복이 찾아왔으면 좋겠다. 그리고 일제가 우리에게 진심으로 사과하고 보상을 해주면 좋겠다. 이때까지 아픔을 겪은 모든 사람에게 말이다.

1940년 7월 15일 최○○

독립운동으로 고생하시는 분들에게.

안녕하세요? 전 ○○이에요. 저는 지금 미래에 살고 있어요. 그래서 우리가 1945년 8월 15일에 독립하는 것도 알고 있죠. 하지만 그래도 독립운동을 게을리하시면 안 돼요. 미래는 어떻게 변할지 모르는 법이니까요. 그래도 포기하진 마세요. 미국도 우리를 도와줘요. 원자폭탄을 떨어뜨리거든요. 그러니 희망을 버리지 마세요.

2010년 7월 15일 최○○

일제 강점기에 사셨던 분들에게.

저는 대천초등학교에 다니는 6학년 '정○○'이라고 합니다. 저는 솔직히 '일제 강점기의 왕실은 어떠했을까?'라는 생각만 했는데 지금 여러분이 사셨던 것을 보니깐 제가 부끄러워집니다. 지금 생각하면 정말 치욕스럽고 일본에게 똑같이 갚아주고 싶습니다. 그것도 모르고 이렇게 웃고 있었다니…….

그리고 여러분의 용기 덕분에 일본으로부터 해방된 것 같습니다. 그 크나큰 용기를 잊지 않고 마음에 새기겠습니다. 정말 감사하고, 정말 죄송합니다. 편안히 쉬세요. 그리고 살아 계신 분이라면 '하하하' 웃고 사세요.

2010년 7월 15일 정○○ 드림

일제 강점기의 다양한 생활의 단상을 살펴보고 그 시대에 대한 여러 가지 생각을 한 후, 마지막으로 준비한 활동은 그 시대에 대해 평가를 내려보는 것이었다. 일제 강점기에 대한 학계의 평가는 대부분 우리나라를 수탈했다는 것인데, 일부 일본인과 한국인 학자들은 일제가 우리의 경제 성장 기반을 마련해주었다는 이른바 '식민지 근대화론'을 주장하기도 한다. 과연 학생들의 생각은 어떠할까? 아이들에게 이 두 가지 관점을 제시하고 일제 식민 지배는 과연 우리에게 무엇인지, 수탈인지, 혜택인지 생각해보도록 하였다.

대부분의 학생들은 일본의 식민 지배는 수탈의 시대라고 생각했다. 일제로부터 혜택을 받았다고 답한 학생도 3분의 1이나 되었다. 이는 그동안 해왔던 활동을 통해 일본의 식민 지배 상황이 우리 민족의 삶을 억압했음을 알고 분한 감정을 가졌던 데 비해 너무나 높은 수치였다. 왜 이런 반응이 나왔을까? 그렇게 반응한 학생들은 철도나 교통수단, 당시 일본이 갖고 있던 기술적인 부분들은 우리보다 앞서 있었고 식민 지배 기간 동안 그런 부분들이 우리나라에 도입되었을 것이라고 생각하였다. 즉 그전에는 흥선대원군의 쇄국 정책으로 우리의 기술이 뒤떨어져 있었는데 일본으로부터 기술이 도입되면서 어느 정도 발전했을 거라고 생각한 것이다.

반면 식민 지배는 수탈일 뿐이라고 대답한 대다수의 학생들은 일본이 만든 철도의 용도가 우리 민족을 위한 것이라기보다는 일본의 이익을 위한 것이고, 우리가 죽을 힘을 다해서 독립운동을 한 것처럼, 일제의 식민 지배가 없었다면 우리 스스로 근대적 역량을 갖추었을 거라고 대답하였다. 즉 식민 지배는 침략인데 침략한 나라가 침략당한 나라에 어떤 도움을 준다는 것은 얼토당토않다는 것이었다.

아이들에게 일제 강점기를 수탈이냐 개발이냐의 이분법으로 나누어 생각하게 하는 것은 어려울지도 모른다. 하지만 지금까지 했던 활동을 토대로 그 시대를 한 번쯤 가늠해보는 기회를 갖는 것도 의미 있는 시간일 것이다.

7. 실상과 감정을 가로질러

일제 강점기에 대한 다양한 삶을 접해본 학생들의 입에서는 "너무해요", "어떻게 이렇게 살 수가 있나요?", "왜 일본이 적인지 알겠어요", "안 그래도 싫었는데 더 싫어졌어요" 같은 반응이 자연스럽게 나온다. 학생들에게 지난 35년의 강제 점령이 1965년 한일협정에서 유무상 차관 몇 억으로 마무리되었다는 사실을 알려주면 어떻게 생각할까? 분명 나라를 빼앗긴 것도, 그런 식으로 협상한 것도 모두 어리석다고 할 것이다.

일제 강점기에 대해서는 아직까지도 너무나 할 말이 많다. 우리는 수업에서 학생들과 일부분을 보고 느꼈을 뿐이다. 학생들은 할머니들이 왜 수요일마다 일본 대사관 앞에서 시위를 하는지, 카자흐스탄, 키르기스스탄과 같은 먼 나라에 있는 우리 동포들은 왜 그곳에 삶의 터전을 잡았는지 잘 알지 못한다. 앞으로 살아가면서 학생들이 알아가야 할 부분이 될 것이다.

교사로서 우리는 학생들이 피부로 느낄 수 있는 그 시대에 관한 기억을 제공해주어야 할 것이다. 우리 역사에는 직접 찾아서 접하지 않으면 알 수 없는 기억이 너무나 많다. '일제 강점기'라는 역사를 수업으로 처음 접하게 되는 초등학교의 많은 교실에서는 아직도 일제 강점기의 중요 '사건' 중심으로 수업이 진행된다. 그러나 일제 강점기 사람들이 어떻게 살았는지에 대한 의문으로 수업을 시작한다면, 그 시대에 대한 좀 더 생생한 이해와 함께 아직 청산되지 않은 과거사에 대한 우리의 역할에도 관심을 기울일 것이다. 일제 식민 지배의 흔적은 여전히 매듭지어지지 않은 채로 남아 있기 때문이다.

시간이 흐르면서 이번 수업에서 가졌던 학생들의 기억은 흐려질 것이다. 하지만 앞으로 학교에서 또 다른 선생님들과 새로운 수업을 통해서 의식의 긴장감을 유지하게 될 것이다. 아이들은 일제 강점기의 기억을 공유하면 할수록 과거의 아픈 역사가 반복되는 것을 막겠다는 깨어 있는 역사의식을 다듬게 될 것이다.

8. 읽기 자료

[읽기 자료 ①] 일제 강점기 어린이들의 학교 생활과 관련된 이야기들
(출처: 『살아있는 한국사 교과서』 2, 휴머니스트)

어느 보통학교의 졸업식장에서

1919년 3월 2일, 만세의 함성이 지나간 다음 날 서울은 조용하였다. 그다음 날도 마찬가지였다. 학교는 더욱 조용하였다. 학생들이 아무도 등교하지 않았기 때문이다. 이런 날은 제법 오랫동안 계속되었다. 어린아이들이 등교를 거부하자 일본은 당황하였다. 어느 소학교에서는 집집마다 연락하여 졸업식만이라도 참가해서 졸업 증서를 받아가도록 애원하기도 하였다. 그러다가 결국 한 학교에서 졸업식이 열리게 되었다. 학교 당국의 애원에 뜻을 꺾은 듯 많은 학생들이 졸업식장에 나타났다. 학부모들도 자리를 채웠다. 관리들과 이름난 일본인들이 자리한 가운데 졸업식이 시작되었다. 학생들에게는 차례대로 귀중한 졸업 증서가 주어졌다. 이윽고 열두어 살쯤 된 학생 대표가 선생님과 당국에 감사의 뜻을 전하기 위해 앞으로 걸어 나왔다. 깍듯이 예의를 갖추어 인사를 할 때도 허리를 90도로 굽혀 경의를 표하였으며, 최대한 존경의 마음을 실어 인사말을 하였다. 그 모습에 내빈들은 모두 기분이 좋았다. 인사말이 거의 끝나갈 무렵, 학생의 목소리가 바뀌었다.

"이 말만은 꼭 하고 싶습니다." 학생은 몸을 곧추세우고 결연한 눈빛으로 말하였다.

그 학생은 지난 며칠 동안에 지금 자기가 하고자 하는 말로 인해 많은 사람들이 죽었다는 사실을 잘 알고 있었다. 학생은 겉옷 속에 손을 집어넣었다. 그러고는 지니고 있다는 것만으로도 죄가 되는 태극기를 꺼냈다.

"우리나라를 돌려달라! 대한 독립 만세!" 태극기를 흔들며 학생은 울부짖었다.

모든 학생들이 자리를 박차고 일어났다. 그리고 품속에서 태극기를 꺼내 흔들며 만세를 불렀다. 그들은 당황한 내빈들 앞에서 졸업 증서를 찢어 바닥에 던져버리고 떼를 지어 밖으로 나갔다.

광주 학생 항일 운동

1929년 11월에 광주 학생 항일 운동이 일어났다. 이 운동은 통학 열차 안에서 일어난 조선인 학생과 일본인 학생 사이의 사소한 다툼(통학 열차 안에서 일본인 학생이 조선인 여학생 2명 - 광주 여고보 3년 박기옥과 이광춘 - 을 희롱하는 것을 보다 못한 광주 고보 2년 박준채가 일본인 학생을 구타한 데서 시작되었다)이 발단이 되었다. 그러나 일본 경찰이 이를 일방적으로 처리하자 광주 지역 학생들은 민족 차별 중단, 식민지 교육 제도 철폐 등을 요구하며 총궐기를 했다. 이에 신간회는 즉시 조사단을 파견하

고, 학생들의 운동을 지원할 수 있는 방안을 모색하였다. 그리고 광주 학생들의 소식을 전국에 알리면서 이를 대규모 민중운동으로 발전시키려 하였다. 이 계획은 일제의 탄압으로 실현되지 못하였지만 학생들의 투쟁은 전국 곳곳으로 확산되어 3·1운동 이후 최대 규모의 항일 운동으로 발전하였다.

일본의 식민지 교육, 짓밟히는 청소년들
적갈색 묵직한 문을 열고 이시다 선생이 들어왔다. 상의는 보고 있던 소설을 재빨리 책상 속에 넣는다. 교실 안의 소음은 어느새 사라져버렸다. "기립!" 반장의 구령에 따라 나무 의자의 부딪는 소리를 내며 학생들이 일어섰다. "경례!", "착석!" 학생들이 앉는데, 한동안 나무 의자 끌어당기는 소리가 꼬리를 이었다. 이시다 선생은 출석부를 펴고 호명을 한다. 재미없고 지루한 시간이 시작된 것이다. 상의는 역사 과목은 좋아했지만 이시다 선생의 수업은 지겨웠다. 서양사를 하는데 선생도 수업의 내용도 구닥다리였다. 호명을 한 뒤 출석부를 덮어놓고 이시다 선생은 천장을 한 번 올려다보았다.

[읽기 자료 ②] 그 당시 학교와 관련된 신문기사들
(출처: 문소정, 「1920~30년대 소작농가 자녀들의 생활과 교육」)

경북 성주 공립학교 3학년에 재학 중인 천진난만한 김진악(14세)은 작금 량년의 참혹한 한재로 조반석죽도 ○○ 못하게 그날그날 근근히 생활하야오는 형편으로 3개월분 월사금 2원 10전을 못 주엇든바 교수 시간에 담임선생은 월사금 가지고 오라고 10여 차나 성화가튼 독촉을 하며 심지어 자기 집으로 돌려보낸 일도 한두 번이 아니라는데 도저히 월사금을 내지 못할 형편에 잇으나 그래도 배움에 주린 진악은 무한한 고통의 쓰라림과 눈물로 매일 결석치 안코 통학하야오든바 지난 12월 오후 4시경에 성주군 학교비 사무원 배덕율과 면서긔 서병무가 돌연히 성주군면 경산동 전긔 진악의 부친인 김학술의 집에 와서 량도하려고 남겨둔 벼 닷 말을 가차압하고 갓다 한다.
                                                    –『동아일보』, 1930. 1. 16.

어린 가슴에 희망을 품고 보통학교에 입학하엿다가 모든 조건이 뜻과 갓지 못하야 퇴학을 하지 아니치 못할 생도가 점점 증가된다고 한다. 작년 1년간 충남도 각 공보교에 5천 6백 83인이라는 다수 아동이 중도 퇴학이란 쓰라린 운명에 빠젓다 한다. 원인은 대부분이 생활난이라 하며……
                                                    –『동아일보』, 1933. 3. 2.

전남 완도군 소안면 공립보통학교에서는 지난 18일에 한 시간 교수를 한 후에 돌연히 50여 명 학생에게 월사금 체납의 리유로 쪼차내엇다는데 수만혼 어린 학생들은 할수 업시 퇴실을 당하고 눈물을 흘리며 각각 자긔 집으로 도라가서 궁춘에 헤매이는 부모에게 월사금을 졸으나 나올 길이 업다 한다.

−『동아일보』, 1933. 3. 23.

경북 군위군은 원래 지역이 협소하야 전군이 8면으로, 총호수 1만 8백 65호에 총인구가 5만 8천 65이다. 이중에서 금년 4월 신학기 현재 학령 아동이 5600명에 겨우 1400명이 취학되고 나머지 4200명이란 대다수가 문맹의 비운에 빠졌다는데, 본군은 1면 1교제가 작년 9월 완전히 실시되엇는 데 불구하고 총학령 아동의 1할 5부가 취학되고 8할 5부가 미취학이라고 한다. 그 입학하지 못한 아동들의 사정은 대부분이 빈곤에 빠져서 그날그날의 생활이 어려운데 매월 60전 혹은 70전이란 수업료를 내지 못하게 되는 까닭이라 한다.

−『동아일보』, 1933. 6. 15.

[읽기 자료 ③] 일제 강점기 일하는 청소년들의 이야기
(출처: 『살아있는 한국사 교과서』 2, 휴머니스트)

성냥직공 한삼녀 양의 이야기
저희들의 설움을 말해달라고요? 직업 소녀들의 설움이야 다 마찬가지이겠지만 참말이지 저희들의 슬픔을 말하자면 한이 없습니다. 날마다 새벽 네 시에 일어나서 세수하고 가서는 종이에다 담배 싸는 일을 하루 종일 하는데 아흔 갑을 싸서 네 통을 만들어야만 겨우 3전의 삯을 받습니다. 지금 열일곱 살인데 벌써 사오년째나 이 일을 하고 있습니다. 죽지 못해 하는 일이라 늘 괴롭지요. 담배를 싸서 가져다 검사를 맡을 때 잘못했으면 매를 맞고 또 벌을 당하게 된답니다. 심지어 내쫓기기까지 한답니다. 저희들은 그동안 그런 일을 날마다 보다시피 한답니다. 감독하는 이 앞에서는 그저 고양이 앞의 쥐 격이지요. 지독한 담배 냄새에 골치가 쏘고 담배 때문에 손이 부르트고, 심하면 죽는 일까지 있는데 하루 종일 앉아서 하는 까닭에 허리가 저리고 쑤시어 못 견뎌내지요.

인쇄직공 주영출 군의 이야기
원수의 날이 또 샙니다. 밉살스러운 해가 또 뜹니다. 영원히 잠들었으면 좋으련만 살아지는 목숨을 어찌하오리까? 오늘도 아침 먹고 일하고 자고 또 일하고…… 이러다가

죽을 생각에 하루하루의 날이 밝는 것이 퍽도 무섭습니다. 죽더라도 일을 해야 될 생각에 미리부터 진저리가 납니다. 벌써 삼 년째나 이 노릇을 하느라니 사람이 닳아지고, 기계와 나는 형제와 같습니다. (……) 남들은 학교에를 갑니다. 그러나 나는 왜? 열여섯 살의 한창인 때를 학교에 발도 들여보지 못하고 하루 이십팔 전이란 돈에 목을 매고 공장 구석에서 썩어야만 합니까? 내 죄일까요?

정미직공 김수복 군의 이야기

선생님, 열다섯의 새 봄이 왔습니다. 어느새 풀이 돋고 잎이 나고 벌써 창경원에는 밤 벚꽃 구경이 열렸습니다. 오늘도 진종일 쌀 고르는 일을 하고, 지금은 밤! 피곤할 대로 피곤해진 몸을 억지로 앉히고 잠 오는 정신을 억지로 두들겨서 저의 설움을 이 붓끝으로 대신 하나이다. 선생님, 돈푼이나마 버시느라고 어머님은 꾸벅꾸벅 조시면서 바느질을 하십니다만은 이따금 손끝을 바늘에 찔리시고는 깜짝깜짝 놀라십니다. 벌이가 없어서 노시기만 하는 아버님은 근심스러운 얼굴에 차가운 빛을 띠고 몹시도 괴로운 꿈을 꾸시는지 몸을 뒤흔들며 주무십니다.

제사직공 강양순 양의 이야기

동생아! 지금 나는 공장에 있다. 말없이 일을 하면서 귀여운 너를 생각하고 눈물짓는다. 너는 학교에 잘 다니겠지? 나는 어머니 모시고 하나밖에 없는 너를 공부시키려고 얼마나 애를 쓰고 있는지 너는 아느냐? 벌써 6년째나 식사와 의복 범절도 내가 하고, 매일 아침 여섯 시에 공장으로 가서 저녁 여섯 시에 돌아오는 것을 벌써 6년째나 하였구나. 또 앞으로도 얼마나 계속하게 될른지 모를 이 신세를 생각하면 도무지 살고 싶은 생각이 조금도 없다. 동생아! 내가 어머니나 너한테 무슨 원망을 품는다는 것은 결코 아니다. 네가 잘 자라서 내 은혜를 갚아달라는 것도 아니다. 나는 다만 이것이 나의 의무인 줄 알고 복역할 뿐이다.

-1929년 5월에 발간된 잡지 『어린이』에 실린 글들

[읽기 자료 ④] 청소년 노동과 관련한 잡지 또는 신문에 실린 기사들
(출처: 문소정, 「1920~30년대 소작농가 자녀들의 생활과 교육」)

(……) 사실상 조선에 잇서서는 전선 소년의 7할 이상이나 되는 만흔 소년이 흙투성이 되어서 노동하고 잇다. 아니 소년뿐 아니라 유년까지도 노동하고 잇다. (……) 봄이면 밧갈 때부터 거름실은 소궁듸이를 두드리고, 자귀밟고, 거름노코 소먹이고, 조곰 지나면 벼모심고, 지심매고, 꼴버히고, 나무하고, 가을하고, 마당질하고, 방아찌코, 색

기꼬고, 신삼고, 부역나고 하야 어느 일 하나 이 어린 뼈를 휘어들게 하지 안는 것이 잇으며 약한 살을 압푸게 하지 아니함이 잇는가. 단풍같은 조고만 손에서 피가 흐르는 일들이다. 지주의 집에 태여낫다든지 자본가의 집에 태여낫다면 아직까지 유모의 젖꼭지를 물고 잇을 것이오, 노복 등의 등에 업혀 잇서서 이 과자는 실타 저 완구는 밉다는 등 법야단석을 하고 흥흥 소리를 드러갈 때에 유소년이건만 돈 업는 집에 태여낫기 때문에 소작인의 아들이엇기 때문에 힘에 부치는 노동을 하여야 된다.

-개벽, 「농촌유소년의 노동문제」, 『조선농민』

(……) 처녀애가 여섯일곱 살만 되면 벌써 애기를 업어야 합니다. 열 살이 되면 물긋고 밥짓기를 도와야 합니다. (……) 온 집안 식구들이 버리고 이러서는 밥상을 걷우고 쓸고 하는 것도 반다시 딸의 일이외다. 애기의 대변 소변 거더주는 것도 그 애의 것입니다. 먹은 그릇 부시는 것도 그 애의 일이외다.

-『동아일보』, 1935

남 가트면 어머니 품에서 어리광부릴 7,8세의 어린 몸으로써 생활 전선에 나서 악전고투하는 듯기만 하야도 긔막히는 유년군이 날로 늘어가는 현상이니, 그 실례로 지난 2일 함남 정평군 문산면 기산리에서 열린 '가마니' 짜기 경기 대회에 출장한 선수 25조(1조에 2명씩) 중에는 12세 이하의 유년이 9명이엇섯다. 이가티 비록 유년일망정 그들의 손은 벌서 긔게와 가티도 숙련되어 그날 1등에 당선된 사람은 한을모라는 게우 8세된 소녀와 한영필이라는 오랍누이라고 한다. 춘궁을 당한 세농민들은 벌서 전부터 식량이 끈이어 당장에 먹고 살 길이 업서 일대 문체라 함은 세인이 다 아는 바이어니와 이 가튼 곤경에 빠진 세농민 중 남녀간 성인들은 그래도 모진 목숨을 이어가랴고 들과 산으로 나아가고 로인들만이 집에 남아 잇서 하로종일 '가마니'를 짜느라고 가진 애를 써간다.

-『동아일보』, 1931

(……) 여름 내내 호미자루를 쥐고 논구석에서 밧고랑에서 비지땀을 철철 흘녀가며 김을 매고 나면 한증 갓흔 부엌에서 명쥬실을 헤지요, 그것이 끝나면 명쥬를 짜라지요. 명쥬를 짜야 시집사리를 잘한다는 통에 더운 줄도 모르고 물을 쥐여먹다십히 하면서 곱게곱게 짜내여 장마지낸 뒤의 맑은 압내에서 잿물에 익혀 빠라 널고는 ……

-일기자, 「농촌여성 생활상의 관견」, 『조선농민』

[읽기 자료 ⑤] 어린 나이부터 독립운동을 했던 독립지사 이야기
(출처: 문제안 등, 『8·15의 기억: 해방 공간의 풍경, 40인의 역사 체험』, 한길사)

독립자금을 품고 압록강을 건너다

남동순

(남동순 애국지사는 1903년 충청남도 천안에서 태어났다. 유관순 열사와 이화학당 시절 친구로 알려져 있다. 해방 전에는 독립운동을 하였으며, 일본 경찰에게 붙잡혀 고문을 당하기도 했다. 해방 이후 줄곧 민족운동에 헌신하다가 지난 2010년 4월 3일 돌아가셨다.)

유관순 열사하고는 여섯 살 때부터 알았어요. 우리 할머니가 사셨던 천안 병천이란 곳에서 만났죠. 어렸을 때 부모님과 함께 경기도 안성에 살았는데, 삼촌들이 계셨던 할머니 댁에 자주 놀러가서 지낸 적도 많았어요. 그런 계기로 이웃에 살던 같은 또래 관순이를 알게 되었고 둘이 늘 붙어 다녔죠. 나중에 이화학당까지 함께 다니게 되었어요. 지금 여섯 살은 그때 우리 나이 여섯 살과 비교하면 완전히 어린애 같아요. 옛날에는 남자는 열다섯 살이면 장가를 갔고, 여자도 열네 살이면 시집을 갔어요. 17~20세면 벌써 노총각 노처녀였죠.
1919년 이화학당 재학 당시 3·1운동이 일어났어요. 우리나라 사람이면 누구나 잘 알겠지만 관순이는 만세운동을 주도했고 나중에는 옥중에서 삶을 마감했지요. 만세운동에는 참으로 많은 여성들이 참여했어요. 나 역시 어릴 때부터 관순을 알았고 서로 영향을 주고받으며 자랐던 터라 격렬적으로 만세운동에 참여했어요. 관순이 숨을 거둔 이후에도 나는 '7인 결사대'라는 단체에 가입해 독립운동을 계속했어요. 연해주와 몽골로 독립자금을 전달하러 가기도 하고, 정보를 수집하고, 때로는 무장투쟁까지 했지요. 교복도 안 벗고 시작한 독립운동에 최선을 다했지요. 그렇게 시작한 독립운동은 1945년 8월 14일까지 계속되었어요.
해방을 맞았을 때 나는 어느덧 마흔이 되어 있었어요. 생각하면 독립운동에 내 젊은 시절을 모두 바친 셈입니다. 그때는 누구라도 그런 선택을 했을 거예요. 만약 관순이가 살아 있었다면 그 역시 비슷한 삶을 살았겠죠. 그리고 해방 이후 오늘날까지도 나의 삶은 봉사라고 생각해왔어요. 시집을 안 갔으니 나는 평생 아들딸, 남편 걱정 없이 살아온 셈입니다.
지금 세상 천지에 잘났다고 목소리 높이는 사람들 어디 나처럼 살고 있나요? 구청장 하나만 하더라도 번쩍거리고 사는데 말이죠. 나는 돈도 모르고 명예도 모르고, 그저 수평선처럼 가만히 이날 이때껏 살아왔어요.

일제 때 독립자금과 정치자금 등을 독립투사들에게 전달하는 일을 어린 나이에 멋모르고 시작하게 되었어요. 어떤 사람이 내게 남만주 벌판에서 고생하는 사람들한테 갖다주라고 정치자금을 주었지요. 그래서 압록강을 건너서 갖다주곤 했습니다. 처음에 그걸 어떻게 가져가느냐고 묻자 "당신은 가져갈 능력이 충분히 있으니 좀 갖다줘"라고만 말하는 겁니다. 능력이 있다는 게 무슨 말인지 몰랐지만 생각해보면 약간의 요령과 눈썰미가 있다는 뜻이었겠죠. 아니면 나의 눈빛이나 행동거지에서 남다른 용기를 읽었던 건지도 모릅니다.

국경을 넘을 때 편지 같은 밀서는 운동화 밑바닥에 넣고 그 위에 나일론 같은 얇은 천을 깐 다음 신고 갔어요. 돈 같은 경우는 검정 치마에 긴 저고리 안에 '오일맹'이라 부르는 거즈로 둘러싸고 몸에 숨겼어요.

당시 압록강을 건너는 건 참 어려운 일이었어요. 일본 헌병들이 감시하고 있어서 건너가기가 여간 위험하고 힘든 일이 아니었지요. 좀 건너가야겠다고 하니까, 쪼그만 여자애가 무슨 일로 건너가느냐고 물었어요. 나는 쪼그마나 크나 사람인데 왜 볼일이 없겠느냐며 건너가게 해달라고 했어요. 그런데 왜 가느냐고 계속 캐묻더군. 핑계를 둘러댈 수밖에 없었죠. 언니가 저쪽에 시집가서 살고 있는데 보고 싶어 간다고 했어요. 그랬더니 친언니냐 어떻게 알게 된 언니냐는 둥 집요하게 따졌어요. 총칼을 찬 그놈들의 말에 일일이 대답을 해야 했으니 내가 생각해도 강심장이었던 것 같아요.

S언니인데 못 본 지 너무 오래되어서 꼭 한 번 보고 싶어 간다고 했지요. "아, 연락도 안 받고 왔느냐?" 하기에 연락을 받은 지 한참 됐다고 하니까 나를 위아래로 훑어보는 겁니다. 고놈들도 남자라고, 내가 젊었을 때 얼굴이 좀 예뻤어요. 하하. 지금은 늙어서 주름이 짜글짜글하지만 말입니다. 아무튼 그렇게 훑어보더니, 괜히 잔소리를 하는 거죠. 나는 들킬까 봐 등골에서 땀이 나더라고요.

그런데 나는 초등학교를 일본인 학교에서 나왔습니다. 그 학교에는 일본인 선생 일곱 명에 조선인 선생은 한 명밖에 없었어요. 일본 사람들한테서 말을 배웠으니 당연히 일본 말을 잘할 거 아닙니까? 말이 통하니까 "잔말 말고 좀 건너가게 해다오"라고 했어요. 그러니까 거짓말을 하는지 참말을 하는지 한참을 뜯어보더니, 건너가라고 하더군요.

어렵게 건너가 돈을 건네주기로 한 장소에 도착했는데, 남자가 미리 연락을 받고 나와 있었어요. 그런데 남자는 "수고하셨습니다"라고만 하고 돈을 받아서 급히 가버렸어요. 나는 또 강을 건너갈 일을 생각하니 걱정이 되었지요. 검문에 신경이 쓰일 수밖에 없었죠. 아니나 다를까, 그놈들이 순순히 통과시켜줄 리가 없었죠. 이번에는 왜 벌써 오냐고 묻더군요. 나는 태연스럽게 대답했지요.

"이사 가고 없었어요."

"이사 간 것도 모르고 갔나?"

"이역만리 타지인데 어떻게 알겠어요. 지난번에 편지가 왔는데 이사 간다는 얘기는 없었어요."

조마조마한 심정으로 둘러댔는데, 그놈들은 내가 거짓말하는 것 같다면서 좀체 믿지를 않았어요. 한참을 실랑이한 끝에야 무사히 통과했지요. 그렇게 압록강을 한 번 건너기도 어려웠는데 나중에 몇 번을 더 가게 되었어요. 싫다는 말도 할 수 없었죠.

어쨌든 그때 독립운동하신 분들은 모두 목숨을 걸고 일했던 겁니다. 왜 그런 위험을 무릅쓰고 했냐고요? 하나 마나 한 얘기이지만 한번 생각해봐요. 그놈들이 우리나라 임금님(고종)을 독살하고, 명성황후를 이불에 싸서 불태워 죽였어요. 거기다 식량이란 식량, 물자란 물자, 심지어 사람들까지 온갖 것을 빼앗아갔잖아요. 우리는 아무것도 남지 않았어요. 껍데기만 남은 겁니다. 이름조차 빼앗겼어요. 그러니 피가 끓어오르지요. 일본 놈들이 우리나라를 다 장악해버리면 아무데도 설 자리가 없어요. 그러니까 어떻게든 쫓아내야 우리가 살 수 있는 유일한 길이죠! 조선 사람으로 태어나서 자기 민족 자기 국토가 눈앞에서 없어질 판인데 그냥 보고만 있겠어요. 우리커니? 해야지, 하고말고요!

물론 독립운동이 아무나 할 수 있었던 일은 아니라고 하더라도, 적어도 조선인으로 태어났다면 자기 편하자고 일본 놈들에게 빌붙어 이웃과 민족을 팔아먹는 일을 해서는 안 되지요. 그런 자들은 마음이 유약하고 쓸개가 없는 겁니다.

나도 독립운동한 대가를 톡톡히 치렀지요. 일본 경찰에게 잡혀간 적이 있어요. 정신없이 얻어맞았는데 귀청이 떨어지고 허리뼈가 부러지고 어깨도 빠졌어요. 옷만 입었다 뿐이지 반병신 몰골이 되었죠. 우리가 서로 연락하는 사람이 수십 명이었는데, 그 이름을 대라며 사정없이 날 때렸어요. 죽으면 죽었지 말할 수 없더라고요. 입을 열면 동지들이 모조리 잡혀갈 판이었어요. 그리고 사실대로 말해도 그놈들한테 당할 것이고 말하지 않아도 당할 게 뻔한데, 여러 사람 살리는 길이 무엇이겠어요?

끝까지 말을 안 하니까 급기야 양쪽에서 두 사람이 어깨를 잡은 다음 고춧가루 탄 물을 코에 들이부었어요. 말이야 쉽지 사람이 어디 그런 고초를 당해낼 재간이 있겠습니까? 고문을 하면서 계속해서 이름을 대라고 협박하는 겁니다. 활동하는 동지들과 지도자까지 모조리. 나는 그래도 절대 말을 안 했어요.

당시 일본 놈 앞잡이 노릇을 하던 조선인들이 있었어요. 다들 식민 치하의 혹독한 시대에 태어나 생존의 위협을 느끼고, 먹고살기가 힘들었으니까요. 그런데 일본 형사들은 앞잡이가 된 조선 사람들에게 잡혀온 조선 사람들을 때리라고 시켰어요. 앞에서 형사들이 지켜보고 있으니 더욱 가혹하게 때릴 수밖에 없지요. 잡힌 것도 서러운데 같은 민족에게 그런 치욕을 당하니 몸과 마음이 얼마나 아프겠어요. 결국 맞다가 맞다가 까무러치곤 했지요.

그런데 일본 놈들은 나를 거꾸로 매달아요. 그러고는 의자를 슬그머니 빼요. 그럼 사람이 비행기처럼 뱅글뱅글 돌아요. 밀수는 세 번, 애국 동지는 네 번 그렇게 돌았어요. 자꾸 돌면 정신이 하나도 없어요. 그러면 정신없는 상태에서 혹 말을 할지도 모르니까 다그쳐 물어요.

"야, 대라! 너 이래도 안 댈 거냐?" 그래도 모른다고 했더니 또 때리더라고요. 나는 하도 맞아서 견딜 수가 없어 급한 대로 이렇게 말했어요. "나가서 그 사람을 찾아올 테니까 놓아달라!"

그런데 막상 그런 말을 하고 풀려났지만 찾긴 뭘 찾겠어요. 일주일이 지나도 소식이 없으니까 고등계에서 나를 잡으러 왔어요. 지금은 없어진 중앙청 앞에 고등계라고 사람 잡아다가 때리고 조사하는, 경찰보다도 무서운 데가 있었어요. 다시 잡혔을 때는 그곳으로 끌려갔어요. 나는 "어디에 있는지 찾다가 왔다"고 둘러댔어요. 그랬더니 비웃으면서 거짓말한다고 또 때리더라고요. 나중에는 매를 하도 맞으니까 온몸이 만신창이가 돼서 아프지도 않았어요. 처음 맞을 때는 징글맞게 아프더니 말입니다. 그놈들이 어떻게 때렸냐 하면, 대나무를 한 번 쪼개요. 그러면 두 쪽이 되잖아요. 또 한 번 쪼갭니다. 그럼 이번에는 네 쪽, 그걸 이런 막대기에 대고 두드리면 소리가 요란하게 났어요. 그걸로 사람을 때렸죠. 바깥에서 들으면 한마디로 잡아 죽이는 소리가 납니다. 나는 그런 상황에서도 악을 쓰며 말했어요. "너희 죽을 날도 며칠 안 남았다, 너희 쫓겨날 날이 며칠 안 남았다."

사실 해방이 됐을 때 나는 만세를 부를 틈도 없었습니다. 우리 민족들이 어디 가서 굶어죽지는 않나 살피느라 정신이 없었어요. 14일 밤까지도 나는 부상당한 애국자들을 병원에 입원시키고, 사찰에 감추어주고 먹을 거 갖다주는 일을 했으니까요.

해방이 되고 할 일이 더 많아졌다는 걸 알았어요. 일본 놈 앞잡이들은 오히려 편안하고 좋은 일을 찾았지만, 나는 죽도록 매를 맞아도 그러지 않았어요. 그때부터 민족운동이 내 사업이라고 생각했지요. 헐벗고 가난한 아이들을 데려다 먹이고 입히고 초등학교라도 보내 일꾼을 만들고 싶었어요.

[읽기 자료 ⑥] 일제 강점기 시골 소년의 이야기
(출처: 문제안 등, 『8·15의 기억: 해방 공간의 풍경, 40인의 역사 체험』)

오죽하면 우물에다 쌀을 숨겼겠어요
윤성남

김제에서 초등학교 다닐 때 해방을 맞았어요. 열네 살이었죠. 그때 우리 집은 소작을 열여덟 마지기 짓고 있었어요. 평수로는 대략 3600평 정도 됐지요. 꽤 큰 소작 면적이었지만 당시 우리 식구가 부모님, 형님, 나, 동생, 형수와 조카들 모두 열한 명이다 보니 식량은 늘 모자랐어요.

소작료도 줘야 하고, 지금처럼 품종이 좋은 것도 아니어서 수확량도 많지 않았거든요. 비료 같은 것도 없었으니까. 비료라고 해봐야 흥남에서 나오는 유한 암모니아 질소비료가 유일했어요. 그거 아니면 퇴비나 개똥 같은 것뿐이었죠. 그러니까 수확이 아주 형편없었어요. 또 일제 말기에는 공출제가 있었기 때문에 그것 내고 나면 정말 남는 게 없었어요. 그러니 농민들은 상당히 어렵게 생활했습니다.

또 소작료라고 하지 않고 도지를 준다고 했어요. 말하자면 농사 부쳐먹은 땅값이죠. 도지를 낸다고 해도 그때는 누구나 그랬기 때문에 불합리하다는 생각도 하지 않았어요.

땅은 상답ㆍ중답ㆍ하답 이렇게 세 가지로 분류했어요. 상답이라고 하는 것은 물에 구애받지 않고 비교적 잘되는 자리, 중답은 물을 한 번 품어서 올리는 자리, 하답은 한 번만이 아니라 두서너 번을 올려야 하는 자리를 말했어요. 그렇기 때문에 소작료가 상답, 중답, 하답이 다 달랐어요.

소작료는 가을농사를 지어 9월이면 정산했는데, 일명 '평띠기'라고 했어요. 잘되고 못되고, 중간쯤 되는 자리를 다섯 명 정도의 농감이 나와서 '감평'했어요. 그러니 농감이 어떻게 말하느냐에 따라 농사짓는 사람들은 죽느냐 사느냐가 달렸어요. 농감은 일본인들이 가장 신임하는 조선 사람들을 기용했어요. 그 사람들이 현장에 나와서 한 평을 기준으로 사방 여섯 자를 딱하니 줄로 잰 다음 홀대로 훑어보고 대충 검불을 건져내고 되로 재는 겁니다. 그러면 한 평에 얼마 나왔는지 대략 알 수 있죠. 예를 들어 한 평에 몇 되 몇 홉이 나왔다고 하면 거기에는 논의 면적을 곱하면 전체 수확량이 대략 나와요. 그것을 기준으로 삼았던 겁니다.

그런데 여기에는 비리가 있어요. 왜냐하면 농감 대여섯 명이 한 조가 되어 주인 입회 하에 먼저 논에서 어디를 잴지 선택합니다. 그럼 서로 합의를 하게 되는데 소작하는 사람은 나쁜 데를 재려 하고, 농감들은 좋은 데를 재려 하죠. 그래서 늘 옥신각신 의견이 충돌했어요. 배경이라도 있고 영향력이 있는 사람들은 나쁜 데를 재주고, 아무것도 없는 사람들은 좋은 자리를 잽니다. 그러면 좋은 자리를 쟀기 때문에 상등으로 나오는 집은 어떻게 되겠어요? 당연히 쌀을 많이 빼앗기는 거예요.

그때도 이장질이나 하고, 돈 있고 일본 놈하고 가깝게 지내는 놈들은 영향력이 있어서 하답으로 재주고, 권력 없고 일본 놈하고 관련 없는 사람들은 상답으로 쟀어요. 그런데 그것이 소작료만 해당되는 것이 아니라 공출에까지 영향을 미쳤어요. 상답을 쟀기 때문에 10가마밖에 안 나올 게 20가마 나올 수 있잖아요. 그러면 20가마니로 기준을 잡아서 소작료를 제외한 80~90퍼센트를 공출로 가져가버리는 겁니다. 농사지은 사람은 먹을 게 없죠.

그럼 우선 식구들이 먹고는 살아야 하니까 어떤 방법을 썼는가 하면, 홀대로 나락을 훑을 때 싹싹 훑는 게 아니라 거칠게 훑었어요. 그러면 지푸라기에 나락들이 많이 묻어 있을 거 아닙니까. 그런 식으로 남은 지푸라기들을 묶어 쟁여버리는 겁니다. 그것까진 안 가져가니까. 그렇게 해서 비상식량을 만들어놓았다가 공출이 끝난 다음에 가져다 먹었어요. 이런저런 방법으로 다들 최소한 먹을 식량만큼은 놓아두었죠.

혹 공출량을 못 내면 그때는 그 면에서 각 리로 '독려반'을 보냈어요. 면사무소에서는 지도원이 나오고 순사가 나와요. 그래서 집집마다 뒤지고 다니는 거예요. 먹을 것이 없으니까 들판에다가 감추는 사람, 들판의 둠벙에 넣는 사람, 심지어 우물 속에 넣기까지 했어요. 그러면 그 사람들이 긴 장대 같은 걸로 다 뒤져봤어요.

우리 집에도 우물이 하나 있었는데, 거기다 쌀 열두 가마니를 감춰둔 적이 있어요. 왜냐하면 공출을 내자면 다 줘도 모자라니까. 먹을 건 놔둬야 할 거 아니에요. 그래 열두 가마를 우물에다 집어넣었더니 우물 속까지 삿대질을 해서 싹 가져간 일이 있어요. 그러면 식구들은 뭐 먹고 살겠어요. 아무것도 없는데. 그 시절 들판에 나가보면 사람들이 하얗게 있었어요. 모두 쑥 뜯느라고 정신이 없었죠. 동네 주변에 쑥이라곤 아예 찾아보기 힘들 정도였어요. 너나 할 것 없이 다 뜯었거든. 그러면 산속 깊숙이 들어가 쑥을 뜯어야 했어요. 밥 먹고 나면 전부 쑥 뜯으러 가는 게 큰일이었죠. 아침에 보면 아주머니, 아저씨, 아이들 할 것 없이, 늙은이 젊은이 가리지 않고 대열을 이루어 쑥 뜯으러 갔어요. 저녁에 돌아올 때는 보따리에 쑥을 그득히 해서 왔어요. 그럼 그 쑥을 삶아서 비상용으로 남겨둔 쌀 한 홉 정도와 섞어서 부드럽게 절구질을 했어요. 그 쑥을 먹고 자랐죠.

그러니까 일본 놈들이 말기에는 가정마다 의무적으로 쑥밭을 만들라고 하더라고요. 집집마다 호박을 많이 심으라고도 했어요. 호박은 공출을 안 해갔으니까요. 그래서 주로 호박하고 쑥하고 된장을 많이 먹었어요. 그 시절 못 먹어서 부황이 든 사람이 많았는데, 쑥과 된장을 많이 먹으면 부황이 없었어요. 산에 들어가서 소나무를 먹기도 했어요. 껍질을 벗겨 속에 있는 하얀 것을 전부 벗겨내. 그리고 그놈을 물에 불려 절구에다가 찧어 먹었어요. 그리고 그때 목화를 길쌈해서 옷을 해 입었잖아, 그런데 일본 놈들이 나중에는 목화를 공출해갔어요. 심지어 목화씨까지 다 가져갔죠.

학교에서는 의무적으로 산에 올라가 소나무에서 솔괭이 기름을 채취해 납품을 했어요. 또 집집마다 아주까리를 의무적으로 몇 말 몇 되씩 배당을 해서 집 울타리 안에도 아주까리를 심고 밭머리에도 심었어요. 아주까리 공출까지 죄다 해간 거죠. 게다가 한 해 농사가 끝나면 일본군 기마병들의 마초로 쓰느라고 논에 남은 지푸라기조차 통에 매어 공출해갔어요. 이 근방에서 나온 것들은 대개 기차에 실려 함흥이나 흥남으로 갔지요.

그렇게 빼앗기다 보니까 아침 조회 때 앞에 친구 보기가 참 안타까웠어요. 머리 뒤통수가 살이 없이 뼈만 삐쭉 나왔어요. 운동 같은 거 할 때 보면 무릎이 앙상하게 나와 있어요. 장딴지도 그렇고……. 그렇게 비참한 생활을 했어요. 반면에 일본 놈들과 결탁할 사람들 있죠? 이장이라든가 하는 사람들은 그 시절에도 잘 먹고 잘살았어요.

[읽기 자료 ⑦] 일본군위안부에 끌려가 수난을 당했던 이야기
(출처: 문제안 등, 『8·15의 기억: 해방 공간의 풍경, 40인의 역사 체험』)

"밤마다 울다 지쳐 눈물도 안 나왔어요"

황금주 할머니

(황금주 할머니는 1926년 충청남도 부여군에서 태어났다. 1941년 주인 집 딸을 대신해 중국 길림으로 끌려가 군위안부 생활을 하다가 해방을 맞았다. 귀국해서는 장사를 하면서 고아들을 공부시켰다. 1990년부터 위안부 명예회복운동에 앞장서고 있다.)

원래 고향은 부여였어요. 그런데 아버지가 편찮은 후로는 가세가 점점 기울어 약값이라도 벌어야 한다는 생각으로 함흥에 양말로 갔지요. 그 집에 가서 살림도 해주고, 그러다가 그 집 친딸 대신 군수품 공장에 가야 한다기에 나서게 됐는데…….. 무슨 공장이나 병원 같은 데 가는 줄 알았지 그런 몸서리치는 곳에 가는 줄은 꿈에도 몰랐어요. 아무튼 그때는 가지 않으면 배급 쌀을 안 줘 가족 모두가 다 굶어 죽을 판이었지. 어디가서 얻을 수도 없는 노릇이라 살기 위해 할 수 없이 따라나섰던 거예요.
함흥역에 가니까 내 또래 아이들이 30명쯤 모여 있었어요. 개중에는 아는 얼굴도 있고 모르는 얼굴도 있었어요. 어떤 애들은 엄마랑 서로 부둥켜 안고는 울고불고 야단이었어요. 대기해 있던 기차에는 여자아이들을 태우기 위한 것으로 두 칸이 배정되어 있었고, 그 나머지에는 징병된 남자들을 태웠어요. 잠시 후 기차가 기적을 울리며 서서히 움직이기 시작했어요. 그때도 나는 어디로 가는지 몰랐어요. 서울 쪽은 아닌 게 분명했는데, 이상하다고 생각했지만 그런가 보다 했죠. 그런데 기차를 타고 나서도 아이들이 좀체 울음을 그치지 않았어요. 그런 아이들을 향해 나는 "왜 우는 거니? 좋은 데 간다고 하는데 왜 우는 거야?"라고 말했으니 정말 속도 모르고 간 거지요.
그런데 기차는 굉음을 내며 신나게 달리다가도 비행기 소리가 '응' 나면 갑자기 멈추어 섰어요. 공습을 피하기 위해 가다 서다를 반복했기 때문에 몇 시간이면 갈 길을 이틀이나 걸려 갔어요. 한참을 달리다가 밖을 내다보니까 압록강 철교가 보이더군요. 기차는 강을 건너 만주로 향하고 있었던 겁니다.
그때 나는 열다섯, 사립학교 4학년 졸업반이라 일본 말도 어느 정도 했고 읽을 수도 있었어요. 역 이름은 전부 일본 말로 쓰여 있었죠. 계속 이상하다고 생각하는 사이 기차는 어느새 만주 길림에 들어서고 있었어요. 기차가 완전히 정차하자 일본군들이 이름을 부르며 내리라고도 하고 또 누구누구는 내리지 말라고도 했어요. 호명된 애들이 다 내리고 나니, 처음 원산에서부터 함흥까지 태우고 온 아이들과 함흥에서 태운 우리를 포함해 기차 두 칸에 가득했던 여자아이들이 20명도 채 안 남았어요. 그리고 다시 기

차는 남은 아이들을 태우고 만주에서도 훨씬 더 들어가 전쟁터 한가운데 내렸어요. 일본군들은 사립학교 다녀서 일본 가나와 아라비아 숫자 정도는 알고 제 이름쯤은 쓸 수 있는 아이들을 따로 분류했어요. 물론 나도 일본 말과 숫자 정도는 잘 알았지요. 모두 열댓 명 정도는 됐을 겁니다. 어쩐지 좀 이상하고 찜찜하다는 생각이 들었는데 일본 군인들이 대뜸 한다는 말이, "너희들 오늘부터 우리가 하는 말 잘 들어야 돌아갈 때까지 무사할 것이다. 알겠느냐?" 우리는 무슨 뜻인지도 모르고 그냥 '예'라고만 대답했어요.

같이 타고 온 징병자들은 기차 칸칸이 나누어 타고는 다시 어디론가 가버렸어요. 여자들만 놔두고 모조리 가버린 거지요. 그러니 우리는 도무지 어떻게 된 영문인지 알 수 없었어요. 그런데 또 일본군 하나가 한다는 말이, "여기는 거 군대 저거 하는 데가 있어서 너희들이 꼭 와야 하는 데다. 그러니까 여기 있어라. 여기 있으면 우리가 다 배당해서 보낸다."

그러고 있다가 날이 저물어 캄캄해지니까 우리를 어디로 데려갔어요. 큰 창고 방 같은 데가 있는데, 들어가라고 하더군요. 방은 제법 따뜻했어요. 그런데 여기서도 일본군 상사가 엄포를 놓는 게 아니겠어요.

"너희들 내 말 잘 들어야 한다. 그래야 매를 안 맞는다. 여기서 말을 안 들으면 매만 맞는다." 그런데 차가 오더니 우리 열다섯 명 가운데 따로따로 셋도 데려가고, 넷도 데려가고, 다섯도 데려갔어요. 나중에는 나랑 다른 애 한 명, 딱 둘만 남았지. 그러고 얼마 후 저녁을 먹으라고 음식을 가지고 왔어요. 그런 밥은 생전 구경도 못했어요. 소금물로 만든 주먹밥 두 개와 국이라고 할 수도 없는 그냥 멀건 국물에 단무지 세 쪽을 가져왔더라고요. 젓가락으로 꼭 찔러 집으니까 주먹밥이 부서졌어요. 배가 고프니까 그것도 깨끗이 주워 먹고는 졸병한테 갖다줬어요.

아홉 시쯤 되니까 일본군 중위 한 명이 와서는, "여기는 군대와 마찬가지이니 말 잘 들어야 한다"고 또 협박하는 거예요. 우리가 그 어린 나이에 언제 군대를 보기라도 했어? 어떻게 행동해야 하는지 알 리가 없잖아요?

다음 날 우리는 이불 하나 베개 하나 없이 자고 일어났지. 네 시 반쯤인가 밖에서 고래고래 누군가 소리를 질렀어요. 그래서 일어나 세수하고 앉아 있었던 겁니다. 그때 입고 있던 옷이 학생복이었는데, 새카만 한복 치마에 검은 양말, 그리고 구두와 운동화를 신고 있었어요. 그리고 조금 있으니까 상사 하나와 소위 하나가 같이 와서는 오늘부터 시키는 대로 하라는 거예요. 그렇지 않으면 맞아죽을 각오를 하라는 겁니다.

그런 협박과 공포 분위기에서 또 맞아죽는 게 아닌가 생각하니 눈물밖에 안 나왔어요. 서로 울먹이며 있는데 하나하나가 와서는 같이 있던 애의 이름을 부르더니 데려갔어요. 이제 나만 홀로 남은 거지요.

처음 온 애들은 처녀라고 깨끗하다고 장교들을 상대하게 했어요. 그날 저녁부터 대위가 오더니만 낮에는 일을 시키고 밤에는 그놈들 계집이 되어야 했어요. 그런데 열다섯 살 처녀가 그 짐승 같은 짓에 곧이 따르겠어? 울고불고 난리가 났지. 그놈들 나를 사정없이 두드려 패고 죽인다고 윽박지르고 했어요.

그런데 한 2~3개월 지나고부터는 저녁에 그놈들 친구가 오더라고. 두 놈 오면 다음에는 세 놈, 나중에 한 2년 되니까 서너 놈, 조금 더 있으니까 너덧 놈, 그리고 대여섯 까지 왔어요. 나는 그놈들 성화에, 그리고 두드려 맞아서 저녁이면 잠을 못 잤어요. 그러다가 위안소로 가게 되었던 거야. 위안소에서는 하루에 상대한 군인 수가 30~40명쯤 되니까. 휴일에는 군인들이 팬티만 입고 문밖에서 기다리고, 606호 주사에 몸은 병들고 자궁은 썩어 나갔어……

나는 처음 왔을 때만 해도 2년만 있으면 돌아갈 수 있을 거라고 생각했어요. 그래서 하루이틀 참았고, 보름이 가고 한 달이 넘어가는데, 그러더니 순식간에 1년이 지나고 2년이 훌쩍 지나게 되었어요. 그렇게 끌려온 지 5년이 지났어요. 그런데 8월 14일이 되니까 벌써 그놈들 눈치가 이상했어요. 그리고 15일에는 생전 안 오던 놈들이 군복을 싹 벗어 던지고 개인 사제복을 입고 오더라고요. 나는 바깥에 조심스럽게 나가보았어요. 누가 지나가기에 무슨 일이냐고 물어봤지요. 그 사람 하는 말이 이랬어요.

"너희 나라는 평화를 되찾았고 우리 일본은 히로시마에 폭탄이 떨어져 사람들이 다 죽고 없다. 여기도 폭탄이 떨어질까 봐 다 도망갔다. 그러니 너도 옷 입고 빨리 여기를 나가라." 나와 보니까 길은 피난 가는 사람으로 인산인해를 이루었어요. 한마디로 미어터지는 거지요. 엄마 업고 가는 사람, 아버지 업고 가는 사람, 애 업고 가는 사람, 말도 못했어요. 나는 도대체 어떻게 된 영문인지 길 가는 사람을 붙잡고 물었어요. 그랬더니 일본이 손들었다는 거야. 그래서 일본 놈들은 부산 쪽으로 가고, 조선 사람은 나간다. 보급대, 징용자, 학도병 할 것 없이 모두 간다는 거예요. 나도 어서 따라 나서라고 하는데, 내가 옷이 제대로 있나 신발이 제대로 있나. 사람들이 걸어가면서 무거우니까 짐을 자꾸 버리면 맞는 대로 한 가지씩 입고, 신고, 주워 먹고 해서 내려온 거지요.

그렇게 부대에서 나와 원산까지 걸어갔다가 거기서 다시 화물기차 짐칸에 실려 청량리까지 왔어요. 8월 15일에 부대를 나와 12월 2일 청량리에 도착했으니 꼬박 석 달이 넘게 걸렸어요. 청량리에 도착했을 때도 고향으로 가야겠다는 생각은 못했어요. 제일 큰 이유는 창피해서 사람들 볼 낯이 없었던 거예요. 그 후 25년간을 막걸리 장사 밥 장사를 했어요. 해방되고 일본군 부대를 빠져나올 때 보니까 거기 여자라고는 나 혼자밖에 없었어요. 듣기로는 그때 끌려간 사람 가운데 산 사람은 나밖에 없다고 하더군요. 자궁이 썩어서 죽은 사람들도 많았고. 아무튼 거의 모든 사람들이 죽었지요.

우리가 일본 놈들의 잔인하고 파렴치한 만행을 조직적으로 폭로하고 규탄한 지 10년이 되었어요. 이제는 온 세상이 내 얼굴을 다 압니다. 그런데도 그놈들은 아직도 사죄할 마음이 없어요. 우리한테도 그리고 군인 보국대한테도 말이죠. 심지어 최근에는 독도가 자기네 땅이라는 망언까지 서슴지 않아요. 그러니 어떻게 내가 떠올리기조차 괴로운 일이지만 숨길 수 있겠습니까. 오늘도 일본 대사관에 뛰어 들어가려고 하는데 전경 애들이 붙들고 막아서 못 들어갔어요. 막는 그놈들도 미웠지만 나도 시집을 갔으면 저런 아들을 두었을 텐데 하는 생각을 하면 분해서 심장이 떨리고 살이 떨려요. 기가 막혀서……

[읽기 자료 ⑧] 일제 강점기를 살았던 분들의 증언들
(출처: 문제안 등, 『8·15의 기억: 해방 공간의 풍경, 40인의 역사 체험』)

"일본 사람들을 때리면 영웅이 되었어요"

박문재

일본 사람들과 갈등이 참 많았어요. 이를테면 학교에서는 일본어만 사용해야 한다고 해서 왼쪽 가슴에 '국어 사용'이라고 적힌 헝겊을 붙이고 다녔어요. 국어라는 게 일본 말이죠. 조선말을 하면 벌금을 내던 시절이었지요. 그런데 한 번씩 짓궂은 놈이 와서 콱 꼬집어요. 그럼 "아야!"라고 소리 지를 거 아닙니까? 그러면 "너 조선말 했으니 벌금 내라"고 그래요. 그런 식으로 강요하니깐 일본 사람들에 대한 반감이 더욱 깊어지죠.

한번은 일본 사람이 사는 동네를 지나간 적이 있어요. 소학교 4학년 때인가 그랬을 겁니다. 일본 사람들은 우리와 섞여 살지 않고 자기들끼리 따로 마을을 만들어 살았거든요. 아무튼 조선 아이들 너덧 명이 지나가는데, 그날이 무슨 일본의 축제날이었는지 일본 아이들이 씨름을 하고 있다가 우리를 불렀어요. 갔더니 씨름 한번 해보자는 겁니다.

그래서 한 명씩 씨름을 붙는데, 나하고 상대할 아이가 덩치가 상당히 컸어요. 내 앞의 아이를 일본 아이가 어깨너머치기, 일본 말로 '고시나게'라는 기술로 넘어뜨렸어요. 그러더니 나를 보면서 "너도 저 모양으로 만들어주겠다"고 폼을 잡았어요. 키로 보나 힘으로 보나 도저히 그놈을 당할 재간이 없어 보였어요.

일본 '스모'라는 게 텔레비전에서 봤겠지만 샅바를 잡고 하는 게 아니라 그냥 둥그렇게 원을 그리고 딱 서서 움츠린 자세로 준비하고 있잖아요. 그러다가 나무로 만든 기를 올리는 순간 달라붙어서 손으로 밀어 어떻게든 선 밖으로 내쫓으면 되는 경기 아닙니까.

나는 녀석에게 잡히면 도저히 승산이 없다 싶어 꾀를 냈죠. 신호기가 올라가자마자 두 주먹을 불끈 쥐고 머리부터 들이받았어요. 그러니까 녀석이 뒤로 나자빠져서 선 바깥으로 나가버렸죠. 이긴 거예요. 그때는 일본 사람을 때렸다 하면 영웅이 되는 겁니다. 어렸을 때 너무 작아서 출석번호가 3번이었는데, 그 일이 있은 뒤로는 학교에서 작은 고추가 맵다면서, 그 큰 일본 놈을 넘어뜨렸다고 말이지, 상당히 이야깃거리가 됐어요.

또 어떤 일이 있었냐면, '히노마루'라고 일본 국기 있죠? 뻘건 거, 그건 이제 일본을 나타내는 국기이고, 황실을 표상하는 국화 무늬가 따로 있었어요. 일본 우체국에서 발행하는 우표에 찍혀 있었는데, 그걸 밟았다고 하면 큰일나는 거였어요. 일본 사람들은 그걸 국기보다 더 중요하게 생각했죠. 그런데 일본에서 유학하고 있던 조선인 대학생들이 방학 때 귀국해서는 울분을 참을 수 없으니까 어떤 일을 했느냐 하면, 개성에 북번정 파출소라고 있었어요. 그 바로 옆에 공동변소가 있었는데, 거기 오줌 누는 곳에 우표를 쭉 붙여놓았어요. 그러고는 거기다 냅다 오줌을 갈겼지요. 그리고 오줌이 채 마르기도 전에 파출소로 달려가 보초를 서고 있던 일본 순사를 우표 붙어 있는 곳으로 끌고 와서 흠씬 두들겨팼어요.

"국화 무늬가 있는 우표가 이렇게 더러운 장소에 붙어 있는 것도 모르는 놈이 어떻게 개성 치안을 담당하겠느냐?" 그러면서 두들겨팼던 겁니다. 나중에 고소를 당해서 재판이 열렸는데 결국 조선인 학생이 이겼어요. 그런 식으로 머리를 써서 일본 사람들을 괴롭히기도 했죠.

또 서울에는 전차가 있었잖아요. 전차를 갈아탈 때 '갈아타는 표'를 따로 줬어요. 일본 말로 '노리께이까이'라고 불렀죠. 그래서 그것을 어떻게 하느냐? 일본 전차는 탈 때 표를 내는 게 아니라 내릴 때 표를 내니까, 한 사람만 표를 사고 나머지는 표 없이 타는 거예요. 그리고 내릴 때 주먹 센 아이가 제일 뒤에 혼자서 표를 가지고 서 있고 다른 아이들은 "뒤에서 낸다, 뒤에서 낸다" 하고 내리는 겁니다. 그러면 뒤에 내리는 아이한테 앞사람들 표까지 다 내라고 할 거 아닙니까? 그러면 손을 번쩍 치켜들면서 "이 새끼!" 그렇게 때리는 시늉을 하고는 그냥 내렸어요. 운전수도 일본 사람이었죠.

때렸다는 걸 자랑하는 건 아니지만, 그 당시 '우리의 울분을 어떻게 달래느냐'가 관심사였으니 그런 방법이라도 동원할 수밖에 없었어요. 모든 게 배급제이고 부족했던 때이기 때문에 요즘 말로 스트레스를 그런 식으로 표출했던 겁니다.

선생님요, 표준말 좀 가르쳐주이소

정재도

해방되고 한 달쯤 지난 9월 중순에는 아이들을 모아서 수업을 하기 시작했어요. 그런데 수업을 하려니까 교재도 없고 시설도 부족했어요. 특히 우리말을 가르쳐야 하는데 선생이 없었어요. 그때는 전부 일본 말을 썼기 때문에 우리말을 모르잖아요. 성도 일본식으로 바꾸고 우리말을 못하게 했단 말이에요. 그래서 처음에는 어렵지 않게 유치원 학생들 다루듯 놀이 중심으로 수업을 했어요.

교과서도 없었으니까 교재를 프린트해서 가르쳤죠. 그때 프린트라는 것이 먹지로 찍는 거예요. 그런 식으로 처음에는 원고를 써서 복사해서 나누어주고 나름대로 가르쳤어요.

처음에 학교에 아이들을 모아놓고 출석을 부르는데, 우리말로 이름을 불렀어요. 일제 시대였으면 어림도 없는 일이죠. 그 얘기를 잠깐 하면, 해방될 때까지 출석부가 전부 일본 말이었어요. 일본 성과 이름으로 다 되어 있었죠. 우선 그런 것부터 고쳐야 했어요. 교과서 안 온다고 놀 수는 없으니까 선생들이 출석부에 새로 우리말 이름들을 찾아서 넣었죠. 아이들 이름을 모두 그렇게 고쳐놓았기 때문에 해방 후에는 출석을 일본 말로 안 불렀어요.

일제 시대에는 구령까지도 일본 말로 '기오쓰케', '야스메'라고 했어요. 해방 후에는 한자를 그대로 읽어서 '기착'이라고 했어요. '차려'라는 말도 없었거든요. 그러다가 나중에 우리말로 구령을 부르게 되었어요.

말 빼앗기고 이름 빼앗기고

배은식

나는 초등학교 다닐 적부터 공부하는 게 그렇게 재미있었어요. 나중에 꼭 선생님이 되어야겠다고 생각했지요. 돌이켜보면 꿈을 이룬 셈입니다. 그때는 또 여자가 할 만한 직업도 마땅치 않았어요. 특히 내 기억 속에는 초등학교 때 열심히 공부를 가르쳤던 일본인 선생들의 모습이 남아 있어요. 자세를 바르게 하는 것부터 생활 전반에 이르기까지 아이들에게 하나하나 교육을 시켰어요. 일본 사람들이 예절 교육 같은 건 참 잘했던 것 같아요.

그때 특히 내게 깊은 인상을 주었던 조선인 선생님이 한 분 계셨는데, 최화순 선생님이라고 아직까지 이름도 안 잊어버려요. 그분이 울면서 가르쳐주시던 "돛대도 아니 달고 삿대도 없이 가기도 잘도 간다" 하는 「반달」이라는 노래 아시죠? 나라 잃은 겨레의 아픈 마음을 달래주고 새로운 희망을 주기 위해 만든 노래잖아요. 그리고 몰래몰래 우리말도 가르쳐주곤 하셨어요.

한국인은 '요보', 망한 나머지 인간!

일본 사람들은 자기네 나라를 '황국'이라고 그랬어요. 그래서 '황국신민서사'를 초등학교에서부터 한국 사람들에게 읽히고 복창시켰지요. 교회에서도 예배드리기 전에 반드시 읽어야만 했어요. 고등계 형사까지 꼬박꼬박 참석해 설교를 들으며 감시했어요.

황국신민의 서사

학생용

- 나는 대일본제국의 신민이다.
- 나는 마음을 합해 천황 폐하에 충의를 다한다.
- 나는 인고 단련하여 훌륭하고 강한 국민이 된다.

일반용

- 우리는 황국신민이며 충성으로써 군국에 보답하자.
- 우리 황국신민은 서로 믿고 사랑하며 협력하여 단결을 굳게 하자.
- 우리 황국신민은 인고 단련의 힘을 키워서 황도를 선양하자.

학교에서는 매일 아침 조회를 했는데, 운동장에 전교생을 모아놓고 교장이 단상에 올라와 "황국신민서사!"라고 선창하면 따라서 복창했어요. 진충보국(충성으로써 나라에 보답하고), 인도선양해서 단결을 공고히 한다. 그다음 일시동인, 즉 내선일체라는 거지요. '내'는 일본 사람, 내지인을 말했고, '선'은 한국 사람을 말했어요. 따라서 일본 사람이나 한국 사람이나 일체이며, 같은 눈으로 어진 정치를 베푼다는 말이에요. 하지만 말만 그렇지 실제로는 한국 사람을 뭐라고 불렀는가 하면 일본 말로 '요보'라고 했어요. '망한 나머지 인간'들이란 모욕적인 말입니다. 그리고 흔히 우리에게 "센징,센징!"이라고 부르지 않았나요.

내가 백화점 같은 데 가서 물건을 살 때 직접 들은 얘기가 있어요.

그 당시 지금의 신세계 자리에 미츠코시 백화점이 있었고, '정자옥'이라 해서 백화점과 마찬가지로 큰 규모의 가게가 있었어요. 일본 여자 하나가 물건을 고르고 있는데, 점원이 친절하게 안내해줬어요.

"이 빗은 어떻습니까?"

"아, 요보가 좋아하는 빗은 난 싫어요!"

망하고 남은 백성, 그것을 한마디로 요보라고 한 겁니다. 정말 말만 일시동인이지…….

전쟁기념일에 기미가요를 부르다

일본 사람의 차별은 초등학교 교사의 급수에도 있었습니다. 예를 들어서 5급이 50원이었는데 일본 사람들에게는 60퍼센트의 가봉을 더 줬어요. 그러니까 50원에 60퍼센트면 80원 아닙니까? 그래서 어제 들어왔어도 60퍼센트의 가봉을 받았고, 한국 선생들은 몇 년을 가르쳤어도 가봉이란 말조차 없어요. 게다가 식민지 수당이라는 가봉까지 더 얹어줬으니까요.

이제 학교 얘기를 좀 해보면 이렇습니다.

아이가 처음 학교에 들어가면 국기에 대한 것부터 먼저 가르쳤어요. "히로지니 아카구, 히노마루 소메테", 우리말로 하면 '흰 바탕에 붉은 무늬, 아름답구나 일본의 국기'예요. 또 2절은 "일본의 국기, 아침 해가 떠오르는 걸 상징하는 찬란한 국기"라는 말이에요.

그리고 학교에 '봉안전'이라는 게 있었어요. '받들 봉'자에 '편안할 안'자를 써서 일본 말로는 '보안뗑'이라고 읽는데, 나무로 만들고 사람 키의 배는 족히 넘는 일종의 궤짝 집 같은 거예요. 언제 세워지기 시작했느냐 하면 중일전쟁 때니까 1938년이죠. 그때는 교장실에 신당도 함께 세우고 그랬어요. 처음에는 '궁성요배'라는 이름도 봉안전이란 이름도 몰랐어요. 다른 칠 같은 건 없이 그냥 나무로 된 작은 집이었어요. 우리는 거기에 가기도 싫었고 그냥 저건가 보다 그렇게 지냈어요. 그런데 점점 학생들에게 생활의 일부처럼 되어서 아침 등교할 때 그곳에 가서 절하고, 하교할 때도 절하고, 하나의 법이 되었던 겁니다. 조회 때는 그쪽을 향해서 최우경례를 시켰어요. 궁성이 일본 동경, 동쪽이니까요.

또한 매달 8일에 '대조봉대일'이라고 해서 그야말로 큰 애국조회 같은 걸 거행했어요. 12월 8일이 태평양 전쟁을 일으킨 날인데, 그놈들은 그걸 뭐 대단한 기념으로 생각한 거지요. 아무튼 식을 시작할 때는 국가인 기미가요를 먼저 불렀어요.

"기마가요와 치요미. 야치요니 사자레 이시노 아와토 나리테 고케노 무스마데."

내용은 이랬어요.

"임금님은 천대 팔천대, 작은 돌이 큰 바위가 되어 거기에 이끼가 낄 때까지 영원하여라."

또한 제2의 국가라고 할 수 있는 '우미유카바'는 나중에 불렀어요.

"우미유카바 미즈구 카바네 야마유카바 구마수사 카바네 오키미노 헤니 고소시나메 노도카 니와 시나지."

내용은 이랬어요.

"바다에 가면 바다의 시신이 되고, 산에 가면 풀숲의 시신이 되어 죽을 때까지 일신을 돌아보지 않고 임금님 앞에 충성하겠노라."

한편 아이들이 1학년에 들어오면 집에서 일본어를 배운 아이도 있지만 대개는 자기 이름도 몰랐어요. 그래서 변소에 가고 싶어도 "변소 갈 사람 손들어라!"는 일본 선생의 말을 못 알아들으면 그냥 오줌을 쌌어요. 선생님이 무서워 간다는 말도 못하고, 그래서 쉬운 것부터 시작했어요. 이것은 상자입니다. 이것은 화분입니다. 이것은 나무로 만들었습니다. 그런 식으로 일본어를 가르친 거죠.

그야말로 말 뺏겼지 글 뺏겼지, 이제 이름까지 뺏기잖아요. 40년인가에 창씨개명을 강요하잖아요. 거부하다가 자결한 사람도 있지만 대부분의 사람은 불이익이 가해졌기 때문에 따를 수밖에 없었어요. 집집마다 아버지부터 먼저 시작하면서 울고불고했어요. 김해 김씨면 '쇠 금'자에 '바다 해', 즉 가네우미니 가네야마니라 했고, 또 어떤 사람은 일본식으로 여자면 무슨무슨 '코'라고 했어요. 그러니 무슨 우스운 일이 있냐면

'대죽' 자는 '다케'인데, 그러면 다케코가 되죠. 일본 사람은 다케코라는 이름을 많이 지었지만, 우리는 말 그대로 '죽자'야 죽자, 김죽자!

본격적으로 창씨개명을 강요하기 전에는 이런 식으로 불렀어요. 예를 들면 김은희라는 이름에서 '은혜 은'은 일본 말로 '옹'이라고 해서 김옹키, 은숙이라고 똑같이 '은'자가 들어가면 '은 은'자라서 김깅키라고 했어요. 그러니 나는 김옹키, 여기는 김깅키가 돼요. 사정이 이러하니 아이들은 자기 이름을 불러도 못 알아들었어요. 이름이 비슷하니까 혼동스러워했던 거죠. 선생님이 자기 이름을 부르는데도 그걸 모르는 심정! 그런 슬픔이 있었던 겁니다. 자기 이름도 모르는 애를 붙잡고 선생님이 뭘 하겠어요. 그저 잡고 눈물밖에 더 흘리겠어요. 그래서 나는 학교에 가자마자 이름을 가르쳤어요.

창씨하기 전, 초등학교는 처음에는 공립보통학교, 그다음에 심상소학교, 그다음에 초등학교라 불렀어요. 그런데 공립보통학교 때도 수많은 일본 말로 했어요. 아이들은 영리해서 1년만 하면 일본어를 다 알아들었죠. 그렇게 돼서 일본어 수업시간은 일어가 아니라 국어시간이에요. 국어시간에는 독본 가르치고, 쓰는 시간 있고, 작문과 말하기를 했지.

그 밖에 산술, 자연, 수신 과목이 있었어요. 수신은 윤리를 말해요. 일본 사람으로서 몸을 다스리는 걸 배우는 것이죠. 그리고 체조와 음악, 4~6학년은 일본 역사와 지리를 배웠어요. 특히 수신 시간에는 교장이 직접 들어와서 일본 사람으로서 지켜야 할 행동과 정신 등을 가르쳤고, 일본 역사는 일본 선생이 가르쳤어요. 그러니 우리나라 역사는 감히 가르칠 생각도 못했죠. 조선 지리는 지리보충이라 해서 조금 가르치긴 했지만, 그것도 우리 지명을 일본어로 바꿔 발음했어요. 한강을 '강코'라고 부르는 식이죠. 그래서 아이들은 우리나라 역사가 뭔지도 모르고 개천절이 뭔지도 몰랐어요. 일본에는 3대 기념일이 있고, 교육칙어가 있어요. 교육칙어를 외워서 쓰는 것이 수신의 첫 번째였죠.

12장

대한민국에는
어떤 일이 있었을까?

– 민주주의를 향한 긴 여행

1. 현대사 수업, 왜 중요할까

"부모형제들에게 총부리를 대지 말라"고 적힌 플래카드를 들고 경찰의 무차별 발포에 항의하는 서울 수송국민
학교 학생들.

"헐~ 진짜 초등학생이라고요? 초등학생이 데모를 했다고요?"

"그런데 왜 경찰이 총을 쏘아요?"

"그럼 초등학생도 총 맞고 죽었어요?"

사진을 보여주자 아이들은 이해할 수 없다는 듯이 곳곳에서 소리 높여 궁금한
점을 묻는다. 불과 50년 전 이 아이들은 왜, 무엇 때문에 저토록 절박한 표정으
로 거리로 나왔을까? 그들의 용기가 지금 우리가 누리고 있는 자유와 권리를

가져왔다는 사실을 우리 아이들에게 어떻게 설명해야 할까?

• • •

1) 현대사, 어떻게 다가갈까?

역사란 우리와 무관한 영웅과 위인들의 이야기만은 아니다. 바로 우리처럼 평범한 인간의 삶에 관한 이야기다. 역사는 왕이나 위인에 의해서만 이루어지는 것이 아니다. 끊임없는 노동 속에서도 생계를 고민해야만 했던 이름 없는 '민중'들도 역사 전개의 큰 힘이다. 그런데 우리는 역사를 이야기하면서 인간이 배제된 화석화된 과거를 붙들고 있는 경우가 종종 있다. 교실에서는 사건을 움직였던 '사람'의 이야기를 놓친 채, 사건의 전개 과정만 달달 외우고 있다. 우리 아이들에게 사람 냄새가 나는 살아 있는 역사를 가르치지 못하고 있는 것이다.

역사란 지나가버린 과거의 일이 아니라 현재 진행형이다. 역사를 배운다는 것은 끝이 안 보이는 긴 도로에 서서, '이 길은 어디에서 시작되어 어디로 연결되는 것일까?'라고 바로 내가 서 있는 자리에서 질문을 던지는 것이다. 현재 나의 삶이 역사의 한 페이지를 장식하고 있으며, 때로는 역사적 사건으로 기억될 일을 직접 겪을 수도 있다.

현대사 교육은 지나간 과거, 위인들의 역할에 대한 관심을 넘어서 오늘날 우리에게까지 이어지는 무수한 보통 사람들에게 주목할 수 있도록 해준다. 학생들은 현대사 학습을 통해 역사를 자기 문제로 생각할 수 있을 것이다.

현대사의 전개는 우리 사회가 안고 있는 모순을 해결하려는 노력의 축적 과정이다. 앞 세대의 헌신과 희생 위에서 우리가 '인권'을 주장하고, '민주주의'를 누리고 있다는 사실을 생각해보도록 하는 것이 현대사 수업에서 추구할 방향이다. 우리가 당연하다고 느끼는 소중한 사회의 가치들이 거저 얻어진 것이 아니라, 목숨을 건 투쟁을 통해 쟁취한 소중한 열매이며, 이제 우리는 이것을 좀 더 발전시켜 후대에게 물려주어야 할 책임이 있음을 생각해볼 수 있는 시간이다. 현대사는 역사적인 삶, '실천'에 대해서 생각해보도록 하는 초등학교 역사 학습의 마무리 단계라고 할 수 있을 것이다.

그런데 교과서의 현대사 서술은 너무 빈약하여 아이들이 이해하기 어렵고, 교사가 일일이 설명하게 되면 주입식 수업이 되기 십상이다. 그래서 대부분의 교사들이 '조사해오기' 과제를 내게 되는데, 이 방법 역시 인터넷 검색 등을 통한 형식적인 조사에서 벗어나기 어렵다. 실제 인터넷에서 4·19 혁명, 5·18 광주 민주화 운동, 6월 민주 항쟁에 대해 검색해보면 초등학생들이 학교 숙제를 위해 간단한 자료를 요청하는 글이 많이 올라와 있다. 아이들은 긴 글도 원치 않는다. 대부분 '간단하게' 또는 좀 더 구체적으로 '5줄'로 요약된 자료를 요구한다. 사회과 보조 교과서인 '사회과 탐구'에도 그 정도의 내용은 있는데, 타이핑도 귀찮아 바로 복사해서 붙일 수 있는 자료를 요구하는 것이다. 의미를 곱씹어보지 않은 채 그냥 베껴오게 하는 수업은 무의미하다. 차라리 소박하게 교사가 자료를 제공하고 함께 읽으면서 내용을 파악해가는 데서 출발하는 것이 훨씬 효과적이다.

2) 민주화 과정으로 현대사 살피기

초등학교 현대사 교과서는 주로 민주화 과정을 중심으로 구성되어 있다. 이런 민주화 과정의 역사적인 맥락을 생각해볼 수 있는 수업 구상이 필요하다. 인간의 존엄과 권리를 요구하였던 항쟁들이 현대에 들어 갑자기 발생한 것이 아니라 과거에도 있었으며, 그 정신이 계속 이어져오고 있음을 생각해보게 하는 것이다.

현대사를 민주주의 발전 과정의 맥락에서 파악해보도록 하자. 우리 현대사는 질곡의 역사라고 할 수 있다. 우리 사회는 봉건사회, 일제 식민 지배 등 기나긴 역사 속에서 많은 모순을 안고 있었고 시련을 겪었다. 그러한 문제를 해결하기 위한 노력이 끊임없이 이어져왔다. 특히 근대 이후 대내외적 모순이 어떤 시대보다도 격심하여 이에 저항하는 민중운동이 끊이지 않았다. 1894년 갑오농민전쟁, 1919년 3·1운동, 해방 직후의 변혁운동, 1960년 4·19 혁명, 1980년 광주 민주화 운동, 1987년 6월 민주 항쟁은 가히 폭발적이었다.

그러나 대규모 민중운동이 최종적인 승리로 마무리되는 경우는 거의 없었다. 한국 근현대사는 민중의 끊임없는 도전과 좌절의 역사였다. 그렇지만 민중운동의 패배는 단순한 패배로 끝난 것만은 아니다. 패배 속에서도 일정한 성과를 거두었고, 이러한 성과는 오늘날까지 여러 가지 형태로 이어져오고 있으며, 우리가 관심을 가지고 다루어야 할 부분도 바로 이 점이다.

갑오농민전쟁은 봉건제와 일본의 침략에 반대한 반제·반봉건 혁명운동이었다. 노비제도를 비롯한 신분제를 폐지하고 집강소를 설치하여 농민들의 개혁 요구를 실천하였다. 비록 일본군의 막강한 화력에 눌려 막을 내리긴 하였지만, 근대 민족운동의 주체 세력을 형성하고 근대 민족을 형성시키는 중요한 계기가 되었다.

갑오농민전쟁을 무력으로 진압한 일본은 조선을 완전히 식민지화하였다. 식민지 조선은 구래의 봉건적 모순에 식민지적 모순이 가중되었으며, 이는 3·1운동에서 민족 대연합전선이 형성될 수 있었던 원인이 되었다. 비록 3·1운동은 일제로부터의 독립이라는 목적을 달성하지는 못했으나 식민지 하에서 억압받았던 민중이 운동의 주체로 참여함으로써 민중의식이 깨어나는 중요한 계기가 되었다.

8·15 해방 후 일제 식민지 잔재를 청산하고 자주적 통일 국가를 건설해야 했던 시대적 민족적 과제는 한반도에 적대적인 2개의 정권이 들어서면서 분단으로 귀결되었고, 1950년의 한국전쟁으로 분단은 고착화되었다.

1950년대 이승만 정권하에서의 한국 사회는 극심한 경제적 어려움으로 미국의 원조에 의존할 수밖에 없었고, 이에 더하여 민족의 분단이라는 모순이 더해졌다. 1960년 4·19혁명은 이승만 정권이 3월 15일 노골적인 부정선거를 자행한 데 대한 학생들의 시위로 시작되었으며, 결국 이승만 대통령이 물러남으로써 자유당 정권은 붕괴되었다. 4·19혁명은 분단 이후 최초의 대규모 민중운동으로, 초기의 승리 경험은 민중운동이 활성화되는 데 큰 역할을 하였다. 사회 각 분야에서 이러한 운동의 맥이 이어져 통일운동까지 연결되었으나, 아쉽게도 5·16 군사정변으로 좌절되었다.

5·16 군사정변으로 등장한 박정희 정권은 고도의 경제성장 정책을 폈으며, 노동자 저임금, 재벌 기업 중심의 경제 운영, 독재 등으로 민중의 삶은 힘들었다. 그러한 박정희 정권의 탄압에 대한 저항의 움직임은 민주화 운동으로 번졌다. 결국 부마항쟁과 10·26사건으로 유신 독재 체제는 붕괴되었다. 그러나 민주주의가 자리 잡을 시간도 없이 군부의 쿠데타로 우리 사회는 다시 독재 체제하에 들어가게 되었다.

1980년 5월 광주 민주화 운동은 신군부의 폭력에 대한 저항으로 시작되었다. 광주에서 계엄령 해제와 전두환 퇴진을 요구하는 구호를 외치는 학생들을 공수부대가 무참히 살상하자, 일반 시민들이 시위의 전면에 나서게 되었다. 군부와 광주 시민의 대립은 결국 열흘 만에 광주 시민의 패배로 끝났다. 그러나 광주 시민의 항쟁은 전두환 정권의 정당성에 이의를 제기함으로써, 1987년 6월 민주화 운동의 계기가 되었다.

전두환의 임기 말 장기 집권을 위한 1987년 4·13 호헌 조치는 국민들의 민주화 열망에 다시 불을 당기게 되었다. 지식인들의 잇단 시국선언은 여론을 크게 환기시켰고 민중들의 적극적인 참여로 이어졌다. 그 와중에 박종철 고문치사 사건의 진상이 밝혀졌고, 이를 계기로 각계 대표들이 6·10 대회를 계획하였다.

6월 민주화 운동은 각계각층의 민중이 참여한 전국적인 항쟁이었다. 그것이 6·29선언이라는 성과를 거둘 수 있었던 것은 각계각층의 대중이 참여하였기 때문이다. 결국 12월 대통령 선거에서 군부 재집권으로 귀결되긴 하였으나, 군부독재도 민중의 힘으로 막아낼 수 있다는 자신감을 갖는 계기가 되었으며, 민중이 진정한 삶의 주체로 나설 수 있는 여건을 마련하였다.

2. 기존 교과서와 수업은?

"아니, 정권도 바뀌었는데, 왜 학교에서 교사가 4·19, 5·18을 자세히 가르쳐야 합니까? 나도 5·18 일어났을 때 고등학생이었지만, 그때만 해도 광주에는 간첩들이 들어와 있다고 알고 있었는데 뭐가 진짜인지도 알 수 없고. 그리고 4·19 때 초등학생들이 시위를 했다는 사진도 내가 보기엔 위조된 것 같아요."

현대사 관련 사회과 연수에 참여했던 어느 교사의 반응이었다. 이 교사는 과연 현대사를 어떻게 가르칠까? 5학년 2학기 사회 교과서 제일 마지막 단원인 3단원 2주제 '2. 민주화와 경제 발전'에서는 4·19 혁명과 5·18 민주화 운동, 6월 민주 항쟁에 대해 2차시에 걸쳐 다루고 있다. 이 현대사는 교사들이 가르치는 데 부담을 많이 느끼는 부분이다. 교사들이 직접 겪었거나 혹은 부모 세대에서 겪은 일이라 현장감 있게 접근할 수도 있는데, 어떤 경우는 오히려 자신의 주관적인 판단을 앞세우는 것이 아닐까 우려하기도 한다.

과연 모든 사람이 동의하는 객관적인 역사가 있을까? 역사 수업에서 해석이나 가치 판단은 피할 수 없다. 우리가 '객관성'의 실체라 믿고 있는 교과서조차도 교묘한 의도를 숨기고 있다. 일견 객관적이고 논리 정연해 보이는 교과서 속의 일목요연한 항목들은 교과서의 관점을 감추고 있는 교묘한 형식적 장치일 뿐이다. 교과서의 저자는 자신의 관점으로 사회 현상, 문제, 주제, 쟁점을 보고 그 의미와 가치를 교과서를 통해 이야기하고 있는 것이다. 아무리 중립적인 서술을 표방한다 할지라도 사회 현상 및 역사 서술에서 서술 주체의 관점은 어떤 식으로든 흔적을 남길 수밖에 없다.

교사 스스로가 만든 '객관성의 신화' 때문에 지금 5~6학년 아이들의 부모들이 대부분 직접 겪었던, 그리고 우리 아이들이 꼭 알아야 할 중요한 사건들이 아무 의미도 없는 숫자로만 기억된다. 실제 1학기 공부를 마친 5학년 학생들에게 책을 읽게 하면 4·19, 5·18을 어떻게 읽어야 하는지를 모르는 아이들이 많다. 이 숫자들을 우리 아이들에게 의미 있는 숫자로 바꾸어보자.

3. 이렇게 수업하자

1) 수업 전개

	주요 학습 내용
1차시	• 4 · 19 혁명, 5 · 16 군사정변, 5 · 18 민주화 운동, 6월 민주 항쟁의 배경과 결과, 영향을 이해한다.
2차시	• 4 · 19 혁명, 5 · 18 민주화 운동, 6월 민주 항쟁의 공통점을 알아보고 역사 속에서 민중의 역할을 이해한다.

(1) 현대사 흐름 연표 그려보기

사건을 이해하는 데에는 그것만 뚝 떼어내어 보는 것보다 일련의 연장선상에서 바라보는 것이 훨씬 도움이 된다. 그런 점에서 연표는 효과적이다.

> 교사: 얘들아, 광복절이 언제지?
> 학생: 8월 15일요.
> 교사: 아니, 몇 년이냐고?
> 학생: 1950년? 아닌가?

우리나라가 해방된 연도를 정확하게 기억하는 학생은 거의 없다.

> 교사: 그럼 한국전쟁은 언제일까?

이번에도 몇 번의 오답 끝에 1950년이라는 답을 얻었다.

교사: 1945년 광복, 1950년 한국전쟁, 지금은 몇 년이지?

직선을 쭉 긋고 1945년부터 2010년까지 간단한 연표를 만든다.

45	50	55	60	65	70	75	80	85	90	95	2000	2005	2010

교사: 이 사이에 어떤 일이 있었는지 한번 알아볼까?

이번 시간에는 일단 아이들과 함께 자료를 읽기로 했다. 읽어오도록 할 수도 있지만, 아이들에겐 너무나 낯선 이야기라 이해하기가 쉽지 않을 것으로 생각했다. 아이들에게 자신이 생각하기에 중요한 내용에 밑줄을 긋게 하면서 돌아가며 읽게 했다. 아이들은 대부분 날짜에만 밑줄을 그었다. '4·19 혁명'에 관한 이야기를 모두 읽었다.

학생 1: 어떻게 국민을 총으로 죽일 수 있어요?
학생 2: 자기가 잘못해놓고 왜 그래요?
학생 3: 진짜 중학생도 데모했어요?

교사가 입을 열기도 전에 아이들에게서 먼저 말이 나왔다.

교사: 왜 학생들과 사람들이 거리로 나오게 되었지?
학생 1: 선거하는 데 대통령이 잘못하니까 화가 나잖아요.
학생 2: 투표 무효시키려고 그랬어요.
학생 3: 사람도 죽였잖아요.
학생 4: 그래도 결국은 대통령이 물러났으니까 잘됐지요.

원인과 결과가 자연스럽게 정리되었다.

> 교사: 얘들아, 중학생이면 너희와 두세 살 차이밖에 안 나는데, 지금 너희 같으
> 면 이런 일이 있을 때 목숨을 걸고 데모를 할 수 있을까?
> 학생 1: 못하죠.
> 학생 2: 할 수 있어요.

저희들끼리 서로의 용기 없음과 허세를 비난하느라 한창 시끄럽다.

> 교사: 자, 1960년 4 · 19 혁명이 있었고…….

연표를 채웠다.

> 교사: 이제 5 · 16 군사정변이다.

앞의 경우와 마찬가지로 중요한 내용에 밑줄을 그어가며 한 명씩 돌아가
며 읽었다. 물론 중간중간 교사의 설명과 추임새가 들어갔다.

> 교사: 그럼 박정희 대통령이 총 몇 년 동안 대통령으로 있었지?
> 학생 1: 17년요. 와!
> 학생 2: 그런데 이렇게 대통령 돼도 괜찮아요?
> 학생 3: 그럼 우리도 총 갖고 들어와서 있다가 대통령 해도 돼요?
> 교사: 물론 박정희 대통령 시절에 새마을운동도 시작되고, 우리나라 경제가 꽹
> 장히 발전했지만, 대통령이 된 과정과 또 장기 집권으로 민주주의는 퇴
> 보되었다고 평가하는 사람들도 많단다. 너희들은 경제 발전과 민주주의
> 의 퇴보, 어떤 게 더 중요하다고 생각하니?
> 학생 1: 일단 돈이 있어야지요.

학생 2: 그래도 민주주의는 중요해요.

또 저희들끼리 시끌시끌이다.

　　　교사: 1961년, 1963년, 1979년…….

연표에 기입하고 '5 · 18 민주화 운동' 자료를 계속 읽어나갔다.

　　　학생 1: 우리나라 대통령은 전부 군인이에요?
　　　학생 2: 진짜 사람들이 이렇게 죽었어요?

물어보니 영화 「화려한 휴가」를 본 아이들이 아무도 없었다.

　　　교사: 1980년에 일어났던 이 일이 세상에 알려진 것도 얼마 되지 않았단다.

이런 부분은 교사의 설명이 꼭 필요하다. 언론의 통제로 광주 시민들이 오롯이 죄인이 되었으며, 그 사실이 세상에 알려지는 데만도 10년 가까운 시간이 걸렸다는 사실 등을 설명해준다. 그리고 '사태'에서 '민주화 운동'으로 용어가 격상되었다는 것도 알려준다. 그런데 관련 사진은 도저히 아이들이 감당하기 어려울 수 있으므로 보여주는 데는 좀 더 세심한 배려가 필요하다.
　연표에 1980년 5 · 18 민주화 운동을 기입하고, 마지막 자료 '6월 민주 항쟁'을 읽었다.

　　　학생 1: 허탈해요.
　　　학생 2: 그런데 대통령들이 다 이상해요.

1987년 6월 민주 항쟁을 마지막으로 기입했다.

교사: 대한민국에서 1945년부터 있었던 일을 다 보았네.

차례대로 되짚으며, 원인과 결과를 문답식으로 정리했다. 비교적 정확하게 대답이 나왔다.

(2) 현대사 주요 사건 파악하기

교사: 모둠별로 한 가지 사건을 정해서 정리를 해보자.

2009. 7. 8		모둠 :
🇰🇷	모둠에서 4·19 혁명, 5·16 군사정변, 5·18 민주화 운동, 6월 민주 항쟁 중 한 가지 사건을 골라 원인, 과정, 결과, 느낀 점이 잘 드러나게 정리해봅시다.	
원인		
과정		
결과		
느낀 점		

아이들이 이해한 대로 자기들의 언어로 각 사건의 원인과 배경, 영향 등을 정리해보게 하였다. 5줄 정도의 간단한 자료들이 나왔지만, 자기들이 이해한 것을 바탕으로 자신들의 언어로 정리한 귀한 자료였다. 그리고 모둠별로 작업을 함으로써 각 사건에 대해 생각을 나누는 시간을 가질 수 있었다.

교사: 오늘 수업을 하고 느낀 점을 이야기해보자.
학생 1: 대통령들이 이상해요.
학생 2: 폭력이 너무 많았어요.
학생 3: 학생들이 죽은 게 너무 불쌍해요. 아직 뭐가 뭔지 잘 모르는데.

학생 4: 우리나라에서 사람들이 너무 많이 죽었어요.

교사: 오늘 숙제가 있는데…… 집에 가서 부모님께 '6월 민주 항쟁'에 참여하셨거나 아니면 구경하신 적이 있는지, 어떤 생각을 하셨는지 여쭤보고 적어와보자.

이번 시간에는 자료만 읽어보았다. 다 같이 읽으면서 아이들 나름대로 울분을 느끼고 흥분하고, '나 같았으면……'이라는 생각을 해본 소중한 시간이었다.

(3) 역사적 사건의 의미 탐색하기

현대사 전개 과정에 대한 기초적인 이해가 이루어졌으면, 주요한 사건들이 갖는 의미를 생각해보도록 하는 단계로 넘어가게 된다. 앞에서 정리하였던 4·19 혁명, 5·16 군사정변, 5·18 민주화 운동, 6월 민주 항쟁을 제시한 다음 성격이 다른 한 가지를 꼽아보게 하면 의외의 결과를 확인할 수 있다.

교사: 4가지 사건 중에서 성질이 다른 것을 각 모둠별로 의논해보자.

아이들이 '5·16 군사정변'을 꼽을 거라고 예상했는데, 의외로 '4·19 혁명'을 꼽았다.

교사: 왜 그렇게 생각하지?
학생: 다른 건 다 국민이 졌는데, 4·19 혁명만 이겼잖아요.

아이들은 5·18 민주화 운동은 광주 시민들이 일방적으로 희생되었고, 6월 민주 항쟁 역시 결과적으로 노태우 대통령이 당선되었다는 점에서 국민들의 패배로만 인식하고 있었던 것이다. 현대사 수업은 자칫하면 이렇게 의

도하지 않은 결과를 낳을 소지가 있다. 각 사건의 의미와 영향을 깊이 생각해볼 수 있는 계기를 마련해주어야 한다는 것을 확인할 수 있다.

> 교사: '5·18 민주화 운동'은 정말 광주 시민이 피해만 본 사건일까?
> 학생 1: 당연하지요.
> 학생 2: 나 같으면 억울해서 못 살아요.
> 교사: '5·18 민주화 운동'을 읽고 어떤 생각을 했니?
> 학생 1: 언론이 거짓말만 해요.
> 학생 2: 너무 폭력적이에요.
> 학생 3: 경찰하고 군인이 국민을 죽이는 건 잔인해요.
> 학생 4: 대통령도 감옥에 간다?
> 학생 5: 데모하다가 죽을 수도 있다고 생각했어요.

아이들의 입에서 그 일은 잘못된 일이었다는 외침이 계속 이어졌다.

> 교사: 그래, 그거야. 우리 역사에 그런 잘못된 일이 있었고, 그래서 전직 대통령까지도 잘못을 하면 감옥에 갈 수 있고, 또 특별법을 만들어 자유와 민주주의를 지키기 위해 죽어간 사람들을 기억하는 것, 그때 돌아가신 광주 시민들이 우리에게 원하는 것이 아닐까?
> 학생 : 그래도 죽은 건 억울해요.
> 교사: 그리고 이후에 시민운동이 계속 일어날 수 있었던 것은 이런 경험이 바탕이 되었기 때문이야.

(4) 역사 발전을 이끄는 동력, 보통 사람들

현대사 수업의 장점은 학생들의 가족들이 직접 역사의 현장에 있었던 경험을 학생들에게 전해줄 수 있다는 것이다. 특히 '6월 민주 항쟁'의 경우 1987

년 민주화 투쟁에 많은 시민들이 참여하였으며, 지금 학생들의 부모 세대가 민주화 운동의 주역이라고 할 수 있을 것이다.

학생들에게 부모의 경험을 면담해오라는 과제를 부과하는 방법이 효과적이다. 학생들은 부모와의 인터뷰를 진행하면서, 중요한 역사적 사건에 주변 사람이 참여했다는 사실을 알고 신선한 자극을 받게 될 것이다. 학생들에게 과제를 제출한 다음 조사해보면 '6월 민주 항쟁'에 참여했던 분이 제법 있다. 거기에 구경해본 사람까지를 포함하면 그 수는 더욱 늘어날 것이다.

교사: '6월 민주 항쟁'에 대해 알아본 내용을 발표해보자. 부모님이 직접 참여
하셨다면, 당시에 어떤 생각을 하셨는지 들은 학생은 발표해보자.
학생 1: 우리 엄마, 아빠는 그거 데모라고 하던데요.
학생 2: 진짜 도망 많이 다녔대요.
학생 3: 최루탄 때문에 눈물도 많이 흘렸다던데요.
학생 4: 우리 아빠는 경찰한테 맞았대요.
학생 5: 그때도 폭력이 많았어요.
학생 6: 그래도 6·29 선언이 나왔을 때 진짜 보람 있었대요.
학생 7: 우리 엄마는 그때 참가한 게 자랑스럽다고 했어요.

아이들이 앞서 '6월 민주 항쟁'에 대해 공부를 했기 때문에 부모님과 제법 대화가 이루어진 것 같았다. 한 학생은 엄마가 그때 참여한 것을 자랑스럽게 생각하더라고 말했다. 역사의 흐름에 동참하고, 불의에 항거하는 실천의 의지를 생각해보는 시간이 되었을 것이다.

교사: 왜 자랑스럽게 느끼셨을까?
학생 1: 6·29 선언이 나왔잖아요.
학생 2: 중요한 일이었잖아요.

아이들과 역사의 한 획을 그은 '6월 민주 항쟁'의 의미에 대해 이야기를 나누었다. 시민운동의 중요성과 시민들의 힘으로 사회가 바뀔 수 있음을 이야기했다. 물론 선거 결과는 다르게 나왔지만 시민들이 힘을 모아 원하는 것을 이룩한 역사는 바로 우리 교과서에까지 실릴 정도로 중요한 일이었음을 이해하게 되었다.

> 교사: 그럼 이 4가지 사건 중에서 성격이 다른 것 하나를 다시 한 번 골라보자.

이번에는 거의 만장일치로 '5·16 군사정변'을 외쳤다.

> 교사: 그럼 나머지 3가지의 공통점은 무엇일까?
> 학생 1: 시민들이 힘을 모아서 대형사고를 쳤어요.
> 학생 2: 시민들이 힘을 모아 중요한 일을 했어요.

학생들은 스스로 문장을 세련되게 정리하였다. 학습지를 통해서 내용을 정리하고 마지막으로 우리가 누리고 있는 민주주의에 대한 생각을 적어보게 하였다. 이 글쓰기 작업에서 교사가 원하는 대답은 '민주주의란 거저 얻어진 것이 아니라 끊임없는 시민운동을 통해 얻은 소중한 것이며, 우리 또한 이러한 가치를 지키고 실천해야 한다'는 것이었지만, 답안 작성에 어떤 규정도 두지 않았다. 어떤 글을 쓰든지 아이들의 마음속에 떠올랐던 생각들이 언젠가 더 나은 생각들을 불러낼 기폭제가 될 거라고 믿었기 때문이다.

4. 배움을 바탕으로 실천하기

현대사 수업을 마친 아이들은 어려운 과제를 해냈다는 뿌듯한 표정이다. 뭔가 알게 되었고, 역사의 주인이 보통 사람들이라는 생각을 하게 된 것이다. 현대사 수업 후 학생들에게 소감을 물었더니 다음과 같은 답이 나온다.

> 우리나라에서 있었던 중요한 일들을 잘 알게 되었다.
> 나도 이런 일이 있으면 용감하게 데모하러 나갈 것이다.
> 우리나라 대통령은 이상하게 뽑혔다.
> 국민들 힘이 대단하다.
> 앞으로 폭력은 쓰지 말아야 한다.

절대적인 존재라고 믿었던 국가도 잘못된 일을 할 수 있음을 알았고, 그 정부가 한 일에 대해 옳고 그름을 판단했다는 사실만으로 아이들은 민주화 운동에 참여한 듯한 표정이었다.

한국의 현대사는 세계에서 유례를 찾아보기 어려울 정도로 파란만장하다. 아이들에게 그 고난의 역정을 생각해보도록 하는 것은 가벼운 사안이 아니다. 그 고난의 생채기들을 아이들에게 어떻게 전달해야 할지 늘 고민스러운 문제다. 그러나 아이들은 교사가 생각하는 것 이상으로 현대사 전개 과정을 잘 소화해낸다. 교사가 의미를 정리해서 완벽하게 전달하는 게 능사는 아니다. 아이들 스스로 자신의 생각을 정리할 수 있고 또 정리되지 못한 생각은 중학생, 고등학생, 성인이 되면서 계속 수정하고 키워나갈 것이다.

현대사가 안고 있는 모순을 파악하고, 그것이 불합리하다는 점을 인식하고, 바로잡아 나가는 것은 우리의 몫이라는 생각을 가질 수 있다면 현대사 수업은 성공한 것이다.

5. 수업 자료

[읽기 자료 ①] 4 · 19 혁명

1960년 3월 15일 국민들은 모두 대통령과 부통령 선거 결과에 관심을 기울이고 있었습니다. 국민들은 1948년에 처음 대통령으로 당선된 뒤로 12년 동안 대통령 자리를 지키고 있는 이승만이 마음대로 헌법을 고치며 온갖 부정을 저지르는 데 불만이 많았습니다. 그래서 이번에는 이승만을 대통령으로 뽑지 않겠다는 사람이 많았습니다.

그런데 어찌 된 일입니까? 또다시 이승만이 대통령에 당선된 것입니다. 어떻게 이런 결과가 나오게 되었을까요? 3월 15일의 대통령 선거는 온갖 부정으로 얼룩졌습니다. 예를 들면 여러 사람이 짝을 이루어 투표소에 들어가서 서로 이승만을 찍었는지를 확인한 다음, 투표함에 투표용지를 넣는 일이 전국 여러 곳에서 일어났던 것입니다.

국민들은 곳곳에서 '부정선거를 인정할 수 없다!'며 거리로 몰려 나와 소리 높여 외치기 시작하였습니다. 그러나 이승만은 분노한 국민들의 외침을 경찰의 힘으로 짓밟으려 하였습니다.

그러던 가운데 1960년 4월 11일 마산에서 부정선거에 반대하던 한 학생의 시신이 바다 위로 떠올랐습니다. 이 학생은 마산 상업고등학교에 다니던 열여섯 살의 김주열이었습니다. 이 사건으로 국민들의 분노는 하늘을 찌를 듯했습니다. 4월 19일에는 이승만의 부정선거에 반대하는 국민들의 열기가 뜨겁게 달아올랐습니다. 그러나 이승만은 오히려 군대의 힘으로 국민들을 억누르려고만 하였기에 많은 국민들이 군인들의 총에 희생되는 안타까운 일이 벌어졌습니다.

그때 초등학교에 다니던 강명희 어린이는 다음과 같은 시를 썼습니다.

아…… 슬퍼요.
아침 하늘이 밝아오면은
달음박질 소리가 들려옵니다.
저녁놀이 사라질 때면
탕탕탕탕 총소리가 들려옵니다.
아침 하늘과 저녁놀을
오빠와 언니들은
피로 물들였어요.

오빠와 언니들은
책가방을 안고서

왜 총에 맞았나요.

도둑질을 했나요.

강도짓을 했나요.

무슨 나쁜 짓을 했기에

점심도 안 먹고

말없이 쓰러졌나요.

자꾸만 자꾸만 눈물이 납니다.

잊을 수 없는 4월 19일

학교에서 파하는 길에

총알은 날아오고

피는 길을 덮는데

외로이 남은 책가방

무겁기만 하더군요.

나는 알아요, 우리는 알아요.

엄마 아빠 아무 말 안 하여도

오빠와 언니들이

왜 피를 흘리는지……

오빠와 언니들이

배우다 남은 학교에서

배우다 남은 책상에서

우리는 오빠와 언니들의 뒤를 따르렵니다.

- 강명희, '나는 알아요' 중에서

당시 중학생이던 학생은 다음과 같은 편지를 남겼습니다.

"시간이 없는 관계로 어머님을 뵙지 못하고 떠납니다. …… 어머님, 데모에 나간 저를 나무라지 마시옵소서. 우리들이 아니면 누가 데모를 하겠습니까? 저는 아직 철이 없는 줄 압니다. 그러나 국가와 민족을 위하는 길이 어떻다는 것을 알고 있습니다. …… 저는 생명을 바쳐 싸우려고 합니다. 데모하다 죽어도 원이 없습니다. 어머님, 저를 사랑하시는 마음으로 무척 비통하게 생각하시겠지마는 온 겨레의 앞날과 민족의 해방을 위하여 기뻐해주세요. …… 부디 몸 건강히 계세요. 거듭 말씀 드리지만 저의 목숨은 이미 바치려고 결심하였습니다."

- 진영숙(당시 한성여중 2학년)이 부모님께 남긴 편지 중에서

학생들이 군인들의 총탄에 희생되자 전국의 대학 교수들도 거리로 나왔습니다. 시민

들과 학생들도 다시 일어났습니다. 결국 이승만은 1960년 4월 26일 다음과 같이 발표하였습니다.

[읽기 자료 ②] 5 · 16 군사정변

4월 혁명이 끝난 뒤 대학생들은 학교로 돌아가 열심히 공부하면서 국민들에게 민주주의를 널리 알리려고 노력하였습니다. 그러나 1년이 지나도 국민들의 어려운 살림이 나아지지 않자 대학생들은 다시 거리로 쏟아져 나와 정부를 비판하고 남북통일을 주장하였습니다. 통일이 되면 군대를 위해 쓰는 돈을 국민의 생활을 안정시키는 데 쓸 수 있다고 생각했기 때문입니다.

그러던 1961년 5월 16일 새벽, 탱크를 앞세운 군인들이 한강 다리를 건너고 있었습니다.

"혁명군은 오늘 새벽 국가의 입법, 행정, 사법 삼권을 모두 장악했다. 전국에 비상 계엄을 선포한다. 군사혁명위원회의 지시에 절대 복종하라."

군인들이 나라의 정치를 맡겠다고 나선 것입니다. 바로 5 · 16 군사 쿠데타가 일어난 것입니다. 쿠데타를 이끈 박정희는 공산주의에 반대하고 부정부패를 몰아내며, 국민의 어려운 살림살이를 돕고 경제를 일으키는 것이 자신들의 목표라고 발표하였습니다. 그리고 자신들이 나설 수밖에 없을 만큼 나라가 어려운 상황에 처했다고 밝혔습니다.

군인들은 국무총리를 비롯하여 여러 장관들을 체포하고, 남북통일을 주장하는 학생들을 잡아들였습니다. 법을 무시하고 나라의 통치권을 장악한 군인들에 대한 국민의 반발은 높았습니다. 4월 혁명 이후 이제 막 국민들의 손으로 이룩한 민주주의가 군인들에 의해 무너지고 있다고 생각한 것입니다.

1963년 박정희는 군인 신분을 벗어버리고 민간인 신분으로 대통령 후보로 출마해 제5대 대통령에 당선되었습니다. 그 후 법을 고치면서까지 대통령을 계속하였지만, 결국 1979년 10월 26일 부하의 총에 맞아 죽음을 맞았습니다.

1979년 12월 12일 저녁, 서울 시내에 총소리가 울려 퍼졌습니다. 전두환 소장을 중심으로 한 군인들이 반란을 일으킨 것입니다. 전두환은 힘으로 권력 기관을 장악하고 서서히 정치 무대에 모습을 나타내기 시작했습니다.

한편 국민들은 빨리 군인들을 군대로 돌려보내고, 헌법을 민주주의에 걸맞은 내용으로 고쳐야 한다고 주장하였습니다. 서울에서는 수만 명의 시민과 대학생들이 거리로 나와 과거의 잘못을 처벌하고 민주주의의 실현을 요구하는 시위를 벌였습니다. 정부는 빨리 새 헌법을 만들겠다며 국민들에게 질서를 지켜달라고 호소하였고, 대학생들과 시민들은 시위를 멈추었습니다.

그런데 정부는 갑자기 전국에 비상 계엄을 선포하였습니다. 국회의원들이 국회에 들어갈 수 없게 되었고, 대학교에도 휴교령이 내려졌습니다. 국민들은 전두환이 뒤에서 비상 계엄을 선포하게 만든 것이라고 생각하였습니다. 전두환이 대통령이나 다름없이 행동하고 있었기 때문입니다.

다른 지역과 마찬가지로 광주에서도 대학생들이 중심이 되어 민주화를 요구하는 시위를 자주 벌였습니다. 5월 16일 밤에는 횃불을 들고 평화 행진을 하며 민주화를 요구하는 시위를 벌였으며, 다음 날인 17일에는 정부가 내린 비상 계엄령에 반대하는 시위를 벌였습니다. 그러나 이튿날 공수부대 군인들이 광주에 나타나면서 상황은 완전히 바뀌었습니다. 광주 시내 곳곳에서 시민들이 특수 훈련을 받은 공수부대 군인들에게 맞고 쓰러지고 끌려가는 광경이 펼쳐졌습니다.

광주 시민들은 그저 놀랄 따름이었습니다. 마침내 모든 시민들이 일어섰습니다. 광주 시민과 공수부대는 도청 앞에 마주 섰습니다. 팽팽한 긴장감이 감도는 가운데 시민들이 어디선가 울려 퍼지는 애국가를 따라 불렀습니다. 바로 그때 군인들이 총을 쏘기 시작하였습니다. 도청 앞은 총을 맞고 쓰러진 시민들의 신음소리로 가득했습니다. 놀란 시민들이 총을 들어 군인들에게 대항하자 군인들이 물러나기 시작했습니다.

"광주 만세! 군인들이 도망쳤다!" 시민들은 거리를 청소하고, 질서를 지키려고 노력하며, 군인들에게 사과할 것을 요구하였습니다.

광주에서 이런 소란이 일어나고 있을 때, 신문과 방송에서는 정부의 강요로 간첩들의 꾐에 빠진 광주 시민이 폭동을 일으켰다고 보도하였습니다. 그래서 다른 지역에서는 광주의 진실을 알지 못하고 간첩 때문에 난리가 일어난 줄 알고 불안해하고 있었습니다.

며칠 후 군인들이 다시 광주로 들어왔습니다. 5월 27일 300여 명의 시민들이 광주 도청을 지키고 있었습니다.

"여러분! 군인들이 다시 오면 우리 모두는 죽음을 피할 수 없습니다. 우리는 패배할 것입니다. 그러나 민주주의를 지키기 위해서는 누군가는 남아 싸워야 합니다!"

그날 밤 도청은 군인들의 총칼에 의해 점령당했습니다.

그 후 전두환 정권은 광주의 비극을 숨기려고 했지만 많은 사람들이 진실을 알리려고 노력하였습니다. 그리하여 억울하게 희생된 광주 시민들의 넋을 위로하고, 그들의 명예를 되살리기 위한 국민들의 노력이 이어졌습니다. 1996년 전두환, 노태우 전 대통령이 구속되고 '5ㆍ18 특별법'이 제정된 것입니다. 이로써 죄없는 시민들을 학살한 사람들은 법의 심판을 받고, 광주 민주화 운동이 우리나라 역사에서 새롭게 평가받게 되었습니다.

5ㆍ18 광주 시민군 궐기문(1980. 5. 25.)

우리는 왜 총을 들 수밖에 없었는가? 그 대답은 너무나 간단합니다. 진압군의 무자비한 만행을 더 이상 보고 있을 수만 없어서 너도나도 총을 들고 나섰던 것입니다. 우리 학생들과 시민들은 과도 정부의 중대 발표와 또 자제하고 관망하라는 말을 듣고 학생들은 17일부터 학업에, 시민들은 생업에 종사하고 있었습니다.

그러나 정부 당국에서는 17일 야간에 계엄령을 확대 선포하고 일부 학생과 민주 인사, 정치인을 도무지 믿을 수 없는 구실로 불법 연행하였습니다. 이에 우리 시민은 모두 의아해했습니다. 또한 18일 아침에 각 학교에 공수부대를 투입하고 이에 반발하는 학생들에게 대검을 꽂고 '돌격 앞으로'를 감행하였고, 이에 우리 학생들은 다시 거리로 뛰쳐나와 정부 당국의 불법 처사를 규탄하였던 것입니다.

그러나 아! 이럴 수 있단 말입니까? 계엄 당국은 18일 오후부터 공수부대를 대량 투입하여 시내 곳곳에서 학생, 젊은이에게 무차별 살상을 자행하였으니! …… 시민 여러분! 너무나 경악스러운 또 하나의 사실은 20일 밤부터 계엄 당국은 발포 명령을 내려 무차별 발포를 시작했다는 것입니다. 이 고장을 지키고자 이 자리에 모이신 시민 여러분, 그런 상황에 우리가 할 수 있는 일은 무엇이겠습니까? 우리가 어떻게 해야 되겠습니까?

전두환 정권은 자신들과 다른 주장을 하는 사람들을 마음대로 끌고 가 가두었습니다. 1987년 1월, 대학생 박종철이 고문을 받아 죽는 사건이 일어났습니다. 이 사실을 알게 된 국민들의 분노는 하늘을 찌를 듯하여, 박종철을 죽음으로 몰고 간 사람을 벌주고, 군사 정권은 물러나야 한다고 외쳤습니다. 그리고 헌법을 바꿔 국민의 손으로 직접 대통령을 뽑아야 한다고 목소리를 높였습니다.

그러나 정부는 국민들의 소리에 귀 기울이지 않았고, 노태우를 다음 대통령 후보로 선출하였습니다. 노태우는 전두환과 함께 광주 시민들을 짓밟은 사람이었습니다.

1987년 6월 10일, 박종철의 죽음을 슬퍼하고 새로운 헌법을 만들려는 국민들이 거리로 몰려 나왔습니다. 국민들은 독재를 무너뜨리고 국민의 손으로 직접 대통령을 뽑자고 외쳤습니다. 바로 6월 항쟁이 시작된 것입니다.

전국의 곳곳은 민주주의를 염원하는 시민들의 물결로 가득 찼습니다. 시위에 참여하지 않은 시민들은 음식을 공급해주며 격려하였고, 도로에서는 자가용과 택시, 버스 등이 경적을 울려 한마음임을 알렸습니다.

6월 29일 마침내 노태우는 국민들의 손으로 직접 대통령을 뽑는 대통령 직선제를 받아들이겠다고 선언하였습니다. 12월 선거가 열렸고, 결과는 뜻밖에도 노태우가 당선되었습니다. 이것은 그동안 민주주의를 위해 함께 노력했던 야당 세력이 힘을 합치지 못하고 갈라져 서로 자신이 대통령이 되겠다고 싸운 탓입니다.

[학습지 ①]

2012	모둠

🇰🇷 모둠에서 4 · 19 혁명, 5 · 16 군사정변, 5 · 18 민주화 운동, 6월 민주 항쟁 중 한 가지 사건을 골라 원인, 과정, 결과, 느낀 점을 적어봅시다.

원인	
과정	
결과	
느낀 점	

[학습지 ②]

	민주주의를 향하여	이름

 4 · 19 혁명과 5 · 16 군사정변, 5 · 18 민주화 운동, 6월 민주 항쟁에 대해 알아보았습니다.

1. 4가지 사건 중에서 성격이 다른 것을 골라보세요.

2. 1번에서 고른 사건은 어떤 점에서 다른지 써봅시다.

3. 앞에서 배웠던 동학농민전쟁과 위의 사건들의 공통점을 이야기해봅시다.

4. 민주화 운동을 하다 목숨을 잃은 사람들에게 문자 메시지를 보낼 수 있다고 합니다. 30자 이내로 써보세요.

5. 우리 할아버지, 부모님 세대에 있었던 위의 사건들과 우리가 현재 누리고 있는 민주주의가 어떤 관계가 있는지 적어봅시다.

6. 민주주의를 방해하는 일에는 어떤 것들이 있는지 아는 대로 써봅시다.

7. 여러분이 위에 쓴 민주주의를 방해하는 일들이 일어난다면, '나'는 어떻게 할 것인지 써봅시다.

8. 이번 수업을 하면서 가졌던 생각을 적어봅시다.

6. 교수 학습 과정안

수업자 의도	한국 근대에 일어났던 민주화 운동의 내용을 알아보고, '민주주의'와 '권리'를 주장하는 민중의 움직임이 역사에서 중요한 사건이었음을 알게 한다. 또한 이를 통해서 '민주주의'란 노력해야 얻을 수 있는 중요한 가치임을 일깨우고, 그것을 지키기 위해 노력하는 자세를 기르는 것을 목표로 한다.
수업 목표	• 4 · 19 혁명, 5 · 16 군사정변, 5 · 18 민주화 운동, 6월 민주 항쟁의 배경과 결과, 영향을 이해한다. • 동학농민전쟁과 4 · 19 혁명, 5 · 18 민주화 운동, 6월 민주 항쟁의 공통점을 알아보고 역사 속에서 민중의 역할을 이해한다.
수업의 흐름	• 근대 민주화 운동(읽기 자료)을 읽고 내용 파악하기 • 4 · 19 혁명, 5 · 18 민주화 운동, 6월 민주 항쟁의 공통점 찾기 • 동학농민전쟁과 근대 민주화 운동의 공통점 알기 • 민주주의 수호의 실천의지 다지기
본시 계획 (80′)	▷ 근대 민주화 운동 알아보기 • 4 · 19 혁명, 5 · 16 군사정변, 5 · 18 민주화 운동, 6월 민주 항쟁에 대한 자료를 모두 함께 읽기 • 각 운동의 시대를 연표에 기록하기 • 질문을 통해 각 운동의 내용을 바르게 파악하기 ▷ 4 · 19 혁명, 5 · 18 민주화 운동, 6월 민주 항쟁의 공통점 찾기 • 각 운동의 의미를 모둠 토의와 질문을 통해 정리하기 • 3가지 공통점 찾기 ▷ 동학농민전쟁과 근대 민주화 운동의 공통점 알기 • 3가지 운동과 동학농민전쟁의 공통점 찾기 • 민중운동의 의의 알기 ▷ 민주주의 수호의 실천의지 다지기 • 민주주의를 유지하기 위해 노력할 점 이야기하기

초등 역사 교실 필독 도서 10선

◼ 『역사신문』 1~6(역사신문편찬위원회, 사계절)

먼 과거의 역사적 사건을 마치 신문을 읽는 느낌으로 생생하게 접할 수 있도록 주제별로 구성하였고, 각 시대별로 전체 6권이 발행되었다. 실제 신문기사를 쓰듯이 기자가 사건을 취재하고, 역사적 사건을 다루며 그와 관련된 인물을 가상 인터뷰한 기사들이 인물의 사진이나 삽화 등과 함께 실려 있다.

역사적 사건뿐만 아니라, 학생들의 흥미를 유발할 수 있는 생활과 문화 전반에 걸친 주제들도 각종 사진과 그림 등을 활용하여 기사를 싣고 있다. 또한 당시의 시대상을 알 수 있는 그림 등을 광고 기사로 활용하여 학생들이 당시의 모습에 친근하게 다가가 상상할 수 있는 계기를 제공한다. 일반 기사와 함께 각 시대의 주요 사건을 다룬 사설도 기재하여 학생들이 사설을 읽고 역사적 사실을 비판적으로 받아들이고 객관적으로 이해할 수 있도록 돕는다.

시대별 특정 인물들을 선택하여 인물에 대한 기사를 별도로 실어 시대와 인물을 파악할 수 있도록 도왔고, 만화와 만평을 통해 비판적으로 역사 사건을 바라볼 수 있도록 하였다. 관련되는 세계사의 사건을 간단한 기사로 편집하여 학생들이 우리 역사와 관련하여 세계사의 큰 줄기를 파악할 수 있도록 하였다.

초등 역사 교사를 위한 최고의 학습 안내서라고 할 수 있다.

**수업
활용
tip**

- 각 시대별 주요 사건을 학습하며, 이 책의 기사 한두 가지를 확대 복사하여 학습 부교재로 활용하며, 당시 시대를 실감나게 학습할 수 있다.
- 만화나 만평 등을 별도로 복사하여 활용하면서 당시의 시대상을 유추해볼 수 있다.
- 광고 그림 등을 응용하여 당시 시대상을 드러내는 문물을 상상하여 실감나는 광고를 만들고 그 시대를 소개하는 글을 쓰며 역사 속으로 한걸음 더 들어갈 수 있다.

역사신문 1: 원시시대 – 통일신라

역사신문 2: 고려시대

역사신문 3: 조선시대 전기

역사신문 4: 조선시대 후기

역사신문 5: 개화기

역사신문 6: 일제 강점기

▣ 『한국생활사박물관』 1~12(한국생활사박물관 편찬위원회, 사계절)

고대부터 근대까지의 역사를 정치적인 사건보다는 문화 중심의 생활사로 서술하였다. 시대순으로 발간하면서 각 권의 서문에 해당 시대에 관한 간단한 설명과 함께 책에서 제시할 내용을 간략하게 소개하였다.

정치적 사건이 주가 되지는 않으나, 특징적인 역사적 사건들에 대한 설명과 함께 과거의 시간을 떠올릴 수 있는 생활상의 유물과 관련 모습들을 사진과 생생한 삽화 등으로 제시한다. 생활에 관련된 유물 자료 등은 다양한 실물 사진과 함께 최대한 유사한 형태의 그림 자료를 제시하여 당시의 생활 모습을 쉽게 유추할 수 있도록 하였다.

일반적인 역사 이야기 서술 방식이 아니라 사이버 박물관을 관람하는 것처럼 책을 구성하여 학생들이 공간을 이동하는 느낌으로 한 권의 책을 통해 한 시대를 여행할 수 있도록 돕는다.

야외전시실은 책의 도입부로 주제를 몇 장의 그림 또는 사진과 짧은 글로 요약해서 보여주고, 이어서 주 전시실에서는 각 시대의 일반적인 생활상을 상세히 묘사한다. 특별전시실에서는 당시 생활의 단면도를 보여주는 특별한 유물이나 사실을 조명하고, 가상체험실에서는 유적 발굴 과정이나 문화유산의 제작 과정 및 과거의 생활상을 직접 겪어보는 듯한 느낌이 들도록 전달한다. 특강실에서는 역사적 · 학문적 주제들을 강의 형식으로 풀어주고, 국제실에서는 해당 시대의 유적 · 유물을 다른 나라의 것과 비교해 설명하고 있다.

**수업
활용
tip**

- 그림이나 사진 자료를 스캔하여 전체 화면으로 띄워주며 각 시대의 도입부나 정리 단계에서 활용하면 학생들의 흥미와 관심을 유발할 수 있다.
- 시대별 특징적인 유물 자료의 사진을 스캔이나 복사한 후 시대 순서로 편집하여 역사 발전의 흐름을 이해하는 자료로 활용할 수 있다.

◼ 『어린이 살아있는 한국사 교과서』 1~5(전국역사교사모임, 휴머니스트)

『살아있는 한국사 교과서』를 원작으로 하여 만화를 읽듯이 재미있게 책장을 넘길 수 있도록 구성하였다. 선사시대부터 현대에 이르기까지의 주요 사건을 주인공 한솔이와 가족들, 친구들이 함께 현장을 답사하거나 그 사건을 떠올리며 상상하는 방식으로 접근하였다.

만화책을 읽듯이 넘어가는 책장 속에 과거의 특징적인 사건들이 시대순으로 펼쳐지는데, 만화 그림 속에 실제 유물들과 역사 유적의 사진 자료가 함께 어우러져 현장감을 더해준다. 한솔이와 식구들이 시작을 열지만, 곧 과거의 역사 속 인물들이 나와 사건 이야기가 전개되고, 사건 중간이나 후반부에 다시 한솔이와 친구들의 이야기가 함께 나오며 과거와 현재를 오가는 매개체 역할을 한다.

총 5권으로 구성되었으며, 풍부한 사진 자료와 지도, 연표 등이 학습자의 이해를 돕는다.

수업 활용 tip

- 각 장의 앞부분에 나오는 전체 유적지 사진 등을 현장 사진 대신 제시할 수 있다.
- 중요 사건의 만화 장면을 복사하여 학생들의 관심을 끌고 모둠별 역할극 자료로 활용하여 학생들이 역사 인물이 되어 그 시대를 재현할 수 있도록 도울 수 있다.

▣ 『행복한 한국사 초등학교』 1~10(전국역사교사모임, 휴먼어린이)

선사시대부터 조선 근대까지 이어지는 긴 이야기가 마치 짧게 끊어지는 단편소설 모음처럼 생동감 넘치는 글로 이어져 있다. 각 시대가 펼치는 역사적 사건들을 흥미로운 질문과 이야기로 관심을 끈 후에 각 시대를 배경으로 인물들이 펼치는 사건을 이야기처럼 서술하였다.

연대기적 서술과 함께 글 중간에는 역사 상식이나 문화재, 흥미로운 사건 등에 페이지를 할애하여 그림과 사진, 상세한 설명 등으로 학생들이 어렵게 생각하는 문제들을 쉽게 해결할 수 있도록 돕는다.

책의 뒷부분에 해당 시대의 연표를 싣고 있고, 시대별 특징적인 문화재와 유물 등의 사진을 함께 제시하여 입체적인 연표 이해를 도왔다. 우리나라 연표 옆에 세계사적 사건 연표를 제시하여 우리나라 역사와 세계사를 함께 이해할 수 있도록 돕는다.

**수업
활용
tip**

- 시대별 문화재 관련 사진 자료가 풍부하므로 배경 삽화와 함께 실감나게 시대를 이해하는 자료로 활용할 수 있다.
- 연표 자료를 스캔하여 문화재 그림과 함께 큰 화면으로 제시하며 학습 정리 단계 등에서 활용할 수 있다.
- 인물들의 이야기가 소설처럼 인용되는 부분을 극화 자료로 활용하여 수업 중 흥미 유발이나 역할극 등에 이용할 수 있다.

1권: 우리 역사의 시작

2권: 삼국에서 남북국으로

3권: 민족을 다시 통일한 고려

4권: 세계 속의 코리아

5권: 새 나라 조선이 들어서다

6권: 조선 사람들, 외침을 극복하다

7권: 조선에 이는 변화의 물결

8권: 조선이 품은 근대국가의 꿈

9권: 식민지를 넘어 해방의 시대로

10권: 우리나라 대한민국

부록: 연표로 읽는 행복한 한국사 초등학교

▣ 『한국사 편지』 1~5(박은봉, 책과함께어린이)

초등학생 딸과 대화를 하듯이 풀어쓴 역사 이야기 책이다.

한국사를 통사로 이해할 수 있도록 시대별 흐름을 자연스럽게 서술하며 자세한 사진과 그림 설명으로 이해를 돕는다. 각 시대의 중요한 인물이나 사건 등을 선택해 질문을 하고 어린 딸이 이해하기 쉽도록 간결하고 쉬운 설명으로 해답을 제시한다.

각 시대별 장을 시작하면서 현재 남아 있는 과거의 모습을 답사하듯이 찍은 사진으로 제시하고 흥미를 유발하는 질문들을 던진다. 사진과 질문 아래에 간략한 한 줄의 가로 연표와 함께 그 시대를 추측할 수 있는 그림 자료를 연대순으로 제시하고 있다.

시대 서술 중간에는 흥미를 끄는 인물이나 유물, 사건 등을 하나의 주제로 선택하여 자세한 이야기를 통해 책을 읽는 아이들이 잠시 휴식을 취하며 재미있는 이야기를 탐구할 시간을 주기도 한다.

책 뒷부분에 시대 연표를 실었다. 하단에 정치사적 사건들을 연대순으로 제시하고 상단에는 주제별로 문화와 생활에 관련된 자료를 사진으로 설명하였다.

수업
활용
tip

- 문화재나 유물 사진 자료가 풍부하여 수업 중 활용도가 높다.
- 역사 시대를 상상하여 그린 그림을 활용하여 수업 중 배경화면으로 활용할 수 있다.
- 별도 연표 자료를 교실 뒤편에 게시하여 참고할 수도 있고, 그와 유사한 틀의 연표를 학생들과 함께 제작하여 정리 학습을 할 수도 있다.

1권: 원시 사회부터 통일 신라와 발해까지

2권: 후삼국 시대부터 고려 시대까지

3권: 조선 건국부터 조선 후기까지

4권: 조선 후기부터 대한제국 성립까지

5권: 대한제국부터 남북 화해 시대까지

■ 『신나는 교과서 체험학습』 전 100권(주니어김영사)

세계문화유산, 박물관과 미술관, 사회, 과학, 한국사, 지역 답사의 6개 부분으로 나누어 현장체험 학습을 위한 선행학습 자료로 활용하면서 교실에서의 역사 수업에 다각도로 활용할 수 있도록 내용을 구성하였다. 일반적인 역사 교재가 아니라 역사 유적과 유물을 연계하여 교사가 원하는 주제를 손쉽게 찾아내어 수업에 활용할 수 있다.

각 권별로 해당 분야 전문가들의 상세하고 쉬운 설명과 함께 주제에 어울리는 삽화들이 실려 있어 보는 즐거움이 색다르다. 학생들도 원하는 주제를 선택해서 얇은 두께의 책을 한 권만 읽으면 되므로 흥미를 가지고 한 가지 주제를 학습할 수 있다.

각 권의 앞부분에는 학년별로 교과서에 해당하는 단원 안내가 있어 수업에 직접 활용하기 쉽고, 서문에 주제와 관련된 역사적 사건을 간략하게 서술하여 학생들이 해당 시대를 한 번 인식한 후 각각의 주제를 접할 수 있도록 도왔다.

각 주제에 해당하는 그림과 자세한 사진 설명, 인용 자료, 흥미로운 문답 코너 등이 있고, 다양한 활동을 위한 안내 설명이 수록되어 있다.

수업
활용
tip

• 수업 중 나오는 중요 사건이나 유물 문화재 등을 설명할 때, 책 한 권을 전체적으로 활용할 수 있다.
• 책 뒷부분의 퀴즈 문제 등을 활용하여 재미있게 수업 정리를 할 수도 있다.

세계문화유산(1~14)	한국사(76~90)
1. 불국사와 석굴암	76. 암사동 선사주거지
2. 경주역사유적지구	77. 풍납토성과 몽촌토성
3. 수원화성	78. 아차산
4. 종묘	79. 개성
5. 창덕궁	80. 한양도성
6. 고창·화순·강화 고인돌 유적	81. 경복궁
7. 해인사 고려대장경과 장경판전	82. 조선의 왕릉
8. 직지심체요절	83. 창경궁
9. 훈민정음	84. 운현궁과 인사동
10. 조선왕조실록	85. 덕수궁과 정동
11. 승정원일기	86. 서대문형무소 역사관
12. 종묘제례와 제례악	87. 백범기념관
13. 판소리	88. DMZ(비무장지대)
14. 강릉단오제	89. 민주화 현장
15. 조선왕조의궤	90. 서울

■ 『아하! 우리 역사』 1~7(주니어김영사)

정치사 중심의 통사 학습 자료가 아니라 주제사 중심의 역사 학습 자료로 유
용한 교재다. 주제를 구성하는 전개는 시대순으로 되어 있으나, 한 권의 시
대 이야기 속에 역사의 모든 주제가 들어가 있는 다른 교재와는 달리, 문화
재나 인물 등의 주제로 각 권을 구성하고 있다. 원하는 주제를 선택하여 수
업을 전개할 때 유용하게 활용할 수 있다.

고대부터 현대까지의 큰 흐름 속에서 사람들이 어떻게 생활했는지 알 수

있는 생활의 모습부터, 남자 어린이들이 흥미를 많이 보이는 전쟁의 역사, 인물, 문화재, 경제생활 모습, 그리고 전체적인 흐름으로 정치적인 큰 사건을 다룬 역사 이야기들을 각 권에서 상세하게 설명하고 있다.

각 장마다 사진으로 현재 남아 있는 모습을 보여주면서 상세한 그림과 설명으로 그 시대의 모습을 알 수 있게 돕는다. 만화로 구성된 페이지는 중요 사건이나 인물의 일화를 소개하고 있어 학생들의 흥미를 끈다.

책 뒷부분에는 연표가 실려 있다. 중요한 사건들 몇 가지만 한눈에 들어오게 기록하고, 하단 부분에 주제에 맞는 문화재나 인물, 사건 등이 시대순으로 나열되어 있어 주제별 정리 학습이나 연표 활용 수업에 유용한 자료가 된다.

그림과 설명, 만화는 훌륭하지만, 그에 비해 사진으로 보여주는 실물 자료가 부족하여 아쉬운 느낌이 들기도 한다.

수업
활용
tip

- 원하는 세부 주제의 그림과 설명 부분을 별도로 스캔 · 복사하여 수업 중 제시하거나 참고 자료로 활용할 수 있다.
- 인물이나 사건을 다룬 만화 페이지를 활용하여 학생들의 관심을 끌고 역할극 등의 소재로 활용할 수 있다.
- 연표를 활용하여 시대별 정리 학습을 하거나 학생들과 함께 유사한 종류의 연표를 조사하여 제작할 수 있다.

1권 『아해! 그땐 이렇게 살았군요』

2권 『아해! 그땐 이렇게 싸웠군요』

3권 『아해! 그땐 이런 인물이 있었군요』

4권 『아해! 그땐 이런 경제생활을 했군요』

5권 『아해! 그땐 이런 역사가 있었군요』

6권 『아해! 그땐 이런 문화재가 있었군요』

7권 『아해! 그땐 이런 과학기술이 있었군요』

국가, 문화에서부터 대외교류까지 주제별로 이야기를 풀었으며, 아이들이 주체가 되어 답사를 떠나 현장체험을 하듯이 이야기를 풀어 썼다. 주요 역사 용어나 어려운 주제는 별도의 칸을 마련하여 간략한 설명을 덧붙여 이해를 도왔다.

5명의 주인공들이 현실에서 부딪히는 구체적인 문제의 답을 역사 속에서 직접 찾기 위해 가상 체험 캠프를 떠나는 구성이다. 학생들이 현장에 뛰어들어 그 시대를 직접 체험하고 역사적 사건을 중요 인물들과 함께 경험하는 이야기로 구성되어 있다. 문제를 제기하고 그에 대한 답을 학생들 스스로 찾아보는 프로젝트 수행 형식과 탐험 과정을 매일 매일 정리하는 일지 형식으로 되어 있다.

주제사 중심의 형식을 취하고 있어 특정 분야의 내용에 더 관심을 가지고 구체적이고 자세한 내용의 역사적 사실을 학습하는 것이 가능하다.

수업
활용
tip

- 원하는 세부 주제의 그림과 설명 부분을 별도로 스캔·복사하여 수업 중 제시하거나 참고 자료로 활용할 수 있다.
- 학생들이 이야기 속으로 들어간 인물이 되어, 본인의 입장에서 이야기를 다시 쓰는 형식으로 어느 한 시대의 이야기나 특정 주제의 이야기를 정리하도록 지도할 수 있다.

한국사 탐험대 1: 국가

한국사 탐험대 2: 문화

한국사 탐험대 3: 교통통신

한국사 탐험대 4: 과학

한국사 탐험대 5: 전쟁

한국사 탐험대 6: 음식

한국사 탐험대 7: 가족

한국사 탐험대 8: 주거

한국사 탐험대 9: 경제

한국사 탐험대 10: 대외교류

▣ 『아! 그렇구나 우리 역사』 1~13(여유당)

원시시대부터 현대사의 민주 항쟁까지, 우리 역사의 전 영역을 폭넓고 심도 있게 다루고 있다. 초등학생들이 쉽고 재미있게 이해할 수 있도록 삽화를 싣고 주제별 사진이나 그림에 따르는 설명을 제시하였다.

내용 서술은 교실에서 선생님이 학생들과 함께 호흡하며 수업을 진행하듯이 하여 학생들이 귀를 쫑긋이 하여 이야기를 듣는 듯 글을 읽어나가도록 하였다. 정확하게 규명된 역사적 사실이 아닌, 추측하는 내용을 설명할 때는 학생들이 호기심을 갖고 함께 추측할 수 있도록 하였다. 글 중간에 질문을 제시하여 학생들 스스로 궁금한 내용을 찾아내려는 의지를 가질 수 있도록 하였다.

각 장마다 다시 하부 주제로 나누어 큰 흐름에서 벗어나지 않으면서 한숨 돌린 후에 연관된 다른 하부 주제를 살필 수 있게 하였다. 하부 주제를 서술하면서도 작은 주제에 맞춰 소제목들을 제시하여 학생들이 작은 주제에도 관심을 기울일 수 있게 하였다.

각 시대별 생활 모습을 알 수 있는 유물 자료들에 대한 설명 또한 자세하다. 생활도구나 문화재 사진을 별도로 제시하고 제작 과정이나 쓰임새 등의 설명을 풀어서 제시하여 학생들의 조사 학습이나 교사의 심화 자료 설명에 유용하게 사용될 수 있다.

- 시대별 특징을 알려주는 큰 그림으로 제시된 삽화를 스캔하여 교실 수업에서 배경 화면으로 제시하여 시대별 이미지를 익히는 자료로 활용할 수 있다.
- 의문형이나 추측형으로 제시된 설명 내용을 탐구 과제로 제시하여 학생들이 호기심을 갖고 역사 속으로 뛰어들도록 유도할 수 있다.
- 끝부분에 특정 주제를 선택하여 시대 변화를 알 수 있는 연표가 사진과 함께 제시되어 있어, 세계사와 관련짓거나 주제별 심화 수업 자료로 활용할 수 있다.

■ 『우리는 지난 100년 동안 어떻게 살았을까』 1~3(한국역사연구회, 역사비평사)

급격하게 근대화된 우리나라의 생활과 문화, 정치, 경제 등 모든 분야를 망라하여 멀지 않은 과거의 모습을 쉽게 돌아볼 수 있게 해준다. 아주 먼 과거의 역사는 치밀하게 파고들어 공부하면서 100여 년밖에 안 되는 가까운 역사에는 무심하기조차 한 우리에게 자극과 함께 즐거움을 주기도 한다.

현재의 우리 생활과 가까운 모습이기 때문에 더 친숙하게 와닿는 100년 전 사람들의 생활을 세밀하게 살펴볼 수 있다. 근대화 초기의 전기나 전화로 대변되는 근대문명의 도입에서부터 현재의 대중문화의 전신이라고 볼 수 있는 대중가요에 관련된 이야기들을 읽다 보면 100년 동안 우리 사회가 얼마나 많이 변했는지 실감할 수 있다. 그런 변화 속에서도 변하지 않고 이어져 내려오는 사람들의 일반적인 생활상과 의식 등도 함께 인식할 수 있다.

1권의 문화 관련 이야기에서는 교과서의 근대사 부분이나 문화사 부분에서 서술되는 전기와 전화 등의 이야기로 시작해 일상의 삶과 문화를 다루고 있다. 2권은 근대화 과정에서 일어나는 삶의 변화, 사회의 변화 모습을 각각 다르게 분류되는 사람들의 사회상과 관련해 설명한다. 3권은 사회의 변화에 동반되는 경제의 변화 · 발전과 정치판의 모습을 다루며 100년 동안 변화해 온 우리의 삶을 한눈에 돌아보게 한다.

전체적으로 성인을 대상으로 하는 내용이기 때문에 교실 수업에서 직접적으로 내용을 인용하거나 학생들에게 참고 도서로 권해주기에는 어려움이 있다. 사진 등을 활용하는 교사의 참고 자료로 활용할 수 있다.

> 1권: 삶과 문화 이야기
> 2권: 사람과 사회 이야기
> 3권: 정치와 경제 이야기

수업
활용
tip

- 근대화된 문물을 소개하는 사진들은 다른 어떤 교재보다 풍부하기 때문에 사진을 확대 · 복사하여 근대사 부분의 수업에 참고 자료로 제시할 수 있다.
- 사진 자료와 함께 설명 내용을 교사가 쉽고 간략하게 편집하여 근대사 부분의 사회상을 공부하는 자료로 제공하여 학생들의 흥미를 끌 수 있다.

| 참고문헌 |

머리말

강선주, 「역사교육의 내용 선정과 조직 연구의 현황 및 문제」, 『역사교육』 115, 역사교육
　　연구회, 2010.
강선주, 「5학년 역사 내용 구성 방향」, 『역사교육』 117, 역사교육연구회, 2011.
문재경, 「초등학생과 역사공부하기」, 『역사교육』 2009년 겨울호, 전국역사교사모임,
　　2010.
방지원, 「초등 역사교육에서 생활사 내용구성」, 『역사교육』 119, 역사교육연구회, 2011.
방지원, 「'초등 역사' 교과서의 조선후기 서술과 교재 재구성」, 『역사와 교육』 5, 역사교
　　육연구소, 2012.
신유아, 「역사 교과에서 계열성 구현의 난점」, 『역사교육』 120, 역사교육연구회, 2011.
양정현, 「초·중·고교 역사교육 내용 수준과 계열성 재검토」, 역사교육연구회 춘계학
　　술대회, 2011.

1장_ 역사의 출발

이선우, 「역사적 상상력 신장을 위한 글쓰기 수업의 실천」, 경인교육대학교 석사논문,
　　2004.
김영천 역, 「자서전: 혁명적 활동」, 『교육과정이론이란 무엇인가』, 문음사, 2005 (Pinar,
　　What is Curriculum Theory?, 2004).
배한극 외 역, 「너 자신에 관하여 말해줄래」, 『역사하기』, 아카데미 프레스, 2007.
송언, 『학교 가는 날』, 보림, 2011.
신병철, 「우리 집안의 집 바꾼 사건과 역사」, 전국역사교사모임, 『우리 아이들에게 역사
　　를 어떻게 가르칠 것인가』, 휴머니스트, 2002.
원민 편집부, 「나 자신에 대하여」, 『내가 쓰는 가족사』, 원민, 2000.
윤종배, 「인생극장, 내가 걸어온 발자취」, 『신나는 국사시간』, 역사넷, 2003.

2장_ 가족이 살아온 과정과 역사

김주희, 「미국 가족사 연구의 성과와 쟁점」, 한국가족학회, 2000.
김희란, 「가족사를 활용한 초등학교 역사학습 방안」, 서울교육대학교 석사논문, 2008.
박명숙, 「가족사를 통한 시간개념 학습 모델 개발」, 한국교원대학교 석사논문, 1999.
김덕진, 『초등 역사교육의 이해』, 선인, 2009.

3장_ 시간의 길이

설명숙, 「초등학생의 역사적 사고력 배양을 위한 연표학습 방안 연구」, 부산교육대학교
　　교육대학원 석사논문, 2008.
유영삼, 「초등학교 6학년 사회과에서 연표의 제작과 활용」, 공주대학교 교육대학원 석
　　사논문, 2005.
조계훈, 「초등 사회과에서 연표 제작 학습이 역사적 사고력 향상에 미치는 효과: 6학년
　　1학기 역사 분야를 중심으로」, 광주교육대학교 교육대학원 석사논문, 2006.
송석영, 『사건과 연표로 보는 만화 교과서 한국사』 1, 아이세움, 2009.
송춘영, 『역사교육의 이론과 실제』, 형설출판사, 2001.
최윤선, 『연표를 알면 역사가 쉽다: 우리역사』, 애플비, 2007 .
편집부, 『365일 연표로 보는 한국사』, 청솔출판사, 2006.
하일식, 『한국사: 연표와 사진으로 보는』, 일빛, 1998.

4장_ 말없는 과거와의 대화

문윤금, 「고고학적 유물 탐구방법을 통한 초등학생의 역사적 사고력 신장 방안」, 부산교
　　육대학교 석사논문, 2008.
오강원, 『마주보는 한국사 교실』 1, 웅진주니어, 2008.
오인택, 「역사적 사고력 배양을 위한 박물관 학습 방안: 초등학생의 복천박물관 견학을
　　중심으로」, 『지역과 역사』 13호, 부경역사연구소, 2003.
이은홍, 『역사야, 나오너라.』, 푸른숲, 2004.
전국역사교사모임, 『행복한 한국사 초등학교』, 휴먼어린이, 2008.
조소항, 『얘들아, 역사로 가자』, 풀빛, 1995.
조현진, 『문화재 답사로 역사와 친해지는 방법』, 교학사, 2000.

국사편찬위원회 - 문고 답하기
http://www.history.go.kr/front/addservice/qna/listQnaBoard.jsp
국립중앙박물관 - 고고관
http://www.museum.go.kr/kor/exh/exh_arc01_mai-1.jsp?ROOM_CD=01
양구선사박물관 - 유물검색 활용
http://www.ygtour.kr/ygSite_sunsa/sa_main.html
대전선사박물관 - 정보마당 - 소장유물 정보 검색 활용
http://museum.daejeon.go.kr/home.do?method=main

5장_ 신화를 통한 역사 수업

강명혜, 「〈단군신화〉 새롭게 읽기」, 한서대학교 부설 동양고전연구소, 2007.
박두현, 「신화의 교육 방법론 연구」, 아주대학교 석사논문, 2007.
이태경, 「단군신화 분석을 통한 역사 교육방안과 효과적 수업모형: 제7차 교육과정 국
　　사 교과서를 중심으로」, 단국대학교 석사논문, 2008.
임재해, 「단군신화에 던지는 몇 가지 질문」, 문화재관리국, 1988.
조미경, 「학교급별 계열성에 입각한 단군신화 지도방안」, 부산대학교 석사논문, 2006.
이덕일, 『고조선은 대륙의 지배자였다』, 역사의 아침, 2006.
정규식, 「신화 해석의 한 국면: 「단군신화」를 중심으로」, 동남어문학회, 2003.
정재서, 『열려라 중국신화』, 황금부엉이, 2006.

마한역사교실 - 고조선 개관
http://mahan.wonkwang.ac.kr/source/kojosun.htm

6장_ 인물사 학습

김흥수·최용규, 「초등학교 국사교육의 인물 선정 연구」, 『역사교육』 65, 1998.
송춘영, 「초등학교 국사교육에 있어서 효과적인 인물 지도의 방안」, 『역사교육논집』 2,
　　1981.
왕현종, 「초등학교 역사교육의 문제점과 대안적 모색」, 『역사비평』 53, 2000. 11.

7장_ 그릇들아, 놀자!

김솔, 「초등학교 사회과 문화재 학습의 유형별 지도방안」, 한국교원대학교 교육대학원
　　석사논문, 2007.
류현숙, 「초등 사회과 박물관 학습 방안에 관한 연구」, 광주교육대학교 교육대학원 석사
　　논문, 2004.
고진숙, 『역사를 담은 토기』, 한겨레아이들, 2008.
고진숙, 『역사를 담은 도자기』, 한겨레아이들, 2008 .
금동이책, 『열려라 박물관』 1, 주니어랜덤, 2008.
전국역사교사모임, 『미술로 보는 우리 역사』, 푸른나무, 2003.
『어린이 살아있는 한국사 교과서』 2, 휴머니스트, 2005.
한국교육과정평가원 · 문화재청, 『초등학교용 문화재 교육자료 개발 연구』, 큰기획,
　　1999.
장호수, 『문화재학: 이론과 방법』, 백산자료원, 2008.
조현진, 『문화재 답사로 역사와 친해지는 방법』, 교학사, 2000.
초등학교 문화재 교육 지침서, 『문화재 교육의 이론 · 방법 및 실제』, 문화재청, 2004.
호연, 『도자기』, 애니북스, 2008.

국립중앙박물관 – 전시마당 – 상설전시:
각 시대별 사이버전시실에서 유물 자료를 간단한 설명과 함께 실물 사진으로 관람 가능
http://www.museum.go.kr/PavilionView.do
복천박물관 – 선사시대 유물관에서 토기, 도기 자료 탐색
http://bcmuseum.busan.go.kr
http://www.heritage.go.kr/visit/cyber_2008/world/culture_05.jsp?first=1&seco
　　nd=2
KBS 스페셜 – 도자기 6부작(2004년 11월 방영)

8장_ 신분제도로 접근하는 조선시대 생활상

박은봉, 『한국사편지』 3, 책과함께어린이, 2009.
전국역사교사모임, 『행복한 한국사 초등학교』 5, 6, 휴먼어린이, 2010.
한국생활사박물관 편찬위원회, 『한국생활사박물관』 9, 10, 사계절, 2003.

9장_ 조선 후기 개혁 사상

박은봉, 『한국사 편지』 4, 책과함께어린이, 2008.
유종문, 『이야기로 풀어쓴 조선왕조실록』, 아이템북스, 2008.

실학박물관 – 실학이야기
http://www.silhakmuseum.or.kr/MA/

10장_ 근대 100년의 생활 모습 변화

권지현, 「생활사를 통한 역사 학습 방안 연구」, 서강대학교 석사논문, 2007.
문재경, 「초등 사회과에서 아동생활사 교재의 개발과 적용 방안」, 한국교원대학교 석사
　　논문, 2007.
박수정, 「초등학교 아동의 시간 개념 인지 구조에 관한 연구(3학년을 중심으로)」, 부산
　　교육대학교 석사논문, 2003.
장인숙, 「가정유물을 활용한 생활사 학습 방안」, 한국교원대학교 석사논문, 2004.
최재영, 「개항기 외국인 기록에 나타난 조선 이미지의 교육적 활용 방안(중학교 미술 감
　　상수업 활용을 중심으로)」, 건양대학교 석사논문, 2007.
허익성, 「한국 근·현대 생활사 교육 활성화 방안」, 중앙대학교 석사논문, 2007.
강선주, 「생활사 교육의 내력과 방향」, 『역사교육』 95, 2005.
박은봉, 『한국사 편지』 4, 책과함께어린이, 2009.
한국생활사박물관 편찬위원회, 『한국생활사박물관』 11, 사계절, 2002.
한국역사연구회, 『우리는 지난 100년 동안 어떻게 살았을까(삶과 문화 이야기)』, 역사비
　　평사, 1988.

북천생활사박물관 – 전시장보기
http://www.bomulgun.com/
여성생활사박물관 – 유물갤러리
http://www.womanlife.or.kr/
신평생활사박물관 – 동영상보기
http://lifem.imsil.go.kr/

11장_ 일제 강점기 아이들은 어떻게 살았을까?

문재경, 「초등 사회과에서 아동생활사 교재의 개발의 적용방안」, 한국교원대학교 교육
    대학원 석사논문, 2007.
권영오, 「칠원공립보통학교를 통해 본 일제강점기 초등교육」, 『역사와 경계』 69.
김민정, 「어린이용 역사 동화의 텍스트성 분석」, 『사회과교육』 45, 2006.
문동석, 「일제시대 초등학교 역사 교육과정의 변천과 교과서: 보통학교국사와 초등국사
    를 중심으로」, 『사회과교육』, 2004.
문소정, 「1920~30년대 소작농가 자녀들의 생활과 교육」, 『사회와 역사』 제20권, 1990.
박진동, 「일제강점하(1920년대) 보통학교 6년제 승격운동의 전개와 귀결」, 『역사교육』
    102.
박평식, 「초등학교 교육과정의 변천과 역사교육」, 『역사교육』 87.
오세원, 「일제강점기 식민지 교육정책의 변화연구: 조선총독부 발행 수신서를 중심으
    로」, 『일본어문학』 제27집, 2005.
이병담, 「조선총독부의 초등학교 수신교과서에 나타난 식민성 형성 고찰」, 『일본문화학
    보』 제28집, 2005.
권비영, 『덕혜옹주』, 다산책방, 2010.
김기정, 『해를 삼킨 아이들』, 창비, 2004.
문제안 등, 『8·15의 기억: 해방 공간의 풍경, 40인의 역사체험』, 한길사, 2005.
민병훈, 『일제시대 아이들은 어떻게 살았을까』, 국민출판, 2005.
박은봉, 『한국사 편지』 5, 책과함께어린이, 2009.
손연자, 『마사코의 질문』, 푸른책들, 2009.
오성철, 『식민지 초등교육의 형성』, 교육과학사, 2001.
이승원, 『학교의 탄생』, 휴머니스트, 2006.
전국역사교사모임, 『살아있는 한국사 교과서』 2, 휴머니스트, 2005.
전국역사교사모임, 『행복한 한국사 초등학교』 9, 휴먼어린이, 2010.

http://www.minjok.or.kr(민족문제연구소)
http://www.gangje.go.kr(일제 강점하 강제 동원 피해 진상규명위원회)
http://www.koreanphoto.co.kr/main.html(우리 역사 지킴이 코리아 포토)
http://www.hyangto.pe.kr/L.htm(이충휘 향토문화 자료실)
http://www.sscmc.or.kr/culture2(서대문형무소 역사관)

뮤지컬 「영웅」

류현종, 「부르다 미처 못 부른 희망의 노래: '아쉬운' 건국 이야기에서 '보이지 않는' 건국 이야기로」, 『역사교육연구』 8, 2008. 12.

류현종, 「초등학교 사회과 교과서 속의 현대사 서사 분석」, 『역사교육연구』 4, 2006. 12.

배성호, 「초등학생의 매체 읽기와 현대사 이해」, 『역사교육연구』 5, 2007. 6.

박은봉, 『한국사 편지』 5, 책과함께어린이, 2009.

이성호, 『어린이 살아있는 한국사 교과서』 5, 휴머니스트, 2005.

조호상, 『애들아 역사로 가자』, 풀빛, 2003.

최하림, 『즐거운 한국사』, 가교, 2001.

지식채널 2-34, 2-35, 2-36 (101) 05:04 (2006. 7. 12.)

http://home.ebs.co.kr/jisike/title_group/title_index.jsp?gubun=&y=&col=lecture_name&str=2-34

사월혁명회 http://rev419.jinbo.net

민주화운동 기념사업회

http://www.kdemocracy.or.kr/Minju/Minju2_PDS/minju2_MediaPDS_view.asp?bid=pds_vod&num=54&page=1&od=&ky=&sh=

6월 항쟁 기념관 http://www.610.or.kr

초등 역사 수업의 길잡이

1판 1쇄 2012년 6월 15일
1판 2쇄 2015년 9월 1일

지은이 I 권의신 · 김동국 · 김철민 · 문재경 · 손언희 · 이수진
감수자 I 양정현

편집 I 천현주, 박진경
마케팅 I 김연일, 이혜지, 노효선
표지 디자인 I 석운디자인
본문 디자인 I 글빛

펴낸곳 I 도서출판 **책과함께**
　　　　주소 (04029) 서울시 마포구 월드컵로 50 덕화빌딩 5층
　　　　전화 (02) 335-1982~3
　　　　팩스 (02) 335-1316
　　　　전자우편 prpub@hanmail.net
　　　　블로그 blog.naver.com/prpub
　　　　등록 2003년 4월 3일 제25100-2003-392호

ISBN 978-89-97735-03-7 (93900)

이 도서의 국립중앙도서관 출판시도서목록(CIP)은
e-CIP 홈페이지(http://www.nl.go.kr/ecip)와 국가자료공동목록시스템
(http://www.nl.go.kr/kolisnet)에서 이용하실 수 있습니다. (CIP제어번호: CIP2012002431)